O IMPÉRIO DOS CÍRCULOS
ELITES MINEIRAS E REFORMA ELEITORAL NO PARLAMENTO BRASILEIRO (1853-1860)

Editora Appris Ltda.
1.ª Edição - Copyright© 2024 da autora
Direitos de Edição Reservados à Editora Appris Ltda.

Nenhuma parte desta obra poderá ser utilizada indevidamente, sem estar de acordo com a Lei nº 9.610/98. Se incorreções forem encontradas, serão de exclusiva responsabilidade de seus organizadores. Foi realizado o Depósito Legal na Fundação Biblioteca Nacional, de acordo com as Leis nos 10.994, de 14/12/2004, e 12.192, de 14/01/2010.

Catalogação na Fonte
Elaborado por: Dayanne Leal Souza
Bibliotecária CRB 9/2162

F886i
2024

Freitas, Ana Paula Ribeiro
 O Império dos Círculos: elites mineiras e reforma eleitoral no parlamento brasileiro (1853-1860) / Ana Paula Ribeiro Freitas. – 1. ed. – Curitiba: Appris, 2024.
 247 p. : il. ; 23 cm. – (Coleção Ciências Sociais - Seção História).

 Inclui referências.
 ISBN 978-65-250-6763-6

 1. História das eleições. 2. História do Brasil - Política. 3. Elites políticas. 4. Reformas eleitorais. 5. Política imperial. I. Freitas, Ana Paula Ribeiro. II. Título. III. Série.

CDD – 324.6

Livro de acordo com a normalização técnica da ABNT

Appris
editora

Editora e Livraria Appris Ltda.
Av. Manoel Ribas, 2265 – Mercês
Curitiba/PR – CEP: 80810-002
Tel. (41) 3156 - 4731
www.editoraappris.com.br

Printed in Brazil
Impresso no Brasil

Ana Paula Ribeiro Freitas

O IMPÉRIO DOS CÍRCULOS
ELITES MINEIRAS E REFORMA ELEITORAL
NO PARLAMENTO BRASILEIRO (1853-1860)

Appris editora

Curitiba, PR
2024

FICHA TÉCNICA

EDITORIAL	Augusto Coelho
	Sara C. de Andrade Coelho
COMITÊ EDITORIAL	Ana El Achkar (Universo/RJ)
	Andréa Barbosa Gouveia (UFPR)
	Antonio Evangelista de Souza Netto (PUC-SP)
	Belinda Cunha (UFPB)
	Délton Winter de Carvalho (FMP)
	Edson da Silva (UFVJM)
	Eliete Correia dos Santos (UEPB)
	Erineu Foerste (Ufes)
	Fabiano Santos (UERJ-IESP)
	Francinete Fernandes de Sousa (UEPB)
	Francisco Carlos Duarte (PUCPR)
	Francisco de Assis (Fiam-Faam-SP-Brasil)
	Gláucia Figueiredo (UNIPAMPA/ UDELAR)
	Jacques de Lima Ferreira (UNOESC)
	Jean Carlos Gonçalves (UFPR)
	José Wálter Nunes (UnB)
	Junia de Vilhena (PUC-RIO)
	Lucas Mesquita (UNILA)
	Márcia Gonçalves (Unitau)
	Maria Aparecida Barbosa (USP)
	Maria Margarida de Andrade (Umack)
	Marilda A. Behrens (PUCPR)
	Marília Andrade Torales Campos (UFPR)
	Marli Caetano
	Patrícia L. Torres (PUCPR)
	Paula Costa Mosca Macedo (UNIFESP)
	Ramon Blanco (UNILA)
	Roberta Ecleide Kelly (NEPE)
	Roque Ismael da Costa Güllich (UFFS)
	Sergio Gomes (UFRJ)
	Tiago Gagliano Pinto Alberto (PUCPR)
	Toni Reis (UP)
	Valdomiro de Oliveira (UFPR)
SUPERVISORA EDITORIAL	Renata C. Lopes
PRODUÇÃO EDITORIAL	Bruna Holmen
REVISÃO	Monalisa Morais Gobetti
DIAGRAMAÇÃO	Jhonny Alves dos Reis
CAPA	Carlos Pereira
REVISÃO DE PROVA	Daniela Nazario
FOTO DE ORELHA	Raoni Garcia / @raonig.fotografia

COMITÊ CIENTÍFICO DA COLEÇÃO CIÊNCIAS SOCIAIS

DIREÇÃO CIENTÍFICA	Fabiano Santos (UERJ-IESP)
CONSULTORES	Alícia Ferreira Gonçalves (UFPB)
	Artur Perrusi (UFPB)
	Carlos Xavier de Azevedo Netto (UFPB)
	Charles Pessanha (UFRJ)
	Flávio Munhoz Sofiati (UFG)
	Elisandro Pires Frigo (UFPR-Palotina)
	Gabriel Augusto Miranda Setti (UnB)
	Helcimara de Souza Telles (UFMG)
	Iraneide Soares da Silva (UFC-UFPI)
	João Feres Junior (Uerj)
	Jordão Horta Nunes (UFG)
	José Henrique Artigas de Godoy (UFPB)
	Josilene Pinheiro Mariz (UFCG)
	Leticia Andrade (UEMS)
	Luiz Gonzaga Teixeira (USP)
	Marcelo Almeida Peloggio (UFC)
	Maurício Novaes Souza (IF Sudeste-MG)
	Michelle Sato Frigo (UFPR-Palotina)
	Revalino Freitas (UFG)
	Simone Wolff (UEL)

Ao meu filho Gabriel Freitas Rocha, luz da minha vida.
Ao meu pai, Joselito da Silva Freitas, e à minha mãe, Maria Bonfim Ribeiro Freitas, por tanto amor.
A Cassionília e Antônio, Augusta e Carmelino (in memoriam).

AGRADECIMENTOS

Este livro é uma versão revisada de parte da minha tese de doutorado defendida em setembro de 2015 no Programa de Pós-Graduação em História Social da Universidade de São Paulo. A trajetória de estudo que esta obra enseja se iniciou ainda na graduação — ao escrever o primeiro projeto de pesquisa sobre história de Minas Gerais no século XIX —, percorreu o período do mestrado e doutorado e se estendeu após o doutoramento, com a análise de novas fontes, leituras e abordagens anteriormente não visitadas.

Portanto, este livro é fruto do esforço de quase vinte anos de dedicação à pesquisa acadêmica e só pude escrevê-lo por contar com o apoio de uma rede de pessoas que, de diferentes maneiras, esteve presente nesta caminhada.

Aos docentes dos tempos de graduação e à Universidade Federal de Viçosa, por fornecer-me as bases da minha formação como historiadora. À FFLCH-USP, devo o ingresso na pós-graduação e todo o apoio necessário ao desenvolvimento deste trabalho.

Sou especialmente grata à Miriam Dolhnikoff, pela oportunidade acadêmica e por sua orientação crítica durante quase uma década de estudos durante o mestrado e doutorado. À Miriam, agradeço a leitura atenciosa que eliminou excessos e expandiu limites, com suas sugestões de leitura e instigantes ideias sobre o Brasil oitocentista. O que há de melhor neste livro, sem dúvida, devo a ela e espero que as escolhas feitas estejam à altura da orientação que dela recebi à época.

Agradeço ao Programa de Pós-Graduação em História Social da USP, por oferecer disciplinas que contribuíram com a minha formação, como as ministradas por Pedro Luís Puntoni, Laura de Mello e Souza e Gabriela Pelegrino Soares do Departamento de História. Ao docente Gildo Marçal Brandão (*in memoriam*), do Departamento de Ciência Política, pela disciplina ministrada durante o mestrado sobre as linhagens do pensamento político brasileiro.

No exame de qualificação, fui beneficiada com as preciosas sugestões e críticas de Mônica Duarte Dantas e Iara Lis Schiavinatto, essenciais aos rumos que esta escrita tomou, possibilitando a redefinição de vários pontos do texto inicial.

Durante o doutorado, apesar de obter aprovação nas bolsas Fapesp e Capes, não pude aceitar o financiamento e me dedicar exclusivamente à pesquisa, por ter sido recém-empossada no cargo de técnica em assuntos educacionais na UFVJM – Campus Diamantina. Mas sou grata aos anos em que tive financiamento de projetos de iniciação científica (Fapemig) e mestrado (Fapesp), que tiveram valor inestimável à minha trajetória, por fornecer bases sólidas à minha atuação na vida acadêmica.

Agradeço aos funcionários do Arquivo Público Mineiro, da Biblioteca Deputado Camilo Prates da Assembleia Legislativa do Estado de Minas Gerais e da Biblioteca Nacional do Rio de Janeiro, por serem prestativos e pacientes, ao viabilizarem a consulta às fontes. Grata também pela disponibilização digital de muitas delas, que facilitou a vida da pesquisadora que pôde se deslocar menos vezes aos acervos físicos.

No Departamento de História da UFV — em três tempos que se sobrepõem de um jeito bem singular e complexo —, fui/sou estudante, servidora e professora. Como este livro exigiu muita pesquisa em um período em que eu assumi o cargo de técnica em assuntos educacionais na Universidade Federal de Viçosa, o apoio e parcerias de colegas e chefias do Departamento de História dessa instituição sempre foram essenciais. Ao colegiado do Departamento de História (DHI/UFV), órgão em que atuo desde 2012, sempre pude contar com apoio e preciosas dicas de estudo.

Ao Fabio Faria Mendes — mestre e amigo —, por viabilizar o meu retorno a Viçosa, pelas sugestões de obras e acervos, pela amizade, afeto e cafés partilhados na Livraria UFV e Laboratório de História da Família. A Luiz Vailati, pelo carinho, trocas intelectuais e conselhos valiosos. A Thiago Mota, pelas parcerias de grande aprendizado.

Aos colegas servidores do DHI/UFV — Gustavo Portugal, Breno Hassegawa, Mileny Prates, Eduardo Santos e Carmem Elias — e colegas vizinhos do curso de Geografia, pelo ambiente de trabalho leve, preservando algo da saúde mental necessária à realização desta pesquisa.

Aos alunos do curso de História da UFV, pelas amizades, parcerias de trabalho e momentos de alegria partilhados, pela injeção diária de juventude, do olhar que brilha diante do novo ao que se enfurece ante o injusto.

Desde 2020, sou docente permanente do Mestrado Profissional em Patrimônio Cultural, Paisagens e Cidadania. A esse programa, agradeço o incentivo à pesquisa e aprendizado único ao longo desses anos e o retorno à sala de aula. Aos discentes e orientandos desse programa, tenho imensa gratidão pelos debates revigorantes e por me formarem enquanto docente e orientadora.

Um agradecimento especial às amigas e colegas Patrícia Vargas Lopes de Araújo e Carolina Marotta Capanema, que me fazem acreditar na força do trabalho intelectual coletivo e da amizade feminina. À Patrícia, por confiar no meu trabalho e, confiando, reforçar essa fé em mim; e à Carol, por me fazer ressignificar a minha vida, pelas prosas leves e profundas e ser presente nos momentos mais difíceis. À Sibélia Batista, que conheci em um momento de luto e renascimento. Sua presença amorosa trouxe esperança e ânimo para finalizar este sonho.

Aos meus Bonfim Ribeiro e Silva Freitas: meu pai — Joselito da Silva Freitas, ético, sereno, leve, perseverante, terra e raiz. E minha mãe — Maria Bonfim Ribeiro Freitas, inteligente, independente, resistente, sonhadora, visionária, água que não represa. Há muito de minha mãe em mim, pois do muito que ela é, inconscientemente, busquei ser.

Aos meus avôs e avós, que pulsam vivos em mim, por todas as vivências, histórias partilhadas e heranças. Aos meus irmãos: Helder, obstinado, protetor, uma bússola a nos apontar um Norte; Jadiel, incentivador, audacioso, desafiador, por influenciar tantas coisas que não são apenas minhas. A ambos, testemunhas do meu crescimento — e eu do deles —, pelos fragmentos de memórias partilhadas que ajudaram a construir nossas identidades — cada um a seu modo — e que nos conectam de maneira única.

À minha prima-irmã e comadre, Giovanna Bonfim Ribeiro, por ter sempre a palavra certa a dizer, o olhar afetuoso que nutre. Por me conhecer tão bem e me ajudar a desatar meus nós, quando a vida em mim se apresenta confusa.

Aos meus sobrinhos e sobrinhas amados — Ariel, Elis, Alice, Antônio, Eduardo —, alegria e esperança.

Ao meu filho Gabriel, que, por existir, revolucionou meu ser mulher, mãe, filha, humana, historiadora. Os abraços revigorantes às 6h da manhã, os "eu te amo" genuínos que só uma criança sabe dizer, as conversas filosóficas na hora de dormir, os infinitos "porquês". Sua existência me nutre. Reaviva minha fé em mim e no mundo.

A autora.
Viçosa/MG, inverno de 2024

> "Minhas asas estão prontas para o voo,
> Se pudesse, eu retrocederia
> Pois eu seria menos feliz
> Se permanecesse imerso no tempo vivo".
>
> (Gerhard Scholem, Saudação do anjo)

"Há um quadro de Klee que se chama Angelus Novus. Representa um anjo que parece querer afastar-se de algo que ele encara fixamente. Seus olhos estão escancarados, sua boca dilatada, suas asas abertas. O anjo da história deve ter esse aspecto. Seu rosto está dirigido para o passado. Onde nós vemos uma cadeia de acontecimentos, ele vê uma catástrofe única, que acumula incansavelmente ruína sobre ruína e as dispersa a nossos pés. Ele gostaria de deter-se para acordar os mortos e juntar os fragmentos. Mas uma tempestade sopra do paraíso e prende-se em suas asas com tanta força que ele não pode mais fechá-las. Essa tempestade o impele irreversivelmente para o futuro, ao qual ele vira as costas, enquanto o amontoado de ruínas cresce até o céu. Essa tempestade é o que chamamos progresso."

(BENJAMIN, 1940, p. 3).

"Jamais estamos tão mergulhados na história como quando fingimos não estar, mas se pararmos de fingir, talvez possamos ganhar em compreensão o que perdemos em falsa inocência. Ingenuidade é com frequência uma escusa para os que exercem poder. Para aqueles sobre quem esse poder é exercido, a ingenuidade é sempre um erro.
[...] quero rejeitar tanto a proposição ingênua de que somos prisioneiros de nossos passados quanto a sugestão daninha de que a história é o que quer que fizermos dela. A história é fruto do poder, mas o próprio poder nunca é transparente a ponto de sua análise ser supérflua. A marca infalível do poder pode bem ser sua invisibilidade; o desafio inescapável será expor suas raízes."

(TROUILLOT, 2016, p. 17-18).

APRESENTAÇÃO

Este livro é uma versão revisada da minha tese de doutorado, reduzida em alguns aspectos, ampliada e aprofundada em vários outros. Fontes e estudos novos foram acrescentados à análise, e questões que não puderam ser avaliadas anteriormente ganharam espaço, fato que permitiu aprofundar elementos da abordagem inicial sobre a representação política nas Minas Gerais do século XIX.

Deste modo, o livro *O Império dos Círculos: elites mineiras e reforma eleitoral no Parlamento brasileiro (1853-1860)* visou analisar a aprovação da reforma eleitoral de 1855 — a famosa *Lei dos Círculos* —, com ênfase no caso mineiro. Considero fundamental apreender as especificidades regionais no entendimento da pluralidade da política oitocentista. E transitando do âmbito nacional às esferas provincial, regional e local, avaliei o impacto da adoção desta lei no perfil da representação mineira, analisando comparativamente os resultados de dois distintos sistemas de recrutamento eleitoral.

Com o aprofundamento do olhar sobre a *Lei Eleitoral de 1855* e seu impacto na política mineira, resolvi não abordar aqui a segunda parte da tese relativa à análise da *Lei Eleitoral de 1860* e eleições de 1861 em Minas Gerais. Ao dedicar-me a um recorte temporal menor, pude realizar maior esforço e atenção que o tema exige. Os capítulos que seguem enfatizam o estudo do debate político sobre o perfil das elites mineiras e práticas eleitorais, bem como um olhar retrospectivo sobre a formação das elites locais e regionais da província mais populosa e com maior representatividade no Senado e Câmara dos Deputados do Império.

Em suma, a obra é um convite ao leitor a revisitar a história política de Minas e do Brasil do século XIX, por meio de uma abordagem que leva em conta a análise do debate político sobre representação política e repercussão desse debate na Imprensa, práticas eleitorais e prosopografia das elites políticas do período. Essa pesquisa estabelece um olhar sobre a participação das províncias na política nacional, por um viés plural sobre os espaços e significados do poder no período. Optei por transitar entre o local, o provincial e o nacional, com o cuidado de não perder a complexidade do debate sobre as políticas de Minas, seu mosaico de regiões e a política imperial. Para tanto, estruturei o livro em um tri (ângulo) de capítulos que dialogam entre si, na tentativa de compor uma análise sobre representação política no Brasil, com foco em Minas Gerais:

No capítulo I, analiso a relação entre a reforma eleitoral e a política da Conciliação, com foco no perfil e atuação da bancada mineira na aprovação da *Lei dos Círculos*. Para tanto, procurou-se compreender os principais aspectos da reforma eleitoral de 1855 no que se refere às modificações da legislação vigente, a atuação de D. Pedro II e de Paraná, bem como os debates que vieram à tona e os arranjos produzidos no Parlamento, especialmente no que concerne à bancada mineira, além da repercussão do tema na imprensa mineira e da Corte.

No capítulo II, estudo os meandros dos poderes local e provincial – suas elites e territorialidades – nos conflitos atinentes à divisão provincial, de modo a contribuir com a reflexão sobre a política imperial em uma de suas múltiplas facetas regionais. Assim, analiso o processo de criação de câmaras municipais e a consolidação dos territórios do poder local mineiros.

Para tanto, analiso o perfil da elite mineira representada na Assembleia Legislativa Provincial e a adoção de leis atinentes à divisão civil provincial, cujos debates ocupavam grande parte dos trabalhos da Casa. É preciso conhecer de forma ampla as configurações do poder regional, os conflitos entre as diversas elites políticas que compõem o colosso mineiro e a relação entre estas e o governo provincial. A partir daí, foi possível apreender um pouco do entendimento da diversidade da elite política mineira, para enfim apreender as práticas eleitorais em uma província tão imensa e diversa, no advento de um novo sistema. Após lançar luz sobre tais questões, foi possível compreender como se deu a atuação do presidente provincial na organização das eleições de 1856.

No capítulo III, analiso a aplicação da nova lei nos vinte círculos mineiros e seu impacto na composição da bancada de Minas Gerais. Sendo assim, faço um levantamento prosopográfico dos deputados mineiros recrutados por sistemas eleitorais distintos e, pelo método comparativo, analiso os efeitos do voto distrital na província com maior representatividade do Império.

Por fim, reconecto as linhas estruturais dos três capítulos, para enfim, sintetizar a essência da pesquisa. Desejo a você, leitor e leitora, uma boa leitura!

A autora.
Viçosa/MG, inverno de 2024

PREFÁCIO

     Nas últimas décadas, a história política do Império brasileiro tem sido objeto de novas abordagens que contestam a perspectiva de que o regime liberal, adotado após a independência, seria apenas uma enganadora aparência, uma vez que seria incompatível com a escravidão e com os interesses de uma elite cuja prioridade era manter seus privilégios escravistas. Do ponto de vista institucional, a criação de um quarto poder, o Poder Moderador, pela Constituição de 1824, conferiria poderes extraordinários ao imperador, de modo que a intervenção deste na política impedia a atuação autônoma das demais instâncias decisórias, em especial o Legislativo. Por fim, a fraude e violência que marcavam o processo eleitoral, teriam transformado os pleitos em mera expressão da vontade do governo e/ou dos potentados locais.

     Escravidão e centralização do poder no Rio de Janeiro, por sua vez, teriam tornado as províncias, meros apêndices no sistema político. O que significa dizer que as decisões do Estado emanavam exclusivamente da capital, em especial do grupo que se articulava em torno do imperador.

     Esta perspectiva teve como resultado a pouca atenção dos historiadores aos debates e decisões na Assembleia Geral formada pela Câmara dos Deputados e do Senado. Também ficou em segundo plano, quando não ignorada, a dinâmica política regional. As eleições foram em geral estudadas apenas do ponto de vista da fraude e violência, a demonstrar a impossibilidade de que fossem a expressão efetiva da vontade da maioria.

     Obviamente qualquer estudo sobre o sistema político brasileiro tem que ter como pressuposto o imenso peso da escravidão em todos os âmbitos da sociedade, mas ao invés de caracterizar a monarquia constitucional como uma espécie de farsa, diversos autores têm enfrentado o desafio de compreender a dinâmica das instituições e suas relações com os diferentes setores sociais. Nesta perspectiva, o regime liberal não teria sido incompatível com a escravidão, ao contrário, organizar instituições de acordo com os princípios dos governos representativos, tais como aqueles que se constituíam em outros países do mundo ocidental, teria sido uma estratégia fundamental para a manutenção da ordem escravista.

     Como explicar o contínuo esforço dos políticos do período em desenhar as instituições? Os embates frequentes no parlamento acerca da composição dos ministérios, do formato do Judiciário, da organização dos governos provinciais, da legislação que normatizaria as eleições entre tantos outros temas que ocuparam os legisladores ao longo do século XIX? Como explicar o empenho dos gabinetes em formar maioria na Câmara?

Partindo do princípio de que as diversas correntes do liberalismo advogavam um sistema político capaz de resolver divergências e conflitos no interior das instituições, de modo a impedir que resultassem em confrontos armados, novas interpretações têm se debruçado sobre o interesse dos dirigentes brasileiros em constituir um regime liberal de fato.

Esta hipótese se fundamenta na necessidade de reconhecer a especificidade dos governos representativos no século XIX, de modo a compreender suas características não a partir dos elementos próprios das democracias modernas, mas no contexto em que emergiram. A elite brasileira estava a par dos debates políticos e teóricos que se davam na Europa e nos Estados Unidos, conhecia bem as experiências concretas nos vários países. De um lado lhes serviram de modelo, do outro tinham consciência de que precisavam de um regime que fosse adequado à realidade da nova nação que se ia constituindo aos poucos.

As ideias do tempo, que circulavam pelo Ocidente, rejeitavam os governos absolutistas e alinhavam-se às teses liberais. O regime constitucional era o único considerado legítimo, fosse na forma de repúblicas, fosse na forma de monarquias constitucionais. Mas em cada país os princípios gerais se materializaram em formatos diversos. O desafio no Brasil era organizar um regime liberal que convivesse com a escravidão e com uma profunda hierarquia social. Mais do que isso, que fosse eficaz em manter a ordem social vigente. Deste modo seria possível institucionalizar os conflitos entre os diferentes grupos da elite, obter legitimidade perante outros setores da sociedade e impor a autoridade do novo Estado a todo território da antiga América portuguesa. Vários eram os caminhos possíveis e a disputa sobre quais deles percorrer mobilizava aqueles que ocupavam cargos no Legislativo e no Executivo.

É nesta linha historiográfica que se insere o livro de Ana Paula Ribeiro Freitas. A autora encara a árdua tarefa de articular todos estes pontos. A força do Legislativo, a inserção da elite provincial no processo mais amplo, no caso a mineira, e os debates sobre a legislação eleitoral.

No Segundo Reinado o parlamento se debruçou com significativa frequência sobre novas normas para reger as eleições. Deputados eleitos por determinada lei preocupavam-se em mudá-la em nome da busca por maior representatividade. Combater a fraude, garantir um determinado perfil para os representantes eleitos, definir o alcance da cidadania, preservar a separação entre os poderes foram os principais pontos presentes nos debates que resultaram nas leis promulgadas sobre o tema.

As contínuas discussões, a apresentação de projetos de lei, as mudanças nestes resultantes dos embates no parlamento e sua aprovação indicam que deputados e senadores acreditavam que apesar das fraudes, atos normativos tinham impacto sobre os pleitos. É difícil mensurar os efeitos na prática concreta. Este o desafio enfrentado por Ana Paula Freitas.

A importância da Lei dos Círculos, objeto deste livro, advém do fato de que, em busca de maior representatividade, liberais e uma ala dos conservadores introduziram através dela novo modelo. A lei propunha a substituição do voto provincial pelo voto distrital e a proibição de que determinados agentes públicos, em especial os magistrados, fossem candidatos a uma vaga de deputado. O primeiro ponto é objeto de discussão até hoje. Ao invés do voto provincial, a escolha entre voto proporcional e voto distrital, e as várias modalidades que comportam, mobilizam correntes políticas que defendem um ou outro como a melhor forma de as eleições expressarem a vontade do eleitor e o perfil desejado dos eleitos. O segundo ponto está hoje pacificado graças ao desenrolar do debate e as decisões tomadas no século XIX: magistrados são obrigados a abandonar o cargo para concorrer ao Legislativo.

As intensas e frequentes discussões no parlamento sobre a legislação eleitoral demonstram que os partidos tinham cada qual uma agenda própria. Embora as agremiações naquele período não tivessem a consistência e a organização dos partidos contemporâneos, é possível identificar que em alguns temas havia certa coesão e profundas divergências. Este é o caso da normatização das eleições. Com concepções distintas sobre qual perfil de governo representativo deveria prevalecer, liberais, conservadores moderados e conservadores emperrados advogaram diferentes formas de organizar as eleições, indicando mais uma vez que acreditavam que as normas teriam impacto no resultado das eleições e, mais do que isso, o perfil do parlamento seria definido por estes resultados. Por outro lado, como aponta Ana Paula Freitas, a clivagem partidária seguia também a dinâmica provincial.

Apesar do peso dos ministérios no processo decisório, as discussões legislativas permitem afirmar que esta instância tinha papel decisivo e, portanto, compreender a história política brasileira dos oitocentos implica necessariamente examinar as diferentes motivações, interesses e visões que norteavam sua atuação. Fossem provinciais, partidárias, corporativas ou interesses econômicos, além do empenho em preservar a ordem escravista.

O presente livro oferece uma profunda reflexão sobre esta atuação em dois níveis: o Legislativo nacional e o Legislativo provincial. O perfil e atuação da bancada mineira, a maior na Câmara dos Deputados e no Senado, permite compreender a complexidade do tema. Representantes de uma extensa província, com uma economia diversificada e características sociais próprias, alguns pertencentes ao partido liberal, outros membros da ala dos conservadores moderados, grupos aliados na defesa do voto distrital e das incompatibilidades, a grande maioria dos mineiros seguiu a direção partidária e votou a favor da lei aprovada em 1855.

A contribuição mais instigante do livro é o exame que a autora faz sobre o impacto da nova lei. Para além dos debates parlamentares, Ana Paula Ribeiro Freitas apresenta uma pesquisa inédita de fôlego que permite avaliar a complexidade da implementação da lei, a começar pela divisão de Minas Gerais em distritos que elegeriam cada qual um deputado e as disputas travadas pelos setores da elite para emplacar seus candidatos. O voto distrital traz consigo um novo instrumento eleitoral: os critérios adotados na divisão de Minas Gerais em 20 distritos influenciariam o resultado dos pleitos, uma vez que o desenho dos distritos implicaria em determinada forma de agrupar os eleitores, podendo favorecer determinados candidatos. Ou prejudicar. Na circular aos eleitores que Teóphilo Ottoni escreveu, para sustentar sua candidatura a deputado por Minas Gerais, em 1860, ele reclamava que a divisão de distritos diminuíra suas chances, porque sua base eleitoral fora repartida ao meio, cada parte pertencendo a um círculo.

A votação por distritos impunha ainda aos atores a habilidade de coordenar as eleições de forma nova. Presidente da província, lideranças partidárias, governo central e forças locais tinham que se articular para garantir vitória em cada um dos vinte distritos mineiros, em disputas acirradas.

Uma vez que a lei tinha por objetivo mudar o perfil dos representantes eleitos, garantindo a representação da minoria partidária e colocando limites para a eleição de magistrados, a pergunta fundamental para avaliar seu impacto é examinar se estes resultados foram ao menos em parte obtidos. Ana Paula Freitas compara a bancada mineira eleita em 1852, sob a vigência da lei de 1846 que previa o voto provincial, e a eleita em 1856, regida pela Lei dos Círculos. Para tanto realizou extensa pesquisa, em uma gama diversificada de fontes, de modo a identificar a filiação partidária, a região da província a que estava ligado e a atividade econômica de cada deputado das duas legislaturas. Os dados permitem afirmar que a Lei dos Círculos teve o impacto desejado, com importante renovação da bancada.

Este livro é uma grande contribuição para a reflexão sobre a dinâmica do regime liberal oitocentista. As intrincadas relações e disputas que permeavam a aprovação das leis eleitorais e a realização dos pleitos demonstram que as instituições, longe de serem uma farsa, estavam organizadas de acordo com os princípios básicos do liberalismo e desta forma foram essenciais para definir como se davam os conflitos e as negociações entre os diferentes setores da elite.

Miriam Dolhnikoff
Professora do Departamento de História da USP e pesquisadora do CEBRAP.
São Paulo/SP, inverno de 2024

SUMÁRIO

INTRODUÇÃO..25

CAPÍTULO 1
A BANCADA MINEIRA E A *LEI DOS CÍRCULOS*, 1853-1856............39
1.1. Introdução..39
1.2. Voto provincial x voto distrital: o Gabinete e o debate parlamentar...........48
1.3. O fim das "grandes bancadas provinciais"?......................................69
1.4. A bancada mineira e a reforma eleitoral de 1855...............................75

CAPÍTULO 2
MINAS EM CÍRCULOS: TERRITÓRIOS E ELEIÇÕES........................103
2.1. Introdução...103
2.2. Espaço e Poder: vilas e comarcas mineiras em perspectiva histórica...........104
2.3. Mapeando o poder local: criação de vilas, eleições e revolta (1835-1842)......109
2.4. A 'ressaca' da revolta: da ascensão liberal à virada conservadora (1843-1855)....129
2.5. As divisões civil e judiciária no ano das eleições distritais em Minas, 1856....137
2.6. O presidente da província e as eleições de 1856 em Minas....................141

CAPÍTULO 3
MINAS E A REPRESENTAÇÃO DOS CÍRCULOS, 1857-1860................163
3.1. Da tribuna às urnas, das urnas à tribuna....................................163
3.2. Das urnas à Tribuna: origem e ocupação da bancada mineira em dois tempos....164
3.3. E as inelegibilidades relativas? Magistrados e reeleitos....................178
3.4. Cadeiras conservadas: novos círculos, velhos mandatos?.....................180
3.5. De uma Casa à outra? Mandatos nas Assembleias Mineira e Geral..............191
3.6. A dança das cadeiras: estreantes conservadores e liberais..................194
3.7. A Verificação de Poderes e os relatos de irregularidades eleitorais........214

CONSIDERAÇÕES FINAIS...225

REFERÊNCIAS...229

INTRODUÇÃO

Nos últimos anos, a historiografia mineira vem abrindo importantes frentes de pesquisas sobre a província durante o século XIX, interessadas em elucidar os diferentes aspectos da política regional oitocentista. Inicialmente, esse interesse concentrou-se especialmente em pesquisas referentes à inserção da província no cenário político brasileiro no processo de Independência, Primeiro Reinado e período regencial. E mais recentemente, também tem surgido estudos sobre a política mineira da década de 1840.

É clássica a ideia de que a participação da província no processo de emergência do Estado nacional baseou-se em suposta especificidade das Minas e de seus habitantes que remonta à Conjuração Mineira. João Camilo de Oliveira Torres, um de seus expoentes, considerou que movimentos como a Independência, as "insubordinações" da Junta Governativa e a Sedição de 1833 nada mais eram do que prolongamentos da Inconfidência Mineira, atribuídos ao "caráter libertário dos mineiros"[1]. Maria Arminda Arruda destacou os principais vieses do mito da mineiridade[2], ao argumentar que Minas Gerais apresentava-se como "centro de equilíbrio do país", devido à tendência política de sua elite[3]. Essa clássica ênfase na *especificidade mineira* guiou toda uma interpretação sobre a política provincial e contribuiu para nivelar excessivamente as diversas tendências políticas presentes nas várias regiões mineiras durante décadas[4].

Outra abordagem clássica sobre a inserção de Minas na política imperial foi adotada por Francisco Iglesias[5]. Em perspectiva próxima à de Sérgio Buarque de Holanda[6], Iglesias enxergou a participação da província

---

[1] TORRES, J. C. de O. *História de Minas Gerais*. Rio de Janeiro: Record, 1963. Ver: LATIF, M. de B. *As Minas Gerais*. 3. ed. Belo Horizonte: Itatiaia, 1991; BARBOSA, W. A. *A verdade sobre Tiradentes*. Belo Horizonte: Instituto de História, Letras e Artes, s/d; CAMPOS, M. S. O papel de Minas no Brasil. *In*: II SEMINÁRIO DE ESTUDOS MINEIROS, Belo Horizonte, Universidade de Minas Gerais. Anais [...], p. 227-239, 1956.
[2] A expressão "mineiridade" foi cunhada por Gilberto Freyre, em 1964. Fonte: FREYRE, G. Ordem, Liberdade, Mineiridade. *In*: FREYRE, G. *Conferência em busca de um leitor*. Rio de Janeiro: José Olympio, 1964.
[3] ARRUDA, M. A. N. *Mitologia da Mineiridade*. O imaginário mineiro na vida política e cultural. São Paulo: Brasiliense, 1990.
[4] SILVA, A. R. C. da. Identidades políticas e a emergência do novo Estado Nacional: o caso mineiro. *In*: JANCSÓ, I. (org.). *Independência*: história e historiografia. São Paulo: Hucitec/Fapesp, 2005.
[5] IGLESIAS, F. Minas Gerais. *In*: HOLANDA, S. B. de. (org.). *História Geral da Civilização Brasileira*. São Paulo: Difel, 1964. t. II, v. 2. p. 364-412.
[6] Oportunamente, falarei mais detidamente sobre o autor e sua análise da política imperial: HOLANDA, S. B. de. O pássaro e a sombra. *In*: HOLANDA, S. B. de. (org.). *História Geral da Civilização Brasileira*. São Paulo:

na política imperial sob um viés negativo. Para o historiador, os movimentos ocorridos em vários pontos de Minas no período regencial — como a Sedição de 1833 — eram "inconsistentes". Já a Revolução de 1842 teria sido fortalecida pelos interesses contrariados dos liberais. Entretanto tais interesses foram diluídos entre 1844 e 1848, uma vez que os liberais não tomaram providências para a reforma das leis pelas quais diziam ter-se levantado em armas. A partir de 1848, a província mineira "cairia na tranquilidade e rotina", com a sua submissão ao Estado centralizador através da Política da Conciliação. Como nos adeptos da tendência apontada por seus críticos como o mito da mineiridade, Iglesias enfatizou uma visão homogeneizadora da elite mineira, classificando os movimentos contrários ao Estado ou ao apoio liberal-moderado mineiro à Regência e ao Primeiro Reinado como "inconsistentes". Em seguida, acentuou que o ciclo de agitações terminou após o movimento liberal de 1842, quando Minas passou a viver em harmonia com as demais províncias:

> Se antes se distinguia de outras unidades, agora vai igualar-se a todas, ao compasso uniformizador do governo central. Já é a terra que se tornou lugar-comum ver como tranquila, na elaboração de estereótipos em que se comprazem os que buscam fixar as linhas de um caráter das regiões[7].

Não obstante o impacto de trabalhos como o de Iglesias ou de interpretações que colaboraram para a cristalização do mito da mineiridade, pesquisas recentes têm começado a encarar a política imperial brasileira a partir da perspectiva da convivência conflituosa das múltiplas tendências regionais, de modo a evidenciar a complexidade da questão do poder das elites mineiras no Império. Tais estudos têm contribuído no sentido de romper com visões simplificadoras, restituindo a dinâmica da formação das diversas tendências políticas presentes no interior da província e em sua relação com a política imperial[8].

Difel, 1971. t. II. v. 4. p. 59-104.

[7] IGLESIAS, 1964, p. 412.

[8] A este respeito, ver: LENHARO, A. *As Tropas da Moderação*. O abastecimento da corte na formação política do Brasil: 1808-1842. 2. ed. Rio de Janeiro: Biblioteca Carioca, 1993. (1. ed. 1979); SILVA, W. *"Liberais e povo"*: a construção da hegemonia liberal-moderada na Província de Minas Gerais (1830-1834). 1. ed. São Paulo: Hucitec, 2009; GONÇALVES, A. L. *Estratificação social e mobilizações políticas no processo de formação do Estado nacional brasileiro*: Minas Gerais, 1833-1835. 1. ed. São Paulo: Hucitec, 2008; RESENDE, I. N. *Negócios e participação política*: fazendeiros da Zona da Mata de Minas Gerais (1821-1841). Tese (Doutorado em História) – Universidade de São Paulo, São Paulo, 2008; RESENDE, E. M. *Ecos do Liberalismo*: ideários e vivências das elites regionais no processo de construção do Estado imperial, Barbacena (1831-1840). Tese (Doutorado em História) – Universidade Federal de Minas Gerais, Belo Horizonte, 2008; RODARTE, C. R. *Partidos políticos, poderes constitucionais e representação regional na 1ª Legislatura da*

Todavia, durante muito tempo, poucos se aventuraram a trilhar os caminhos historiográficos das Minas dos anos 1840 e, principalmente da década de 1850, fase tida pela historiografia tradicional como o ápice da política imperial. Curiosamente, isto parece sugerir que a tese da submissão das elites regionais ao Estado centralizador provocou tal desinteresse pela política mineira e sua relação com a política imperial. Só recentemente é que alguns estudos começaram a revelar certo interesse pelo tema da inserção da província mineira na política do Segundo Reinado. Quase 40 anos separam as pesquisas realizadas por Iglesias, do livro publicado em 1999 pela estadunidense Judy Bieber. Essa historiadora analisou o crescimento político de uma região de fronteira (o norte mineiro), com o foco no estudo do poder das municipalidades. Bieber sustentou que "sertanejos" da Comarca do Rio São Francisco tiveram participação ativa nos movimentos e debates políticos desenrolados nos centros de poder do Império. E apesar do isolamento geográfico, a vida política daquela região integrava-se ao âmbito nacional, constituindo padrões políticos que sugerem um compromisso com a cultura política nacional e a participação em debates ideológicos muito além de interesses estritamente locais[9].

Segundo a pesquisadora, os líderes do Regresso acreditavam que no interior não existia a "civilização" necessária para cumprir as instituições jurídicas ou ter uma administração descentralizada. Existia certo estereótipo do sertanejo que a historiadora apelidou de "visão do litoral", caracterizado pela suposição de que o "sertanejo" era incapaz de sustentar a ordem social, por ser naturalmente propenso a atitudes primitivas e a se envolver em situações de violência e corrupção. Segundo Judy Bieber, os historiadores tendiam a aceitar os preconceitos dos homens do Regresso residentes na

---

Assembleia Geral do Império do Brasil: Minas Gerais (1826-1829). Tese (Doutorado em História) – Universidade de São Paulo, São Paulo, 2011; PAULA, A. M. *O regresso em Minas Gerais*: "Déspotas e republicanos" na imprensa mineira (1837-1840). Dissertação (Mestrado em História) – Universidade Federal de São João del-Rei, São João dela-Rei, MG, 2013; BARATA, A. M. A revolta do Ano da Fumaça. *Revista do APM*, v. 50, p. 78-91, 2014; OLIVEIRA, C. E. F. *Construtores do Império, defensores da província*: São Paulo e Minas Gerais na formação do Estado nacional e dos poderes locais, 1823-1834. Tese (Doutorado em História) – Universidade de São Paulo, São Paulo, 2014; RODRIGUES, L. A. *Do estigma da revolução ao fazer "o que estava em nós"*: os liberais mineiros em seu Quinquênio (1844-1848). Dissertação (Mestrado em História) – Universidade Federal de São João de-Rei, São João del-Rei, MG, 2015; FLORINDO, G. M. *Roupas velhas ou novas*: as Câmaras Municipais no processo de construção do Estado imperial brasileiro (Mariana, 1838-1834). Tese (Doutorado em História) – Universidade Federal Fluminense, Rio de Janeiro, 2018; OLIVEIRA, K. E. M. *A Assembleia Provincial de Minas Gerais e a formação do Estado Nacional brasileiro, 1835-1845.* Tese (Doutorado em História) – Universidade Federal de Ouro Preto, Ouro Preto, MG, 2018.

[9] BIEBER, J. *Power, Patronage, and Political Violence*: State Building on a Brazilian Frontier, 1822-1889. Lincoln: University of Nebraska Press, 1999; BIEBER, J. O sertão mineiro como espaço político (1831-1850). *Revista Mosaico*, v. 1, n. 1, p. 74-86, jan./jun. 2008.

Corte, mas sua pesquisa demonstrou que aqueles "sertanejos" participavam das tendências políticas da mesma maneira que seus colegas litorâneos. Entretanto a historiadora considerou que o período regencial propiciou maiores oportunidades para relacionamentos políticos entre diferentes classes sociais e que essa abertura política foi reduzida com a centralização do Estado brasileiro em meados da década de 1840.

No mesmo ano em que Judy Bieber publicava seus estudos, Edna Maria Resende defendeu sua dissertação de mestrado, na qual investigou o modo como a legislação jurídica centralizadora tratou os pobres livres em São João del-Rei, entre 1840 e 1860, e como esse grupo reagiu diante da noção de ordem proposta pela lei. Influenciada pelos trabalhos de Ilmar de Mattos, a historiadora partiu da premissa de que esse período foi fundamental para a implantação do projeto saquarema, que procurou consolidar suas posições no "mundo do governo", preocupando-se com a manutenção da ordem e a conservação dos mundos hierarquizados da sociedade imperial. No entanto, não deixou de apontar os obstáculos encontrados pelos saquaremas na implementação da norma jurídica, analisando a lei como "espaço do conflito"[10].

Seguindo essa tendência, em 2006, Dimas José Batista analisou as dificuldades de atuação do poder judiciário para efetivar o Estado nacional na região do médio sertão do Rio São Francisco, no norte mineiro. A partir de fontes como relatórios provinciais, relatórios da pasta da Justiça e dos processos-crime da região em foco, o historiador destacou as inúmeras dificuldades internas e externas para consolidar o projeto centralizador de imposição da ordem engendrado pela elite política imperial. Para Dimas Batista, os índices de punição e eficácia direta dos crimes praticados no norte mineiro foram muito inferiores àqueles preconizados pelos ministros da justiça e presidentes da província. O autor concluiu que a penetração do Estado através do poder Judiciário foi muito baixa na região estudada. Em perspectiva próxima a de Judy Bieber, o pesquisador procurou afastar-se das limitações das análises que opõem litoral e sertão, ao rejeitar uma interpretação que compreendia o crime e a violência como algo inerente à "identidade sertaneja"[11]. Estudos como os de Judy Bieber, Edna Resende e Dimas Batista procuraram desvendar aspectos políticos referentes à inserção

---

[10] RESENDE, E. M. *Entre a solidariedade e a violência*: valores, comportamentos e a lei em São João del Rei, 1840-1860. Dissertação (Mestrado em História) – Universidade Federal de Minas Gerais, Belo Horizonte, 1999.

[11] BATISTA, D. J. *A administração da justiça e o controle da criminalidade no Médio Sertão do São Francisco, 1830-1880*. Tese (Doutorado em História) – Universidade de São Paulo, São Paulo, 2006.

do Estado nacional em Minas e os consequentes conflitos e negociações que emergiam da relação entre poder central e poderes locais e/ou regionais no interior da província. O foco específico dessas análises foi o estudo do poder Judiciário.

Em outra chave analítica, algumas pesquisas têm procurado revelar aspectos referentes à inserção da província na política imperial e as implicações dessa inserção nacional no universo das relações entre as próprias elites regionais mineiras. Nesse sentido, em 2002, Patrícia Falco Genovez defendeu a tese de doutorado intitulada *O Espelho da Monarquia*. A pesquisa enfatizou a análise de redes sociais das elites políticas mineiras no Segundo Reinado, a partir de extenso levantamento prosopográfico das relações familiares, de amizade e compadrio, das titulações e tendências partidárias, de modo a identificar os principais "*clãs*" familiares envolvidos na política mineira ao longo do Segundo Reinado[12]. A partir do estudo das ligações estabelecidas entre a Assembleia Provincial e a Câmara dos Deputados, a historiadora apontou a importância dos laços "clientelistas" nas nomeações executadas pelo Imperador para cargos relevantes como o de senador e ministro: "Aqui, os clãs dão uma dinâmica própria às disputas de poder, misturando sangue, honra, tradição e interesses econômicos e ligando-se ao centro através das titulações"[13].

Para a historiadora, por trás do poder dos gabinetes ministeriais situava-se uma proeminente rede de influências, constituída por uma teia de amizades e laços familiares que partia do interior de Minas em direção à Corte. Genovez analisou a distribuição do poder na província a partir dos desmembramentos municipais das três primeiras vilas mineiras (Sabará, Ouro Preto e Mariana), áreas originárias da região aurífera. Segundo a autora, os desmembramentos em municípios nas regiões de fronteira às antigas áreas mineradoras permitiram o surgimento de elites locais em busca de riquezas e honrarias, traduzidas em títulos de nobreza, comendas e cargos. A partir da análise da formação de municípios ao redor da antiga região mineradora, a historiadora demonstrou que esse processo de ocupação de áreas de fronteiras acabou por resultar em divisões das elites mineiras que geraria a emergência de grupos separatistas na província.

---

[12] GENOVEZ, P. F. *O espelho da monarquia*: Minas Gerais e a Coroa no Segundo Reinado. Tese (Doutorado em História) – Universidade Federal Fluminense, Niterói, RJ, 2003.

[13] *Ibidem*, p. 7.

Apesar da contribuição historiográfica inegável da sua pesquisa, que traçou uma espécie de "mapeamento" das famílias mineiras e suas estratégias de manutenção no poder ao longo do Segundo Reinado, a historiadora acentuou o papel do imperador na concessão de títulos e comendas e afirmou que os políticos mineiros miravam em sua figura para atingir a almejada influência política. E sintetizou a política imperial da seguinte forma: "o Poder Moderador escolhia o ministério que, por sua vez, fazia a eleição e esta fazia a maioria. Dentro deste mecanismo político, por trás do poder dos gabinetes situava-se uma proeminente camada de influências"[14]. Nesse sentido, sua análise centraliza a figura do imperador como uma força centrípeta diante da qual gravitava as elites das províncias, em busca de honrarias e títulos.

Em tese defendida em 2008, Luiz Fernando Saraiva questionou aspectos centrais da abordagem realizada por Patrícia Genovez[15]. Na opinião de Saraiva, Patrícia Genovez adotou uma visão cuja "matriz" remete ao clássico estudo publicado em 1956 por Cid Rebello Horta intitulado *Famílias Governamentais de Minas Gerais*[16]. Cid Rebello Horta listou as principais famílias que permaneceram no poder na província (depois estado) durante todo o século XIX até meados do século XX. Luiz Fernando Saraiva alertou que, na visão de Horta, termos como "divisões partidárias" ou "elite" eram facilmente substituídos por "famílias" ou "clãs" e uma frase extraída do artigo de Horta sintetiza bem sua abordagem: "A rigor, não havia partido conservador ou partido liberal, o que existia eram famílias liberais e famílias conservadoras, que dominava nesse ou naquele distrito eleitoral"[17]. Saraiva destacou a consideração de Cid Rebello Horta, de que o imperador era quem dava vitória "a essa ou àquela facção" e destacou que "mais do que a personalização do Estado, Horta promove a estatização de D. Pedro II"[18]. Nesse sentido, na visão de Horta e Genovez, o sistema representativo imperial era um engodo, uma vez que era o imperador quem decidia a eleição de liberais ou conservadores. As críticas de Saraiva a esses autores se concentraram no fato de que essa historiografia considerava que "o Estado surge como algo dado, completo", de tal modo que os conflitos entre as elites regionais não

---

[14] *Ibidem*, p. 7.
[15] SARAIVA, L. F. *O Império das Minas Gerais*: Café e Poder na Zona da Mata mineira, 1853-1893. Tese (Doutorado em História) – Universidade Federal Fluminense, Niterói, RJ, 2008.
[16] HORTA, C. R. Famílias Governamentais de Minas Gerais. *In*: II SEMINÁRIO DE ESTUDOS MINEIROS, Belo Horizonte, UFMG, *Anais* [...], 1956.
[17] *Ibidem*, s/p.
[18] SARAIVA, 2008, p. 125.

eram fundamentais. E nesse sentido, a perspectiva dessa historiografia é a de que o Estado era o ordenador de toda a vida social e a "família clânica" funcionava como um "todo orgânico e coerente"[19].

Em sua tese, Luiz Fernando Saraiva pesquisou a formação da Zona da Mata mineira ao longo da segunda metade do século XIX, em suas relações políticas e econômicas com o Império e com as demais regiões de Minas Gerais. O autor sustentou que a expansão da cafeicultura na Zona da Mata ocorreu concomitantemente ao aumento das disputas pelo poder político dentro da província e na busca pelo poder junto à Corte. Em sua análise, o historiador considerou que a província (e estado) mineira foi marcada por divisões internas e uma ligação profunda de territórios mais periféricos com outras regiões do país. Assim, destacou as sucessivas tentativas de fragmentação que singularizaram a história mineira em relação às demais unidades administrativas e sustentou que havia um descompasso entre o poder econômico da Zona da Mata e sua representatividade política a nível nacional. Para o historiador, a situação foi se modificando a partir de 1850, com o ingresso de alguns membros da elite dessa região no cenário político nacional[20].

Uma pesquisa recente sobre a política mineira no Segundo Reinado deteve-se no estudo da participação de representantes mineiros na Câmara dos Deputados, durante a década de 1860. Em 2011, Guilherme Pereira Claudino investigou os desdobramentos político-partidários ocorridos em Minas Gerais em relação à formação de um novo partido imperial: a *Liga Progressista*. O historiador destacou o papel significativo dos mineiros na formação e atuação na *Liga Progressista* no interior da Câmara e considerou que a maioria desses políticos que aderiram à *Liga* era liberal. Claudino concluiu também que em todo o período de domínio progressista, a Assembleia Provincial mineira e sua bancada na Câmara tiveram maioria liberal e apoiaram todos os presidentes de província[21]. Seguindo essa tendência, em 2020, Michel Saldanha investigou a relação entre a formação da Liga

---

[19] Além das críticas apontadas por Saraiva ao trabalho de Cid Horta, é importante destacar o problema do caráter 'a histórico' de sua abordagem: Horta optou por listar a trajetória dos grandes "*clãs*" durante um século e meio de história mineira, sem a menor preocupação com o contexto das mais diferenciadas épocas pelas quais ele passou.
[20] *Ibidem*, p. 125.
[21] CLAUDINO, G. P. "*Uma verdadeira torre de babel*": entre a corte e a Província - a Liga Progressista em Minas Gerais (1862-1868). Dissertação (Mestrado em História) – Universidade Federal de São João del-Rei, São João del Rei, MG, 2011.

Progressista e suas repercussões nas disputas partidárias no interior da província e na reorganização do partido conservador em 1868[22].

Como se vê, nos últimos anos, uma parcela da historiografia mineira tem demonstrado interesse pela compreensão do mosaico de propostas e interesses políticos característicos da política imperial em Minas Gerais. As recentes pesquisas contribuíram para uma significativa renovação, ao questionarem abordagens niveladoras das diversas tendências políticas presentes em Minas Gerais[23] e ao destacarem o processo de implementação da administração da justiça pelo Executivo Provincial e pelo Judiciário nas localidades de Minas Gerais no período.

O campo de estudo da história política da província mineira está em expansão e tem ganhado fôlego nos últimos anos. Algumas pesquisas se concentraram em observar trajetórias individuais de políticos mineiros no Parlamento brasileiro[24]. Em dissertação defendida em 2009, analisei os conflitos regionais na Assembleia Provincial na condução das políticas públicas do governo mineiro nos anos 1870 e 1880. A falta de meios de comunicação para escoamento da produção agrária era vista pelas elites provinciais como principal empecilho ao desenvolvimento de Minas Gerais. Entretanto a adoção de projetos de construção de ferrovias tendeu a beneficiar a cafeicultura da Mata mineira, sob a justificativa de que a região rendia mais tributos aos cofres públicos. Apesar de certo prestígio econômico da elite sul-mineira, sua representação política mostrava-se constantemente insatisfeita com o favorecimento da Zona da Mata. Por sua vez, a região reclamava do abandono em que se encontrava. Esses embates no interior da Assembleia Provincial resultaram no surgimento de demandas de divisão do "colosso" mineiro[25].

---

[22] SALDANHA, M. D. *A ordem na barriga do progresso*: o Partido Conservador e as relações de poder em Minas Gerais (1860-1868). Dissertação (Mestrado em História) – Universidade Federal de São João del-Rei, São João del Rei, MG, 2020.

[23] Este problema foi, em grande parte, estimulado por estudos que diagnosticaram a diversidade socioeconômica das regiões mineiras. Na introdução da minha pesquisa de mestrado, reviso a literatura sobre o tema: FREITAS, A. P. R. *Diversidade econômica e interesses regionais*: as políticas públicas do governo provincial mineiro. Dissertação (Mestrado em História) – Universidade de São Paulo, São Paulo, 2009.

[24] É o caso de um estudo que analisou a atuação de Teófilo Ottoni na companhia do Vale do Mucuri e a trajetória de um deputado mineiro: ALMEIDA, M. L. *O preço de um fracasso*: a Companhia União e Indústria e a política e a economia no Império (1852-1872). Dissertação (Mestrado em História) – Universidade de São Paulo, São Paulo, 2002; LUZ, E. M. M. *Um legislador nas Gerais*: vida e obra do cônego Hermógenes Casimiro de Araújo Brunswik (1783-1861). Dissertação (Mestrado em História) – Universidade Estadual Paulista, Franca, SP, 2008.

[25] FREITAS, 2009, p. 186.

Pérola Maria Goldfeder Castro acompanhou os debates sobre projetos de emancipação do sul mineiro apresentados no Parlamento brasileiro entre 1843 e 1892. Ao analisar a reivindicação daquela região, a historiadora sustentou que os rumos da unidade mineira e seus riscos de fragmentação significavam um dilema não apenas para as elites da província, mas era também objeto de interesse nacional[26]. Juliana Pereira Ramalho analisou as formas de acesso à terra e concentração fundiária na freguesia de Minas Novas, a inserção da elite agrária nos projetos de interação mercantil entre o nordeste mineiro e províncias limítrofes e suas reivindicações por maior participação na política imperial, por meio do projeto de criação da província de Minas Novas[27].

Em suma, a historiografia mineira tem elucidado importantes aspectos das relações entre Minas e a política imperial e das relações entre as elites mineiras no interior da província, ainda que pouca ênfase tenha sido conferida à segunda metade do século XIX. O período em foco neste livro corresponde à fase marcada pela Política da Conciliação. Para além da historiografia regional, há uma tendência revisionista nos estudos sobre a política imperial, que têm buscado contemplar o estudo do poder Legislativo como essencial à compreensão da complexidade do cenário político imperial. Essas novas abordagens têm questionado a ênfase no papel exclusivo do poder Moderador, ao destacarem a importância da força de decisão da Câmara dos Deputados e do contexto político em que tais decisões ocorriam. Há uma clara tendência em afastar-se de abordagens que acabaram por limitar o campo de entendimento da dinâmica política imperial. Nesse sentido, a análise isolada dos elementos que compunham a questão do poder no século XIX limitou a compreensão da política imperial, ao desprezar alguns elementos importantes, como o estudo do Legislativo. É preciso atentar para o fato de que a Câmara dos Deputados era o espaço de formulação de políticas nacionais, através da negociação, confrontos e debates entre diversos setores das elites regionais. E para além do Legislativo nacional, estudos pioneiros (como os desenvolvidos por Maria de Fátima Silva Gouvêa e Miriam Dolhnikoff) trouxeram uma importante inovação, ao proporem uma reflexão sobre o papel desempenhado pelas Assembleias Legislativas Provinciais para o entendimento da dinâmica

---

[26] CASTRO, P. M. G. B. *Minas do Sul*. Espaço e política no século XIX. 1. ed. Jundiaí: Paco, 2016.
[27] RAMALHO, J. P. *Um projeto de província dos sertões*. Terra, povoamento e política na freguesia de São Pedro do Fanado de Minas Novas - Minas Gerais (1834-1857). 1. ed. Jundiaí: Paco, 2019.

política imperial. Ou seja, o papel central das províncias na configuração da monarquia constitucional do Brasil oitocentista[28].

Sendo assim, novas abordagens têm ressaltado a importância do Parlamento como instituição no interior do qual as grandes questões de interesse nacional eram debatidas pelas elites regionais, oriundas de espaços e culturas políticas distintas[29]. Além disso, pesquisas recentes têm posto em xeque a tradicional visão da década de 1850 como um período marcado pelas "águas paradas" da conciliação, preocupando-se em observar a Política da Conciliação em toda a sua complexidade[30]. A política implementada no período não aniquilou o poder do Parlamento e para compreender a política do período em sua extensão, é essencial lançar luz sobre a atuação das elites regionais em um contexto marcado por redefinições políticas. Abre-se um caminho profícuo em direção à necessidade de estudos a respeito da atuação das elites regionais para além da década de 1840.

Nesse sentido, a presente pesquisa privilegiou o estudo da participação das elites mineiras na política imperial na década de 1850. A escolha do recorte cronológico não foi aleatória, posto que uma das preocupações deste trabalho foi a de apreender o comportamento da bancada provincial mineira nos debates que culminaram na adoção de uma das mais importantes legislações eleitorais do Império, que visava uma alteração profunda no perfil da representação das províncias no Legislativo. Durante os anos em foco neste estudo, duas legislaturas — escolhidas por sistemas eleitorais distintos — atuaram na Câmara: os representantes da nona legislatura (1853-1856) foram escolhidos por eleições regidas pela *Lei de 1846* que estabelecia o voto provincial; a décima legislatura (1857-1860) assistiu à emergência dos representantes escolhidos na vigência da *Lei dos Círculos*, que previa a eleição pelo círculo de um deputado.

---

[28] GOUVÊA, M. F. S. *O Império das Províncias*. Rio de Janeiro, 1822-1889. Rio de Janeiro: Civilização Brasileira/Faperj, 2008. (Tese defendida em 1989); DOLHNIKOFF, M. *O pacto imperial*: origens do federalismo no Brasil. São Paulo: Globo, 2005.

[29] DOLHNIKOFF, M. Império e Governo Representativo: uma releitura. *Caderno CRH*, Salvador, v. 21, n. 52, p. 13-23, jan./abr. 2008; DOLHNIKOFF, M. Representação política no Império. *In*: XXVI SIMPÓSIO NACIONAL DE HISTÓRIA, São Paulo. Anais [...]. 2011; DOLHNIKOFF, M. A monarquia constitucional brasileira e o modelo de governo representativo do oitocentos. *In*: XXIX SEMANA DE HISTÓRIA DA UFJF, Juiz de Fora, UFJF, Anais [...]. 2012; FERRAZ, S. E. *O Império Revisitado*: Instabilidade Ministerial, Câmara dos Deputados e Poder Moderador (1840-1889). Tese (Doutorado em História) – Universidade de São Paulo, São Paulo, 2012.

[30] PARRON, T. P. *A política da escravidão no Império do Brasil, 1826-1865*. Dissertação (Mestrado em História) – Universidade de São Paulo, São Paulo, 2009; ESTEFANES, B. F. *Conciliar o Império*: Honório Hermeto Carneiro Leão, os partidos e a política de Conciliação no Brasil Monárquico (1842-1856). Dissertação (Mestrado em História) – Universidade de São Paulo, São Paulo, 2010; FERRAZ, P. R. *O Gabinete da Conciliação*: atores, ideias e discursos (1848-1857). Dissertação (Mestrado em História) – Universidade Federal de Juiz de Fora, Juiz de Fora, MG, 2013.

Sendo assim, procurei analisar o perfil dos representantes das duas bancadas mineiras eleitas no período e a relação entre essa bancada e os aspectos mais amplos da política imperial, em especial, o tema da representação política. Este estudo propõe investigar a atuação da elite mineira representada na Câmara, de modo a compreender as 'coalizões' e 'colisões' a respeito de temas de interesse nacional e regional no interior da bancada mineira; entre esta e as demais bancadas provinciais; e entre a bancada mineira e o poder central.

Qual a importância de estudar Minas Gerais e a política imperial? A província mineira possuía um expressivo colégio eleitoral que resultava no maior número de representantes na Câmara e no Senado. Assim, o seu papel na política imperial não pode ser desprezado, uma vez que essa província possuía a maior bancada na Câmara — um total de 20 deputados — quando várias províncias possuíam apenas um representante. É preciso ressaltar que o número de deputados de cada província se tornou a medida de seu grau de influência na política nacional. Isto implicava na seguinte fórmula: 'se' os mineiros resolvessem unir-se em torno de uma proposta, eles tinham o poder de decidir uma votação. Dessa forma, o estudo sobre a atuação da bancada mineira no jogo político imperial e os interesses que advogava, faz-se necessário, tendo em vista a expressividade política de Minas Gerais. E entender a atuação dos deputados mineiros no cenário político nacional, de certo modo, implica em entender o próprio jogo político imperial, devido ao peso político dessa bancada.

Além disso, o período em estudo é também um momento em que importantes propostas de divisão de Minas Gerais foram levadas a debate na Câmara dos Deputados, numa clara demonstração de existência de conflitos entre as elites da província que possuía a maior bancada na Câmara. Sabe-se que o número de representantes de cada província era calculado pela sua densidade populacional. Se a província mineira fosse dividida, perderia representação, que passaria a pertencer à nova província. Portanto, uma possível divisão de Minas redefiniria o jogo de poder na Câmara dos Deputados e Senado. A província deixaria de ter a maior bancada na Casa, justamente num contexto em que um movimento mais amplo se desenrolava: o de redefinição do perfil do representante nacional diante das demandas por reformas eleitorais. Não se pode desconsiderar, também, o fato de que a disputa partidária agitou a província mineira na década anterior, com a emergência do Movimento Liberal de 1842. Muitos representantes mineiros que atuaram no período em estudo, de algum modo, atuaram no movimento liberal de 1842 (seja do lado liberal ou na repressão ao movimento). Portanto, é preciso avaliar se as disputas partidárias em Minas Gerais continuaram intensas e se influenciaram na tomada de decisão da bancada mineira na Câmara dos Deputados. Este e outros questionamentos são objeto desta obra que, apesar de focar nas especificidades da atuação da bancada mineira no Parlamento brasileiro, não deixa de considerar seus desdobramentos como parte de uma totalidade mais ampla, que é a política imperial brasileira na década de 1850.

A proposta desta pesquisa é compreender como a maior bancada da Câmara dos Deputados se posicionou diante de uma grande reforma eleitoral votada no período, reforma esta que previa mudanças no perfil do representante eleito e, portanto, no perfil da própria bancada provincial. Para tanto, pretendo identificar e comparar o perfil e a origem dos representantes mineiros eleitos nas duas legislaturas em estudo (1853-1856; 1857-1860), de modo a compreender quais motivações teriam interferido no comportamento desses políticos, na adesão ou oposição à reforma eleitoral debatida e aprovada no período. Uma das questões, por exemplo, é a de investigar até que ponto as influências partidárias interferiram na tomada de decisão dos deputados. Outro ponto é o da divergência entre as elites das diversas regiões mineiras. A análise do posicionamento da bancada mineira traz contribuição para o debate historiográfico, uma vez que um dos pontos em discussão entre opositores e defensores de alterações no sistema eleitoral foi justamente o peso das grandes bancadas na Câmara.

Assim, esta pesquisa parte do pressuposto de que, para uma compreensão mais aprofundada do processo de adoção da reforma eleitoral de 1855, é fundamental considerar a importância do Parlamento enquanto instituição representativa, no interior da qual se desenrolavam complexas relações entre diferentes setores da sociedade brasileira. Não basta, portanto, apenas apontar a referida reforma como fruto da vontade do imperador ou do presidente do Conselho de ministros. Parte-se do pressuposto de que a política imperial merece ser compreendida em sua complexidade, levando em conta não apenas a atuação do poder central, mas as relações entre Executivo e Legislativo. E a partir da análise da Câmara dos Deputados, o foco da pesquisa é a necessidade de compreender o comportamento da mais influente bancada provincial diante de uma reforma que prometia profundas modificações no perfil dos novos representantes da nação.

Outra questão a ser investigada é se a alteração na legislação eleitoral do período, de fato, teria modificado o perfil desses representantes eleitos. Qual o impacto da reforma eleitoral de 1855 no sistema representativo do Império? Assim, além da análise dos debates sobre a adoção da reforma eleitoral, analiso os resultados das eleições ocorridas em 1856, de modo a traçar um perfil da bancada mineira, após a alteração no sistema eleitoral. A ideia é realizar uma comparação que permita compreender se os 'receios' e 'anseios' dos que defendiam e se opunham à reforma se concretizaram. Enfim, pretendo comparar as duas legislaturas no que se refere ao perfil dos deputados da província de Minas Gerais, antes e depois da adoção da reforma eleitoral de 1855.

A documentação utilizada na pesquisa compreende, principalmente, os Anais da Câmara dos Deputados (1853-1860), os Anais do Senado nos anos em que a reforma eleitoral foi debatida (1855), Anais da Assembleia Legislativa Provincial de Minas Gerais (1835-1858), Coleção da Lei Mineira (1836-1856) e Coleção das Leis do Império do Brazil (1823-1860), Relatórios e Falas de Presidentes de Minas Gerais (1840-1858), além da repercussão dos debates parlamentares na imprensa mineira e da Corte. O levantamento dos periódicos mineiros disponíveis para pesquisa foi realizado nos acervos do Arquivo Público Mineiro, da Hemeroteca Pública do Estado de Minas Gerais, da Hemeroteca Digital da Biblioteca Nacional do Rio de Janeiro e do Arquivo Edgar Leuenroth, na Unicamp. Os seguintes jornais mineiros foram utilizados: *O Sul de Minas*, *O Universal*, *O Bom Senso* e o *Correio Official de Minas*. O primeiro foi publicado na vila de Campanha, sob a chefia de João Pedro da Veiga Sobrinho e caracterizava-se pelo viés conservador e defesa da emancipação do Sul de Minas. O segundo foi fundado pelo liberal José Pedro Dias de Carvalho, em Ouro Preto. Os outros dois jornais publicados na capital da província e disponíveis para a pesquisa possuíam tendência conservadora: *O Bom Senso* foi publicado entre os anos de 1853 e 1856 e editado por Francisco de Assis Costa; e *O Correio Official de Minas* foi publicado entre 1857 e 1860 editado por Bartholomeu Paulo Alvares da Costa. No que se refere à imprensa da Corte, as folhas analisadas foram as seguintes: *O Correio da Tarde*, *O Grito Nacional*, *O Republico* e *A Atualidade*. O principal critério adotado foi a escolha de periódicos cujo conteúdo repercutira o tema da reforma eleitoral debatido nas Câmaras. Assim, a análise do impacto dos debates parlamentares na imprensa favoreceu a captação de aspectos que, muitas vezes, eram ocultados ou eram de difícil percepção na leitura dos debates nas sessões da Câmara e do Senado.

Para além da análise dos debates parlamentares e da sua repercussão na imprensa, foi realizado um extenso levantamento prosopográfico de identificação das filiações partidárias, ocupações e relações entre os políticos mineiros e suas localidades de origem. Essa investigação exigiu o recurso a fontes de natureza diversa, como: almanaques da província mineira, do sul de Minas e da Corte; relatórios presidenciais; periódicos; biógrafos e genealogistas diversos, com destaque para José Pedro Xavier da Veiga e sua obra *Efemérides Mineiras*, dentre outros. Além destes, utilizei amplamente a *Revista do APM* dirigida por José Pedro Xavier da Veiga (1896-1900) e Augusto de Lima Júnior (1901-1914). Esse esforço de apuração dessas trajetórias políticas ajudou a traçar um perfil dos representantes mineiros do período. Os dados referentes à ocupação de cargos públicos provinciais e locais foram encontrados, especialmente, nos relatórios presidenciais e almanaques supracitados. As referências às vinculações partidárias foram encontradas principalmente nas *Efemérides Mineiras*, nos jornais, biografias e inclusive nos Anais da Câmara. Há também referências a liberais e conservadores mineiros na obra *História do Movimento Político de 1842*, de José Antônio Marinho.

CAPÍTULO 1

A BANCADA MINEIRA E A *LEI DOS CÍRCULOS*, 1853-1856

1.1. Introdução

O período que abrange a nona legislatura (1853-1856) foi marcado pela aprovação de importante reforma eleitoral, que prometia modificar profundamente o perfil do representante eleito para a Câmara dos Deputados. O objetivo deste capítulo foi o de analisar a atuação da bancada mineira no debate que resultou na aprovação daquela que ficou conhecida como *Lei dos Círculos*. Para tanto, procurei compreender os principais aspectos da reforma eleitoral no que se refere às modificações da legislação vigente, a atuação de D. Pedro II e do presidente do Conselho de Ministros, bem como a recepção da proposta entre os deputados gerais mineiros e contribuição destes no arranjo político que se formou. Para que se tenha um retrato dinâmico do papel da representação mineira nesse contexto, é preciso aproximar a lupa e analisar em complexidade a pluralidade de interesses que compunham as elites políticas de Minas Gerais, o papel da Assembleia Provincial na conformação dessas elites e, em última instância, observar a atuação da bancada mineira em sua relação com os demais atores envolvidos no jogo político imperial, interna e externamente à província.

A *Lei dos Círculos* foi a principal medida aprovada pelo chamado Gabinete da Conciliação. Ainda que o objetivo deste estudo não seja a política implementada pelo Marquês de Paraná, para entender todo o processo de alterações no sistema representativo que resultou na *Lei Eleitoral de 1855*, é preciso indagar a respeito do quadro geral das eleições no Império e da própria formação do sistema político imperial. Como funcionava o sistema eleitoral até 1855? Quais eram as regras que geriam o sistema representativo brasileiro desde a Independência até o final da década de 1850?

A *Constituição de 1824* previu os critérios gerais que definiam os direitos de cidadania política e os requisitos necessários para votar e ser votado, já amplamente conhecidos pela historiografia. A Constituição também determinava que uma lei regulamentar deveria designar a forma de organizar as eleições e esse tema foi foco de amplo debate e legislação ao longo do Império[31]. A primeira lei que regulamentou a organização das eleições foram as *Instruções de 1824* promulgadas pelo Executivo, que definiam o reconhecimento dos eleitores pela mesa eleitoral no dia do pleito[32]. Em 1842, novas *Instruções* também decretadas pelo Executivo adotaram o alistamento prévio realizado por juntas locais[33].

O primeiro sistema eleitoral brasileiro adotado desde 1824 foi o de eleição por maioria simples no âmbito da província. Os eleitores reuniam-se em cada colégio eleitoral e apresentavam uma lista de nomes — tantas quantas fossem as cadeiras da província na Câmara — e eram eleitos os candidatos mais votados em toda a província. Esse sistema foi utilizado nas eleições de 1825, 1829, 1833, 1837, 1841, 1842, 1844, 1847, 1849 e 1852[34]. Ao longo dos anos, especialmente na década de 1840, o sistema eleitoral passou a receber uma série de críticas e a principal delas — feita pelos defensores de alterações na lei eleitoral — destacou o processo de 'esmagamento' dos grupos locais pelas elites provinciais, fato que era associado à utilização de um sistema no qual os votos eram contados em âmbito provincial.

Dois projetos de reforma eleitoral chegaram ao Parlamento durante o quinquênio liberal (1845-1849), ambos em 1846: o primeiro transfor-

---

[31] BRASIL. Constituição Política do Império do Brasil (1824). In: *Collecção das Leis do Imperio do Brasil*. Rio de Janeiro: Imprensa Nacional, 1886a. pt. 1. p. 19-20.

[32] BRASIL. Decreto de 26 de março de 1824. In: *Collecção das Leis do Império do Brasil de 1824*. Rio de Janeiro: Imprensa Nacional, 1886b. v. 1, pt. 2, p. 18-28.

[33] BRASIL. Decreto nº 157, de 4 de maio de 1842. In: *Collecção das Leis do Imperio do Brasil de 1842*. Rio de Janeiro: Nacional, 1843. v. 1, pt. 2. p. 255-261. A *Lei Eleitoral de 1846* estabeleceu regras mais detalhadas: presidida pelo juiz de paz, a Junta de Qualificação seria instalada no 3º domingo de janeiro e teria 20 dias para concluir o trabalho. A ata final era feita em três vias: uma deveria ser fixada na Igreja, e as demais enviadas ao presidente provincial e ministro do Império. Em todo mês de janeiro, a Junta faria a revisão dos votantes. Com a Lei de 1875, a qualificação continuou a ser feita na paróquia, mas uma junta municipal (juiz municipal ou substituto e dois vereadores) passou a ser responsável pelo alistamento de votantes. A junta paroquial passou a ser composta de cinco membros escolhidos pelos eleitores da paróquia. Os alistamentos passaram a ser feitos bienalmente. Em 1881, a *Lei Saraiva* transferiu a atribuição do alistamento das juntas paroquiais ao Judiciário (juízes municipais e de comarca), reduzindo a influência política, pois os membros das juntas eram eleitos. Fonte: NICOLAU, J. *Eleições no Brasil*. Do Império aos dias atuais. Rio de Janeiro: Zahar, 2012. p. 28-33.

[34] Distintos sistemas eleitorais foram adotados ao longo do Império, todos eles ligados à ideia de sistemas majoritários. A *Lei de 1855* alterou para sistema de maioria absoluta (em até três turnos sucessivos) em distrito de um representante. Em 1860, mudou para o de maioria simples em distritos plurinominais. Em 1875, voltou ao sistema de maioria simples na província (com voto limitado) e em 1881, para o de maioria absoluta (em dois turnos) em distritos de um representante. Para Jairo Nicolau, todos os países que realizavam eleições nacionais no período, utilizavam alguma variedade de sistema majoritário. Ver: NICOLAU, J. *Sistemas Eleitorais*. 5. ed. Rio de Janeiro: FGV, 2014.

mou-se na *Lei Eleitoral de 19 de agosto de 1846*[35], alterada apenas em 1855. O segundo, apresentado no Senado em 1846, foi debatido, aprovado em primeira discussão em 1847, em segunda discussão em 1848 e engavetado. Este foi retomado apenas em 1855, para ser discutido e aprovado em terceira discussão com emendas, tornando-se a *Lei dos Círculos*. Em 1845, os deputados liberais mineiros Manoel Odorico Mendes e Paulo Barbosa da Silva apresentaram um projeto de reforma eleitoral composto por 47 artigos. A Comissão de Constituição da Câmara analisou o projeto e fez inúmeras alterações, de modo que o projeto substitutivo passou a conter apenas quatro artigos. De maneira geral, a proposta da comissão previa a regulamentação do modo de proceder às eleições, já que o processo eleitoral seguia as prescrições da *Constituição de 1824*, as *Instruções de 26 de março de 1824* e o *Decreto de 1842*[36]. O projeto de 1845 já possuía artigo referente às inelegibilidades e previa que generais em chefe, comandantes de armas, chefes de polícia, administradores da fazenda provincial, presidentes de província e juízes de direito fossem impedidos de se eleger deputados ou senadores na província em que exerciam suas funções. Mas após inúmeras discussões e emendas, esse artigo foi suprimido.

Em junho de 1846, a Comissão de Constituição do Senado composta pelos liberais Vergueiro, Paula Souza e Costa Ferreira apresentou parecer com diversas emendas: dentre elas, uma criava círculos eleitorais de dois deputados e um senador, e outra estabelecia incompatibilidades parlamentares. Mas antes do projeto entrar em discussão, o conservador Bernardo Pereira de Vasconcelos ofereceu o projeto vindo da Câmara, desembaraçando a proposta de inúmeras alterações apresentadas pela Comissão do Senado, composta por liberais. Vasconcelos suprimiu os dois itens mais polêmicos: o voto distrital e as incompatibilidades eleitorais. Assim, em julho, o projeto substitutivo foi aprovado no Senado e logo depois, votado na Câmara em apenas uma sessão, tornando-se a *Lei Eleitoral de 1846*.

Uma proposta de reforma eleitoral redigida pelo liberal Paula Souza em 1846 foi apresentada e debatida em 1847 e 1848. Os artigos principais da proposta referiam-se à eleição por círculos de um senador e dois deputados, a eleição especial de suplentes e a adoção das incompatibilidades. O projeto foi votado no Senado, em primeira discussão em 1847 e em segunda discus-

---

[35] BRASIL. Lei nº 287, de 19 de agosto de 1846. In: *Collecção das Leis do Imperio do Brasil de 1846*. Rio de Janeiro: Nacional, 1847. t. VIII, pt. 1. p. 13-39.
[36] FERRAZ, P. R., 2013, p. 56.

são em 1848 e depois, engavetado. O tema só voltaria à cena no período da Conciliação, ao ganhar a adesão de Honório Hermeto — o presidente do Conselho de Ministros —, mas as duas principais ideias da reforma de 1855 já apareciam na década de 1840 como demandas do partido liberal. Portanto, a proposta apresentada pelo Gabinete Paraná era originária do projeto de Paula Souza debatido desde 1847 e já aprovado no Senado em duas discussões.

Em 1855, a Comissão de Constituição e Legislação do Senado elaborou um projeto substitutivo que alterava alguns pontos do projeto de Paula Souza, mas não modificava a sua essência, que era as suas duas ideias capitais: a defesa dos círculos eleitorais e das incompatibilidades. Complementava-se, assim, a *Lei Eleitoral de 1846* com a prescrição de normas antes rejeitadas[37]. O projeto de reforma eleitoral de 1855 previa duas alterações substanciais na *Lei de 1846*, com a adoção do voto distrital e o estabelecimento de incompatibilidades eleitorais. A proposta prometia modificar profundamente o perfil parlamentar a partir das duas ideias capitais.

O voto distrital previa que as províncias seriam divididas em tantos círculos eleitorais quantos forem os seus deputados à Câmara dos Deputados. Assim, cada um dos distritos elegeria um deputado. Os eleitores das diversas paróquias que compunham o distrito se reuniriam na cabeça do distrito para votar em um único nome, e não mais em uma lista de candidatos, como no sistema de voto provincial. Para ser eleito, o candidato precisava de uma maioria absoluta dos votos. Abolia-se assim o sistema de maioria simples. Caso isso não ocorresse, um segundo escrutínio era realizado no dia seguinte, onde concorreriam os quatro nomes mais votados no primeiro escrutínio. Se nenhum deles obtivesse maioria absoluta, imediatamente um terceiro escrutínio selaria nova disputa entre os dois mais votados. Em caso de empate, a vaga seria decidida na sorte. Findo o processo eleitoral, a eleição de suplentes seria realizada nos mesmos moldes. Para os candidatos eleitos, uma cópia autêntica da ata da eleição serviria de diploma a ser verificado nas sessões preparatórias da Câmara dos Deputados[38].

Já as incompatibilidades eleitorais previam que os presidentes de província e seus secretários, comandantes de armas e generais em chefe,

---

[37] DOLHNIKOFF, M. Governo representativo e eleições no século XIX. *Revista do IHGB*, Rio de Janeiro, v. 474, n. 178, maio/ago. 2017. p. 16.

[38] BRASIL. Decreto nº 842, de 19 de setembro de 1855. In: *Collecção das Leis do Imperio do Brasil de 1855.* Rio de Janeiro: Imprensa Nacional, 1856. t. XVI, pt. 1. p. 49-52. Este sistema de escrutínios sucessivos foi inventado na França e adotado em países europeus como Bélgica, Holanda, Espanha e Suíça, na primeira metade do século XIX. Fonte: NICOLAU, 2012, p. 35.

inspetores da Fazenda Geral e Provincial, chefes de polícia, delegados e subdelegados, juízes de direito e municipais não poderiam ser votados nos colégios eleitorais dos distritos em que exerciam autoridade ou jurisdição[39]. O intuito era impedir que empregados públicos pudessem usar da influência dos seus cargos para fins eleitoreiros. A iniciativa era polêmica, já tendo sido reprovada nas disposições que resultaram na *Lei de 1846*. O tema também ressurgiu no projeto de reforma judiciária de 1854, sendo novamente rejeitado[40]. A grande novidade era que o projeto de 1855 também previa a criação de distritos eleitorais, com efeitos menos dramáticos à eleição de certos funcionários públicos. Ao se articular à ideia dos círculos, as inelegibilidades deixavam de ser absolutas ao todo provincial. Segundo seus defensores, a reforma visava garantir a autenticidade do sistema representativo, ao eliminar a influência ilegítima do governo e estabelecer uma nova relação entre eleitor e candidato que garantisse a eleição de candidatos que, de fato, tivessem alguma proximidade com o eleitor. O tema da representação das minorias entrava para a ordem do dia e travava-se um embate entre concepções distintas de representação.

O período em estudo corresponde ao Gabinete Paraná, marcado pela implantação da Política da Conciliação. Em recente estudo, Paula Ferraz divide os estudos sobre a Conciliação em três linhas interpretativas[41]. Uma primeira linha surgiu ainda no século XIX e perdurou até, pelo menos, meados do século XX. Nessa tendência, a década de 1850 foi definida como a fase de "transação" e apogeu do Segundo Reinado diante do "arrefecimento das paixões políticas". Em uma chave positiva, tais interpretações concentravam-se na atuação do monarca e do estadista Paraná, que teriam sido os grandes protagonistas da Política da Conciliação[42].

---

[39] *Ibidem*, p. 49.
[40] BRASIL. Congresso Nacional. Câmara dos Deputados. *Anais da Câmara dos Deputados (doravante: ACD)*. Rio de Janeiro: Imprensa Nacional, 1854.
[41] FERRAZ, P. R., 2013, p. 42.
[42] NABUCO, J. *Um Estadista do Império*: Nabuco de Araújo. Rio de Janeiro: Garnier, 1897; LIMA, M. O. *O movimento da Independência*: o Império brasileiro (1821-1889). 4. ed. São Paulo: Melhoramentos, 1962. (1. ed. 1923); AMADO, G. *As instituições políticas e o meio social*. Brasília: Senado Federal, 2002. (1. ed. 1924); ABREU, C. de. Fases do Segundo Império. In: *Ensaios e Estudos*. 1. ed. Rio de Janeiro: Sociedade Capistrano de Abreu, 1938; VIANNA, O. *O ocaso do Império*. 3. ed. Rio de Janeiro: José Olímpio, 1959. (1. ed. 1925); CALMON, P. *História da Civilização Brasileira*. São Paulo: Nacional, 1947. v. 4.; SODRÉ, N. W. *Panorama do Segundo Império*. 2. ed. Rio de Janeiro: Grafia, 1998. (1. ed. 1939); VIANNA, H. *História do Brasil*. São Paulo: Melhoramentos, 1994. (1. ed. 1945); TORRES, J. C. de O. *Os construtores do Império*: ideias e lutas do partido conservador brasileiro. São Paulo: Nacional, 1968. (1. ed. 1957); TORRES, J. C. de O. *A Democracia Coroada*: teoria política do Império do Brasil. Rio de Janeiro: José Olímpio, 1957.

Uma segunda linha interpretativa que surgiu na década de 1970 passou a ver negativamente a centralidade do protagonismo do imperador na ascensão e condução da Conciliação. O principal expoente dessa tendência foi o historiador Sérgio Buarque de Holanda, ao destacar que as ingerências de D. Pedro II revelavam a fragilidade do regime representativo. Nesse sentido, a Conciliação foi uma política arquitetada por D. Pedro II e alguns estadistas, visando impedir o avanço de grupos mais radicais. Apesar do viés negativo, Sérgio Buarque também insistiu na imagem de tranquilidade da época, ao considerar que durante 13 anos, a Coroa converteu-se em "fator decisório por excelência", pois estava "dispensada de atender ao jogo das facções". Mesma perspectiva foi adotada por Francisco Iglesias, ao destacar a contenção dos ânimos, a partir da conciliação partidária implantada pelo poder moderador. Mais recentemente, Roderick Barman considerou que 1853 marcou o início de uma interferência direta de Pedro II nos desígnios ministeriais e Needell ressaltou a "coincidência" entre o papel crescente do monarca e a mudança nas relações partidárias, com o consequente enfraquecimento dos saquaremas. Nessa linha, para Victor Hugo Neves, a Conciliação teria sido obra do imperador, em seu "desejo de reinar, governar e administrar"[43].

Uma terceira linha interpretativa começou a surgir a partir dos anos 1960 e, também numa chave negativa, tendeu a relacionar a ideia de Conciliação a uma estratégia do grupo conservador, que buscou trazer ao poder setores afastados do governo — os liberais, no intuito de garantir a estabilidade necessária para realizar apenas as reformas formais e evitar as estruturais. Uma das primeiras contribuições nesse sentido foi a de José Honório Rodrigues. Nos anos 1980, apesar de partirem de matrizes teóricas distintas, José Murilo de Carvalho e Ilmar Rohloff de Mattos definiram o Gabinete da Conciliação como resultado da vitória de um grupo. No caso de Mattos, esse grupo seria o saquarema que erigiu uma hegemonia política que durou até a década de 1860. Já para Carvalho, a Conciliação foi uma política estrategicamente pensada para garantir a coesão entre os proprietários rurais, em

---

[43] HOLANDA, S. B. de, 1971, p. 59-104; HOLANDA, S. B. de. *Capítulos de História do Império*. São Paulo: Cia das Letras, 2010; IGLESIAS, F. Vida Política, 1848/1868. *In*: HOLANDA, S. B. de (org.). *História Geral da Civilização Brasileira*, t. II, v. 3. São Paulo: Difel,1967. p. 9-112; NEEDELL, J. D. *The party of order*: the conservaties, the state and slavery in the Brazilian monarchy, 1831-1871. Stanford, EUA: Stanford University Press, 2006; NEEDELL, J. D. Formação dos partidos políticos no Brasil da Regência à Conciliação 1831-1857. *Almanack Braziliense*, São Paulo, n. 10, nov. 2009; BARMAN, R. J. *Citizen Emperor*: Pedro II and the making of Brazil, 1825-1891. Stanford, EUA: Stanford University Press, 1999; NEVES, V. H. B. *O divisor de águas da política imperial*: D. Pedro II, a conciliação e o marquês de Paraná (1853-1856). Dissertação (Mestrado em História) – Universidade do Estado do Rio de Janeiro, Rio de Janeiro, 2010.

prol da manutenção da escravidão e do latifúndio. Tais estudos influenciaram Izabel Marson e Suzana Rosas que definiram a Conciliação como uma forma eficiente de dobrar a oposição liberal e garantir grandes reformas. Cada um desses trabalhos, a seu modo, atribuiu à elite conservadora a direção da Conciliação[44]. Nessa tendência, o eixo da análise deslocou-se da centralidade do Poder Moderador para enxergar as elites e seus interesses.

A respeito das três linhas analíticas citadas, há algumas questões essenciais a considerar: em primeiro lugar, a primeira vertente tomou como verdade os argumentos do governo e de seus apoiadores, que diziam viver em contexto marcado pela tranquilidade propícia à realização das reformas que consideravam necessárias ao país. Sem atentar para o que a oposição também tinha a dizer, esses historiadores se deixaram levar pelos argumentos dos arautos da Conciliação, retratando a época como uma fase de "calma das paixões partidárias"; por sua vez, a segunda vertente supervalorizou o papel do monarca e de Paraná na implantação da Conciliação e na aprovação da reforma eleitoral de 1855[45]. Tais análises desconsideraram o papel do Parlamento enquanto instância igualmente decisiva na elaboração e adoção de propostas essenciais à modernização do Estado Imperial; já a terceira linha interpretativa encarou a Conciliação como uma estratégia conservadora de cooptação dos liberais. Uma visão mais positiva desse processo pode ser encontrada em tese defendida por Fábio Santa Cruz, que viu a Conciliação como o ápice da política implantada por liberais (e não por conservadores), após inúmeros intentos conciliatórios desde a Independência[46].

Dessa forma, as três linhas interpretativas pecaram pela visão limitada da dinâmica política imperial. Recentemente, vem surgindo estudos

---

[44] Sobre essa vertente, ver: RODRIGUES, J. H. *Conciliação e Reforma no Brasil*. 1. ed. Rio de Janeiro: Civilização Brasileira, 1965; CARVALHO, J. M. de. *A construção da ordem*: a elite política imperial; *Teatro de Sombras*: a política imperial. 5. ed. Rio de Janeiro: Civilização Brasileira, 2010; MATTOS, I. R. *O Tempo Saquarema*. São Paulo: Hucitec, 2004; MARSON. I. A. *O Império da Conciliação*: política e método em Joaquim Nabuco - a tessitura da revolução e da escravidão. Tese (Doutorado em História) – Universidade Estadual de Campinas, Campinas, SP, 1999; ROSAS, S. C. *Os emperrados e os ligeiros*: a história da Conciliação em Pernambuco (1849-1857). Tese (Doutorado em História) – Universidade Federal de Pernambuco, Recife, 1999.

[45] O Marquês de Paraná é considerado por seus biógrafos, como um dos maiores estadistas do Império, sendo muitos os elogios à sua postura enquanto chefe do gabinete da Conciliação. GOUVEIA, M. *Marquês de Paraná*: um varão do Império. 2. ed. Rio de Janeiro, s/d. Ver também: *REVISTA DO ARQUIVO PÚBLICO MINEIRO (APM)*. Ouro Preto: Imprensa Oficial de Minas Gerais, 1899. p. 260-261.

[46] O autor utilizou a ideia da conciliação como termo recorrente e não como um período histórico específico. Apesar de pecar por seu caráter ahistórico, seu viés diverge daquele dominante na historiográfica, ao ver o período como o ápice da conciliação implantada por liberais, e não por conservadores. Fonte: SANTA CRUZ, F. S. *Em busca da conciliação*: ideias políticas no parlamento do império no Brasil (1831-1855). Tese (Doutorado em História) – Universidade de Brasília, Brasília, DF, 2008.

preocupados em não perder de vista os papéis do poder moderador, de estadistas como Paraná, dos partidos e das relações entre Executivo e Legislativo, de modo a apreender toda a complexidade política do período. Nota-se, portanto, um revisionismo no sentido de afastar-se de tendências que acabaram por limitar a leitura da Conciliação.

Em *A Política da Escravidão no Império do Brasil*, ao examinar as defesas do tráfico negreiro entre 1826 e 1865, Tâmis Parron questionou a adesão da historiografia à ideia de que os ranços partidários deram lugar à aparente união entre liberais e conservadores pelo progresso do país[47]. Para Tâmis, subjacente à suposta tranquilidade de quase 15 anos (1849-1863), em que a Câmara dos Deputados não sofreu sequer uma dissolução e as disputas parlamentares pareciam arrefecidas, "mudanças de fundo eram perceptíveis na alteração das composições partidárias, na alta rotatividade ministerial e na indicação apartidária para alguns cargos civis"[48]. O historiador acentuou três episódios de envergadura nacional constituidores do que ele chamou de "crise tripla" — a Rebelião Praieira, o conflito na região do Prata e o fim do contrabando negreiro — que teria provocado uma cisão no partido conservador, catalisando a necessidade de uma conciliação cobrada desde meados dos anos 1840. Assim, a Conciliação não teria aniquilado o poder político do Parlamento nem dos líderes partidários e a reforma eleitoral significou a derrota dos saquaremas, por impedir a eleição de grandes figuras.

De modo semelhante, Bruno Fabris Estefanes questionou a historiografia que deu demasiada importância ao poder pessoal de D. Pedro II e a Paraná na Política da Conciliação. O principal desdobramento deste viés que ligou de maneira indelével Conciliação e consolidação do Império, foi que o período permaneceu como uma "zona neutra" delimitada entre as brigas partidárias do passado e o "renascer liberal" da década de 1860: "o que a historiografia fez foi fecundar uma memória que se produziu a partir já do próprio Segundo Reinado"[49]. Para o autor, o Gabinete da Conciliação "não dividiu duas eras", tampouco resultou de um "arrefecimento" das "paixões partidárias". Em perspectiva analítica próxima a de Tâmis Parron, o historiador concluiu que a Conciliação precisa ser encarada como "um episódio de tentativas de reformas abertas ainda na década de 1840 e cobradas efetivamente após a Praieira"[50]. E sugeriu que o período fosse visto não

---

[47] Citou Capistrano de Abreu e José Murilo de Carvalho. Ver: PARRON, 2009.
[48] *Ibidem*, p. 211.
[49] ESTEFANES, 2010, p. 169.
[50] *Ibidem*, p. 169.

como o tempo de uma conciliação, mas como o tempo "de confronto entre várias conciliações possíveis, entre distintos projetos políticos"[51].

Assim, pesquisas recentes questionaram o equívoco em localizar a origem da Conciliação apenas no poder moderador e enfatizaram a importância da força de decisão do Parlamento e do contexto político em que tais decisões ocorriam[52]. É o caso de Sérgio Eduardo Ferraz, que revelou uma Câmara que exercia o papel fundamental de *"Assembleia de representantes"*, tal como esta era compreendida no século XIX[53]. Portanto, não se pode delegar apenas ao imperador ou aos conservadores toda a responsabilidade pela ascensão da Política da Conciliação. E na verdade, para Ferraz, a Conciliação rompeu com o domínio conservador, com uma reforma eleitoral que incrementou a instabilidade nos gabinetes, por incorporar as minorias ao processo político. Na opinião de Ferraz, a referida reforma afetou a lógica da competição política e alterou o funcionamento interno da Câmara. A capacidade do Executivo em fazer aprovar sua agenda foi enfraquecida, devido à intensificação dos conflitos com o Legislativo.

Em consonância com as pesquisas de Parron e Estefanes, Paula Ribeiro Ferraz considerou que, para além da maturidade política de D. Pedro II, a Conciliação foi a política escolhida para solucionar os problemas surgidos a partir de 1848, que colocou fim ao predomínio liberal e marcou a volta dos conservadores. A historiadora corroborou a tese de que a "crise tripla" no partido conservador teria catalisado a necessidade de uma Conciliação[54]. Para Paula Ferraz, o partido precisou enfrentar os desgastes da unanimidade política e se fragmentou, com o surgimento do Partido Parlamentar em 1853. O ministério Paraná não foi capaz de unir os conservadores, dividindo-os de outras maneiras. A autora descartou a ideia de que a Conciliação teria sido encaminhada no sentido de esvaziar o partido liberal ou imprimir uma direção partidária ao Estado que continuasse a privilegiar os conservadores. E concluiu que os projetos de reforma eleitoral e judiciária constituem dois aspectos centrais da análise do Gabinete da Conciliação, pelo diálogo que possuem com as demandas liberais da década anterior[55].

Tendo em vista as contribuições historiográficas que surgem a partir dos anos 2010, esta pesquisa parte de alguns pressupostos: em primeiro

---

[51] *Ibidem*, p. 165.
[52] DOLHNIKOFF, 2017, p. 2.
[53] FERRAZ, S. E., 2012.
[54] *Ibidem*, p. 42.
[55] *Ibidem*, p. 137.

lugar, a década de 1850 não foi um período tão tranquilo como parte da literatura cogitou, sendo preciso desconfiar de interpretações que definiram a Conciliação como 'apogeu' do domínio conservador que impôs sua hegemonia aos liberais. Do mesmo modo, é primordial suspeitar da tese de que as elites provinciais sucumbiram ao Estado centralizador; em segundo lugar, o exame isolado da atuação do monarca e de Paraná limitou o entendimento da Conciliação, por ignorar o papel do Parlamento e a ação das elites regionais ali representadas. Assim, é preciso compreender a relação entre Executivo e Legislativo como duas instâncias essenciais ao entendimento da adoção da nova lei. Na senda destas afirmações, o foco central deste capítulo é a análise do perfil e atuação da bancada mineira em meio aos debates sobre a reforma eleitoral de 1855 que permita revelar aspectos da política imperial em sua relação com os poderes regionais. Neste livro, realizo uma reflexão sobre a participação de setores das elites regionais mineiras na adoção da *Lei dos Círculos*, visto que, para o entendimento deste contexto de redefinições políticas, é fundamental lançar luz sobre a extensão da Política da Conciliação no âmbito das províncias. Logo, importa investigar a atuação das províncias no concerto nacional, sendo Minas Gerais um objeto privilegiado, por sua posição fulcral neste arranjo.

Uma série de críticas marcou o processo que culminou na *Lei de 1855*: a principal delas era a de que o sistema eleitoral em vigor — baseado no voto provincial — favorecia os grupos dominantes das províncias em detrimento das lideranças locais. A reforma eleitoral de 1855 prometia mudar esse cenário ao estabelecer o voto distrital, com a divisão das províncias em pequenos círculos eleitorais. Como se comportou a bancada mineira perante tais questões? Quais motivações interferiram nas decisões desses legisladores? Qual o perfil dos deputados mineiros em 1855? Lançar luz sobre tais questões permite ampliar a percepção do sistema representativo imperial, elucidando aspectos ainda pouco explorados sobre a Conciliação e seus efeitos no entrelaçamento entre os poderes local, provincial e nacional.

1.2. Voto provincial x voto distrital: o Gabinete e o debate parlamentar

O processo de composição dos gabinetes ministeriais é peça importante à compreensão da dinâmica política imperial. O imperador selecionava o Presidente do Conselho que, por sua vez, escolhia os demais ministros para compor o seu Gabinete. Em 1853, Honório Hermeto Carneiro Leão — o Marquês de Paraná — foi escolhido para presidir o Conselho de Ministros. O Gabinete Paraná durou praticamente todo o período em que vigorou a nona legislatura (1853-1856) e sua formação ministerial mesclou figuras experientes a jovens deputados e um general do Exército. Em 1855, a configuração era a seguinte: o Marquês de Paraná (Fazenda), o deputado fluminense Luiz Pedreira do Couto Ferraz (Império), o deputado pernambucano José Thomaz Nabuco de Araújo (Justiça), o militar Pedro de Alcântara Bellegarde (Guerra), o senador mineiro Antônio Paulino Limpo de Abreu (Estrangeiros) e o senador baiano João Maurício Wanderley (Marinha). Segundo Joaquim Nabuco, Pedreira era amigo de infância do imperador e um político "sem paixão partidária"[56]. Limpo de Abreu também foi descrito como um homem "já então saciado e desligado da política"[57]. "Velho combatente luzia", nas palavras de Sérgio Buarque de Holanda, Limpo de Abreu afastou-se das querelas políticas há muito tempo[58]. Nabuco de Araújo era considerado um conservador moderado. Quando surgiu o Partido Parlamentar constituído especialmente por conservadores pernambucanos, Nabuco manteve-se neutro aos seus partidários comprovincianos[59]. Segundo Joaquim Nabuco, Wanderley diferenciava-se dos demais por ser "partidário"[60]. Já Bellegarde era considerado um "militar de mérito", não um político[61]. Nesse sentido, a composição escolhida por Paraná inovava ao contar com políticos ligados a ambos os partidos. Limpo de Abreu, Pedreira e Paranhos tinham sido liberais, mas antes de se tornarem ministros, mudaram de partido. Nabuco de Araújo, Wanderley e Paraná eram conservadores. Além disso, pode-se dizer que a Conciliação inaugurou uma nova relação entre o imperador e o ministério: pela primeira vez, D. Pedro II entregou ao presidente do Conselho um documento que estabelecia as linhas mestras do programa de governo. Nessas *Instruções*, D. Pedro manifestou a intenção de promover uma série de reformas, incluindo a eleitoral, com o objetivo de aperfeiçoar o sistema representativo[62].

---

[56] NABUCO, 1897, p. 166.
[57] *Ibidem*, p. 166.
[58] HOLANDA, 1971, p. 57.
[59] FERRAZ, P. R., 2013, p. 67.
[60] NABUCO, 1897, p. 169.
[61] *Ibidem*, p. 171.
[62] FERRAZ, P. R., 2013, p. 71.

Quadro 1 – Ministros do 12º Gabinete - 6 de setembro, 1853-1856

Pasta/Ano	1853	1854	1855	1856
Presidência	Marquês de Paraná	Paraná	Paraná	Paraná; Duque de Caxias
Império	Couto Ferraz	Couto Ferraz	Couto Ferraz	Couto Ferraz
Fazenda	Paraná	Paraná	Paraná; Limpo de Abreu	Paraná; Wanderley
Justiça	Nabuco de Araújo	Nabuco de Araújo	Nabuco de Araújo	Nabuco de Araújo
Estrangeiros	Limpo de Abreu	Limpo de Abreu	Limpo de Abreu; Paranhos	Paranhos
Guerra	Bellegarde	Bellegarde	Bellegarde; Caxias	Bellegarde
Marinha	Bellegarde; Paranhos	Paranhos	Wanderley	Wanderley; Paranhos

Fonte: JAVARI, Barão de. *Organizações e programas ministeriais*: regime parlamentar no Império. 3. ed. Brasília: Imprensa Nacional, 1979. (1. ed. 1889). p. 113-114

Segundo Paula Ferraz, a extensa e diversificada bibliografia sobre a formação e consolidação dos partidos no Brasil Oitocentista pode ser dividida em três correntes: a que vê diferença entre liberais e conservadores; a que só vê semelhanças entre os partidos; e a que postula semelhanças, diferenças e hierarquias entre eles. Essas comparações entre os partidos geralmente se fundaram em aspectos como: referencial socioeconômico, ideologia, estratégias de ação e projetos defendidos por seus membros[63].

Para além das distinções entre tais perspectivas, Julio Bentivoglio considerou recorrente certa tendência em eliminar as discordâncias intrapartidárias e em não historicizar os sentidos do conceito de partido, seus discursos e projetos nas diferentes conjunturas do período imperial. Patenteia-se frequentemente uma versão tautológica e consensual, que pouco assimila as dissonâncias no legado dos discursos liberal e conservador, adotando uma versão luzia ou saquarema daquele passado. O historiador

---
[63] *Ibidem*, p. 27.

destacou a relevância de se apontar as visões dissidentes intrapartidárias, como vetores significativos das relações de força travadas: "os partidos não surgem no início das lutas políticas como entidades preexistentes, ao contrário, a partir destas é que irão se formar"[64].

A política imperial constitui-se em um espaço de diferentes cores e matizes, sendo essencial tornar visível essas nuances nas análises sobre o tema, para que se possa elucidar aspectos fundamentais do complexo jogo político de embates e articulações. Em meados dos anos 1850, consolida-se a importância da identificação dos sujeitos aos projetos partidários e suas lideranças[65]. Mas nem mesmo nesse contexto, se pode pensar em partidos como blocos homogêneos: um partido era lócus de enfrentamento político em constante mudança e o debate sobre a reforma eleitoral fomentaria não apenas a formação de alianças no interior destes, mas revelaria suas dissensões. Considerando os sentidos que o conceito de partido adquire nessa conjuntura, mormente na representação mineira, analiso aqui a relação entre estes significados, as práticas políticas e os sujeitos envolvidos nos acordos e embates em curso.

Dois anos após o início do Ministério da Conciliação, o projeto de reforma eleitoral foi debatido no Senado entre os meses de junho e julho de 1855. O presidente do Conselho esforçou-se em conquistar a maioria em favor da reforma. Paraná pediu que a proposta fosse votada ainda naquela sessão, de modo a evitar o seu 'engavetamento', que seria uma derrota para o gabinete: "discussão larga, mas de maneira que não sejamos impedidos de decidir nesta sessão se se reforma ou não se reforma a lei eleitoral"[66]. Mas ali já delineou uma oposição formada por um núcleo conservador cuja base era a cafeicultura do Vale do Paraíba — apelidado de "saquaremas" por jornais liberais e de "jovem oposição" por governistas — e um pequeno grupo de liberais alcunhado de "oposição radical". Os principais oposicionistas foram os conservadores Euzébio de Queiroz Coutinho Matoso da Câmara (RJ), Visconde de Olinda (PE), Francisco Gonçalves Martins (BA) e o Visconde de Maranguape (RJ). Por outro lado, o governo preservou o apoio de uma ala conservadora e ganhou a adesão de grande parte dos liberais. Os principais defensores da proposta foram os liberais Bernardo de

---

[64] BENTIVOGLIO, J. C. Cultura política e consciência histórica no Brasil: uma contribuição ao debate historiográfico sobre a formação dos partidos políticos no Império. *Diálogos*, Maringá, v. 14, n. 3, p. 535-556, 2010.
[65] *Ibidem*, p. 550.
[66] BRASIL. Congresso Nacional. Senado do Império. *Anais do Império*. Rio de Janeiro: Imprensa Nacional, 16 jul. 1855. p. 166.

Souza Franco (PA), Visconde de Jequitinhonha (BA), Nicolau de Campos Vergueiro (MG), o Barão de Pindaré (MA), o conservador José Antônio Pimenta Bueno, o Marquês de São Vicente (SP), dentre outros. O liberal Souza Franco descreveu da seguinte forma o arranjo político que se formou após a apresentação da proposta no Senado:

> Há hoje, pois uma cisão no partido conservador, há nele homens que entendem que a conservação se deve limitar às instruções do país [...]; há outros que por espírito de partido não querem que se toque em cousa nenhuma favorável ao partido, de que resulte garantias para o partido oposto; e há ainda outros que são os homens que se inculcam de autoridade, os quais estando prontos para dar autoridade todos os meios quando a autoridade se serve desses meios no sentido de seus interesses, fazem-lhe quando ela não quer servir a esses interesses. [...] e eu quero acompanhá-lo [o ministério] neste ponto que faz, hei de votar pelas medidas de que se trata, as quais em minha convicção dão garantias aos partidos fora do poder[67].

A votação no Senado foi apertada. Estavam presentes 43 senadores e a proposta foi aprovada com maioria de apenas três votos: 22 votaram a favor do projeto e 19 contra, excetuando o voto do presidente do Conselho[68]. Para o periódico liberal *O Correio da Tarde*, o debate no Senado foi marcado por "certo antagonismo pessoal" entre Euzébio de Queiroz e Paraná. E apesar da "grande celeuma" que se levantou e as previsões de um "invencível emperramento", tal fato não se deu[69]. O *Correio* vaticinava: "parece que passará", a despeito da ação de um "círculo de emperrados"[70]. O jornal conservador mineiro *O Bom Senso* associou a aprovação no Senado ao "patriotismo e abnegação da maioria". O periódico argumentou que os

---

[67] *Ibidem*, 6 ago. 1855, p. 203.

[68] Assim se posicionaram os senadores: sobre as inelegibilidades, 23 votaram a favor (Jobim, Fernandes Torres, Visconde de Abaeté, Herculano, Visconde de Sepetiba, Barão de Antonina, Fonseca, Manoel Felizardo, Marquês de Monte Alegre, Marquês de Abrantes, Marquês de Caxias, Visconde de Uberaba, Candido Batista, Silveira da Mota, Vergueiro, Souza Franco, Visconde de Albuquerque, Barão de Pindaré, Marquês de Itanhaém, Visconde de Sapucaí, Paula Pessoa, Alencar e o Marquês de Paraná) e 18 votaram contra (D. Manoel, Viveiros, Dantas, Mendes dos Santos, Muniz, Viana, Cunha Vasconcelos, Pimenta Bueno, Visconde de Itaboraí, Euzébio de Queiroz, Barão de Muritiba, Souza Ramos, Gonçalves Martins, Cassiano, Marquês de Olinda, Visconde de Maranguape, Miranda e Velasques). Sobre o voto distrital, dois votaram a favor (Miranda e Pimenta Bueno). Três faltaram: Marquês de Valença, Visconde de Jequitinhonha e Barão de Quaraim. Fonte: VOTAÇÃO. *O Bom Senso*. Ouro Preto, MG: Bom Senso, n. 339, 16 ago. 1855.

[69] PARTE Política: as incompatibilidades. *O Correio da Tarde*. Rio de Janeiro: Fluminense, n. 8, p. 1, 7 ago. 1855.

[70] PARTE Política: as incompatibilidades. *O Correio da Tarde*. Rio de Janeiro: Fluminense, n. 13, p. 1, 22 ago. 1855.

liberais exaltados e moderados deviam estar satisfeitos, pois se aprovada na Câmara, a Conciliação não seria mais apenas "individual como eles interpretavam". A folha elogiou Paraná que "tomou a peito um desiderato dos velhos liberais" apresentado em 1848 e se mostrou confiante a respeito da discussão no Parlamento:

> Há que se arreceie d'uma forte cabala contra este projeto; algum enredo surdo, e um aparte dado na Câmara dos deputados têm induzido alguns indivíduos a crer nessa cabala contra a votação do projeto com suas emendas. Eu, porém, acredito que os magistrados brasileiros que têm assento no recinto augusto da representação nacional desmentirão esse receio e darão uma prova magnânima da sua abnegação e natureza d'alma [...][71].

Aprovado no Senado, o projeto foi remetido à Comissão de Constituição e Poderes da Câmara dos Deputados e o Marquês de Paraná exigiu parecer imediato para que a votação da proposta ocorresse ainda naquele ano. *O Correio da Tarde* previa que a reforma eleitoral encontraria forte oposição na Câmara e comentava rumores de que o voto da Comissão seria hostil ao projeto[72]. O parecer contrário à proposta foi, de fato, apresentado. A Comissão era formada por três deputados: o fluminense e magistrado Diogo Teixeira de Macedo, o pernambucano e magistrado Jerônimo Martiniano Figueira de Melo e o baiano e lente de direito Zacarias de Góis e Vasconcelos. Em relação aos dois primeiros, não há dúvidas de que faziam parte do grupo apelidado de saquarema pela imprensa liberal da Corte[73]. Tudo indica que Zacarias também militava ao lado dos dissidentes conservadores, embora tenha se tornado liberal no final da década de 1850.

Zacarias filiou-se ao partido conservador pelas mãos de Francisco Gonçalves Martins — o futuro Visconde de São Lourenço — ainda no início de 1840. Nessa década, foi deputado provincial na Bahia por diversas vezes. Permaneceu inicialmente ligado aos saquaremas até o início dos anos 1850, quando iniciou sua projeção no cenário nacional, aliando-se a conservadores mais moderados. Com a formação do Gabinete da Conciliação, Zacarias foi reeleito deputado pela Bahia, mas passou quase dois anos distante da Corte, por ter sido nomeado presidente da recém-criada província do Paraná. Essa nomeação "sugere seu afastamento da ala 'saquarema' e sua vinculação aos

---

[71] RIO: 8 de agosto de 1855. *O Bom Senso*. Ouro Preto, MG: Bom Senso, 23 ago. 1855.
[72] PARTE Política: as incompatibilidades. *O Correio da Tarde*. Rio de Janeiro: Fluminense, n. 14, p. 1, 23 ago. 1855.
[73] A posição desses dois deputados fica bem clara nos debates da Câmara desse ano.

conservadores 'conciliados', que apoiavam o ministério"[74]. Mas a ligação com essa ala do partido durou pouco, pois ao retornar à Câmara em maio de 1855, Zacarias já atuava ativamente nos debates relativos à adoção da *Lei dos Círculos*, chegando a participar da Comissão responsável pela elaboração do parecer negativo acerca do projeto de lei[75].

As críticas ao projeto formuladas no Senado ecoaram no parecer elaborado pela Comissão de Constituição da Câmara, lido em 22 de agosto de 1855. O parecer acusava o projeto de trazer "uma alteração profunda no sistema eleitoral do país e, porventura, sob aparências modestas de reformas da lei regulamentar das eleições, modificações e ofensas à constituição do império"[76] e acenar para a formação de forte oposição saquarema também na Câmara. Além do conservador fluminense Francisco Negreiros de Saião Lobato, os principais opositores à proposta no Parlamento foram os conservadores João de Siqueira Queiroz (SE), João Capistrano Bandeira de Melo (CE) e Jerônimo Martiniano Figueira de Melo (PE), sendo estes dois últimos irmãos. Já o liberal que se opôs à medida foi o pernambucano Francisco Carlos Brandão.

A votação na Câmara foi menos apertada do que no Senado. Em parte, isto pode ser explicado pelo fato de Paraná ter transformado o projeto em questão de gabinete. Após a difícil passagem do projeto pelo Senado, dois dias depois do início dos debates na Câmara, Paraná tomou a palavra para fazer daquele projeto uma questão de gabinete, com receio da oposição que então se formava. Logo, se a reforma não fosse aprovada, o Gabinete cairia ou a legislatura seria dissolvida. Nas palavras de Paraná:

> Se este projeto, depois de ter passado no senado, que era onde parecia que deverá encontrar maiores embaraços, não houvesse de passar aqui, haveria realmente perda de força moral para a administração. [...] Faço, pois, Sr. Presidente, uma questão ministerial, e como algumas circunstâncias ocorrentes no país que ameaçam de uma epidemia a capital do império, fazem com que alguns Srs. deputados desejam quanto antes ver terminadas as questões mais importantes,

---

[74] OLIVEIRA, C. H. S. de. Introdução. *In*: OLIVEIRA, C. H. S. de (org.). *Zacarias de Góis e Vasconcelos*. São Paulo: Editora 34, 2002. p. 9-58.

[75] Em 1856, Zacarias sofreu derrota na eleição da Bahia e resolveu recompor suas articulações dentro do partido conservador em 1858, na ocasião da eleição para uma vaga do Senado. Apesar de encabeçar a lista tríplice, Nabuco de Araújo é que foi indicado pelo imperador. Tudo parece demonstrar que, já em 1858, Zacarias militava pelo partido liberal e, a partir de 1862, envolveu-se no surgimento da Liga Progressista. Fonte: *Ibidem*, p. 9-58.

[76] ACD, 22 ago. 1855, p. 189-193.

e que as prorrogações, se houver necessidade delas, sejam curtas, levam-me também a desejar que este projeto não receba emenda alguma, e que se trate de decidir quanto antes da sua sorte, ou pró ou contra. Eu aceito o - contra - com todas as suas consequências[77].

A fala de Paraná era uma pressão pela celeridade na aprovação da medida. Além disso, sua atitude refletia claramente o receio de sofrer mais uma derrota como acontecera com a tentativa de reforma judiciária em 1854, derrubada pelos saquaremas com a criação do Movimento de Vassouras. A *Reforma do Código do Processo Criminal de 1841* fortaleceu o poder dos magistrados, ao retirar atribuições do juiz de paz, esvaziar o papel das Câmaras Municipais e restringir a atuação do Júri. Assim como a *Lei de 1841*, o projeto de reforma judiciária de 1854, apresentado pelo então ministro da Justiça Nabuco de Araújo, restringiria ainda mais o poder local com a centralização do júri na cabeça das comarcas, esvaziando a atuação dessa instituição. Por outro lado, o projeto de 1854 retirava o poder de cargos da máquina policial muito valorizados na reforma de 1841. O *Manifesto Vassourense* assinalou a defesa do júri e independência do Judiciário. Segundo Paula Ferraz, o projeto de reforma judiciária de 1854 significava uma tentativa de emancipar o Judiciário do patronato, de maneira a limitar o poder das autoridades locais. Buscou-se aprimorar o sistema, no sentido de uniformizar e expandir a justiça, mas também centralizava a justiça, ao dar poder incontestável aos magistrados[78].

É inegável que os debates sobre a reforma judiciária de 1854 deixaram marcas importantes na discussão de 1855 e, por isso, Paraná foi enérgico em sua atuação. A oposição desconfiava de uma proposta que prometia mudanças essenciais nas eleições gerais. Os deputados contrários ao projeto não aceitavam que o marquês só tivesse levantado a ideia da "questão de gabinete" na Câmara e não no Senado. Propuseram o adiamento, alegando que não havia tempo hábil para o debate, na tentativa de impedir a aprovação da reforma. O conservador Siqueira Queiroz questionou a postura de Paraná que, segundo ele, teria feito "ameaças as mais terríveis que acabamos de ouvir"[79]. Já o fluminense Saião Lobato — o "líder saquarema", segundo o jornal *O Correio da Tarde* — afirmou que o adiamento era o único meio para a Câmara sair bem da discussão:

---

[77] *ACD*, 27 ago. 1855, p. 234-235.
[78] Sobre as frustradas tentativas de reforma judiciária após a reforma do Código de Processo Criminal de 1841, durante o período do Quinquênio Liberal, até a análise da proposta de 1854, ver: FERRAZ, P. R., 2013, p. 49.
[79] *Ibidem*, p. 235-240.

> A circunstância de fazer o nobre ministro questão de gabinete desta resolução não se tornará uma verdadeira pressão para arrancar à câmara um voto favorável a respeito dessa resolução? [...] Senhores, entendo que é da dignidade desta Câmara adiar a decisão desta resolução, porque se ela adotar parece que é debaixo da pressão do governo[80].

Zacarias também questionou a postura do governo em querer acelerar a discussão: "A declaração do presidente do conselho, o Marquês de Paraná, no momento e na forma em que foi feita, pareceu-me 'um argumento *ad terrorem*'"[81]. O paraibano Correia das Neves contestou a atitude de Paraná, de modo enfático: "Se, porém, o gabinete se retirar, eu muito lamentarei e preferira que ele, dissolvendo a câmara, consultando o país se por ventura as ideias que quer fazer passar no projeto são recebidas pela maioria da nação"[82].

Por sua vez, aliados do governo apressaram-se em pressionar pela dissolução da Câmara, caso a reforma não fosse aprovada. Na imprensa da Corte, o liberal *O Correio da Tarde* pediu brevidade na decisão ou a dissolução da Câmara, consultando o país sobre o assunto ou ele se retiraria do governo, conforme o imperador achasse melhor[83]. Já o liberal *O Grito Nacional* defendeu que a Câmara deveria ser dissolvida para dar lugar à uma formação mais diversa ou o Gabinete deveria cair, sendo a proposta adotada ou não: "ou a retirada do gabinete - ou a dissolução da câmara"[84]. A possibilidade de adiamento da discussão foi criticada por membros do governo, como o Ministro da Justiça. Nabuco de Araújo enfatizou que o governo não aceitaria um adiamento, pois a intenção da oposição era a de "embaraçar manifestamente" a adoção da reforma. Já o baiano Ângelo Muniz afirmou que não havia necessidade de estudar a questão, pois todos já possuíam uma opinião formada a respeito. Eleito por Minas, Justiniano da Rocha pediu o esclarecimento da opinião pública, sem adiar nem encerrar a discussão[85].

Paraná alegou não ter fundamento a ideia de que a matéria não estava suficientemente discutida. E justificou a atitude de declarar a aprovação desse projeto como questão de gabinete, asseverando que o Senado era

---

[80] *Ibidem*, p. 246.
[81] ACD, 28 ago. 1855, p. 265-271.
[82] ACD, 27 ago. 1855, p. 249.
[83] CÂMARA dos Deputados. *O Correio da Tarde*. Rio de Janeiro: Fluminense, n. 17, 27 ago. 1855.
[84] O PROJETO de reforma eleitoral... *O Grito Nacional*. Rio de Janeiro: Imparcial de M. J. P. da Silva Junior, n. 789, 30 ago. 1855.
[85] ACD, 27 ago. 1855, p. 240.

vitalício, logo só na Câmara, representante imediata do povo que podia ser dissolvida, é que se podia levantar essa questão. Suas declarações surtiram efeito, pois ao final da sessão, foi rejeitado o requerimento de adiamento de Siqueira Queiroz. Em sua defesa do não adiamento do debate, Paraná introduziu um tópico interessante à discussão, ao justificar que existia uma opinião que favorecia a regulamentação do modo prático de eleições:

> Mas hoje existirá ou não uma opinião que favoreça o modo prático das eleições que se propõe neste projeto? Penso que existe. E a expressão desta opinião está nas reclamações dos dois partidos que constituem a maioria do país, todas as vezes que eles se têm achado fora do poder. O partido atualmente governista que estava então fora do poder, constituindo a oposição, clamou com vigor contra a forma porque eram feitas as eleições. O partido que hoje está fora do poder também reclamara contra essa forma de eleições[86].

Ao dizer isto, Paraná mostrava que a proposta tinha origem nas próprias queixas dos parlamentares, quando alijados do poder. Naquela circunstância, a última eleição havia formado uma câmara unanimemente conservadora. Logo, este seria um projeto reivindicado pelos liberais e que tendia a favorecê-los, já que propunha uma renovação parlamentar diante de uma Casa dominantemente conservadora. Isto explica a forte oposição *saquarema* e o apoio da maioria quase absoluta dos liberais à medida. Portanto, as divergências pautavam-se por uma clivagem partidária. As reformas eram reivindicadas pelos liberais como parte de sua agenda, ao impedir o fenômeno das *câmaras unânimes*. Do outro lado, houve uma ruptura no interior do partido conservador: os saquaremas viam a proposta como uma bandeira liberal e por isso, mantiveram-se na oposição, enquanto os conservadores da Conciliação a defendiam.

O discurso de Saião Lobato e Siqueira Queiroz é revelador do que estava por trás da escolha do grupo conservador oposicionista. Apontado nos jornais como o líder dos regressistas na Câmara, Saião Lobato questionou o fato de um projeto tão radical ser promovido por um ministério que se proclamava conservador. Em suas palavras, até mesmo as Comissões do Senado compostas por homens eminentes teriam se colocado em oposição à reforma, "rompendo velhas relações de amizade"[87]. Siqueira Queiroz também

---

[86] Ibidem, p. 247.
[87] ACD, 25 ago. 1855, p. 216-222.

declarou não apoiar o projeto por ser uma pauta do partido liberal[88]. Esse argumento ecoou na boca dos demais saquaremas, que tentavam persuadir os demais colegas a não apoiar a proposta em debate.

No sentido oposto, defensores da reforma tentavam afastar a polarização, alegando que as ideias contidas no projeto não eram partidárias. O conservador fluminense João Manuel Pereira da Silva[89] alegou que o fato de o projeto ter sido apresentado pela primeira vez por um liberal em 1845, não lhe dava foros de princípio do partido liberal. Inicialmente, grande parte dos liberais rejeitara a proposta e o princípio foi sendo aceito por homens dos dois partidos, indistintamente. Esse deputado justificou que o Gabinete Macaé retomou a ideia em 1848 com o caráter de proposta de governo e foi apoiado por conservadores e liberais moderados. Ainda assim, não houve consenso em nenhum dos dois partidos. Vieram as câmaras de maioria conservadora e, desde 1850, foram contínuas as tentativas dos conservadores em adotar as incompatibilidades e o voto distrital. O deputado citou um projeto de sua autoria apresentado em parceria com o ex-deputado João Antônio de Miranda. Em 1854, uma emenda ao projeto da reforma judiciária exigindo incompatibilidades aos juízes de direito foi apresentada com assinatura de mais de 30 conservadores, mas a discussão foi adiada[90]. Já o liberal paulista João da Silva Carrão endossou as palavras de Pereira da Silva, ao afirmar que projeto apresentado em 1848 recebeu apoio dos dois partidos. Carrão defendeu a necessidade de se modificar o modo de pensar dos partidos e sentenciou que se a reforma passasse, "tratando dos adversários políticos, não sei distingui-los perfeitamente hoje nesta câmara; no país acontece o mesmo. E acaso este estado será mau? Eu o considero muito útil"[91]. Já o ministro do Império Pedreira subiu à tribuna para alegar que a proposta não era originária do projeto do liberal Paula Souza, mas era oriunda de outro substitutivo apresentado no Senado pelos eminentes conservadores — os marqueses de Paraná, Mont'Alegre, Olinda e o visconde de Uberaba — e com os quais concordou o senador Vergueiro, um proeminente chefe liberal[92].

A repercussão dos debates na imprensa corrobora a hipótese do alinhamento partidário. O liberal *O Correio da Tarde*, por exemplo, passou a

---

[88] *ACD*, 27 ago. 1855, p. 235-240.
[89] TASINAFO, C. R. Introdução: política como ciência experimental. In: SILVA, J. M. P. da. *Memórias do Meu Tempo*. Brasília: Senado Federal, 2003. p. 11-56.
[90] *ACD*, 28 ago. 1855, p. 253-265.
[91] *ACD*, 29 ago. 1855, p. 272-278.
[92] *ACD*, 31 ago. 1855, p. 307-313.

apoiar o Gabinete após a apresentação da proposta. A folha asseverou que Paraná retomou um antigo desejo dos liberais, ao propor a modificação de uma lei que constrangeu os liberais a recorrerem às armas em 1842[93]. Um dia antes de o projeto entrar em discussão, o *Correio* destacou que a oposição liberal apoiava o projeto e o partido conservador estava dividido:

> A opinião pública pronuncia-se claramente pelas ideias liberais moderadas; são elas que dominam: o próprio governo se sujeita à sua força, modificando sua política. [...] Mas o contrário vemos. Um círculo de homens emperrados, que se intitulam saquaremas puros, que sustentaram nas câmaras as grandes violências praticadas nas eleições de 1849 e de 1853, que disseram que o governo estava no seu direito, praticando-as, querem com elas continuar a governar o país![94]

O jornal liberal *O Grito Nacional* também defendeu a reforma, afirmando que a imprensa luzia de todo o Império "moderou a linguagem" após a vitória saquarema no debate da reforma judiciária de 1854. Desde então, passou a clamar pelo "apaziguamento da imprensa"[95] e o programa da Conciliação foi abraçado pelos liberais, diante da necessidade de "livrar-se do maior mal que lhe poderia cair, o da ascensão da nefasta política saquarema"[96]. Essa folha publicou vários artigos sobre o "Clube Euzebino" — grupo de saquaremas liderados pelo senador Euzébio que teria "descarregado toda a metralha" contra a reforma judiciária e tentava o mesmo em 1855:

> [...] contra ele é que descarrega desapiedado esse *Club* toda a metralha, já na câmara dos deputados pela oposição dos *jovens da jovem*, composta dos *nobres* primos, e de alguns descontentes e aspirantes às pastas, inspetorias d'alfândega, e chefes de polícia; já pelo interior, insuflando a pobres *matutos* a agarrarem nas *vassouras*, como da representação que desse lugarejo foi endereçada ao senado; já finalmente no senado onde com assento o *generalíssimo*, [...] guardou-se para o projeto de incompatibilidades e eleições por círculos, onde, como já sabe o país estreou este ano, soltando o Sr. Euzébio sua voz contra![97]

Segundo essa folha, Euzébio foi o líder dos saquaremas no Senado e seu primo Saião Lobato, o chefe do grupo na Câmara. Acentuou que este

---

[93] PARTE Política: as incompatibilidades. *O Correio da Tarde*. Rio de Janeiro: Fluminense, n. 8, 7 ago. 1855.
[94] CÂMARAS. *O Correio da Tarde*. Rio de Janeiro: Fluminense, n. 15, 24 ago. 1855.
[95] O CLUB Euzebino. *O Grito Nacional*. Rio de Janeiro: Imparcial de M. J. P. da Silva Junior, n. 784, 2 ago. 1855.
[96] O PRESENTE. *O Grito Nacional*. Rio de Janeiro: Imparcial de M. J. P. da Silva Junior, n. 769, 26 maio 1855.
[97] O CLUB Euzebino. *O Grito Nacional*. Rio de Janeiro: Imparcial de M. J. P. da Silva Junior, n. 784, 2 ago. 1855.

repetia na "câmara baixa" o que o primo expressara no Senado: "como um papagaio, recitou o sermão já pregado e ouvido"[98]. Por semanas, o periódico culpava o senador Euzébio, por espalhar o alarme entre os saquaremas: "de sua discussão temos tirado a grande vantagem de desmascarar os chefes do partido saquarema, que já preveem revoluções, [...] e o Sr. Eusébio de Queiroz nos falava de propagandas revolucionárias!"[99]

A análise da tribuna e da imprensa revela que a proposta da reforma eleitoral de 1855 seria, de fato, um projeto reivindicado pelos liberais e que poderia favorecê-los, já que propunha uma renovação parlamentar. Diante disso, emergiu uma oposição por parte dos conservadores identificados nos periódicos como *saquaremas, puros* ou *emperrados*, por serem suas lideranças regressistas históricos. Daí resulta um dos motivos de grande parte dos liberais defender o projeto.

Embora maciço, o apoio dos liberais não foi unânime. O pernambucano Francisco Carlos Brandão foi o único liberal a se manifestar contrário à proposta. Brandão defendeu o voto distrital associado ao sufrágio universal e à eleição direta. Segundo ele, a eleição indireta por círculos favorecia a ação ilegítima do governo, que colocaria em cada um destes círculos um dos seus ajudantes e exerceria uma pressão pior do que a existente[100]. A oposição de Brandão ecoou nas páginas de *O Republico*. Este acreditava que os liberais estavam sendo iludidos por pequenas concessões de um governo que fez dos luzias "gato sapato"[101]. Essa folha não acreditava nas intenções do Gabinete, alertando que Paraná e Nabuco nunca se sujeitaram às doutrinas liberais: "Estão arrependidos os Honórios e Nabucos, e todos quantos peralvilhos tinha o partido conservador, que para autorizarem sua diversão inventaram a farsa da conciliação?"[102] E tentou convencer liberais como o mineiro Melo Franco e o baiano Ferreira França a não apoiar o projeto em debate:

> Pense, estude o honrado sr. Mello Franco, e conhecerá o grosseiro sofisma em que nos querem enredar. Ao espírito eminentemente filosófico do sr. Eduardo França [...] se estas

---

[98] *Ibidem*, p. 1.
[99] UMA REMESSA ao Sr. Euzébio. *O Grito Nacional*. Rio de Janeiro: Imparcial de M. J. P. da Silva Junior, n. 790, 4 set. 1855.
[100] ACD, 31 ago. 1855, p. 315.
[101] NÃO os ensina a experiência. *O Republico*. Rio de Janeiro: Guanabarense de Menezes, n. 167, 4 ago. 1855.
[102] INDA a Reforma Eleitoral. *O Republico*. Rio de Janeiro: Guanabarense de Menezes, n. 177, 12 set. 1855.

nossas pequenas advertências alcançarem ao menos desviar a patriotas tão veneráveis como esses do precipício[103].

Da leitura desse periódico, fica claro que o apoio liberal à proposta foi maciço, embora não unânime, pois nomes como o liberal Brandão se opuseram à reforma, por entendê-la incompleta. Esta também foi a postura do republicano *O Republico*, que entende que os conservadores capturaram as propostas liberais e as desnaturaram.

Em suma, a alteração no sistema eleitoral era reivindicada pelos liberais como parte de sua agenda e tendia a favorecê-los, fato que resultou na cisão do partido conservador: de um lado, os chamados *saquaremas* ou *emperrados* fizeram oposição; de outro, os conservadores *conciliados* e grande parcela dos liberais se aliaram a Paraná. Além da questão concreta da disputa política, estava em jogo a definição do perfil de representação desejado. Miriam Dolhnikoff identificou semelhanças na tensão entre as noções de representação política dos parlamentares brasileiros e de teóricos que pensaram a representação em seus países berço (como Estados Unidos e França). E de modo comparativo, a historiadora demonstrou que o debate sobre distritos grandes e pequenos também polarizou a discussão nesses países, não obstante as especificidades dos contextos de cada um deles. Nesse sentido, tanto federalistas norte-americanos como liberais franceses consideravam que os distritos pequenos favoreciam a eleição das notabilidades de aldeia, o que comprometia a qualidade da representação, enquanto seus antagonistas os defendiam em nome da representação da diversidade. A presente análise corrobora as conclusões da historiadora de que o mesmo tipo de argumentação prevaleceria no debate brasileiro[104]. De fato, a análise dos argumentos mobilizados pelos deputados gerais brasileiros revelou a existência de uma tensão entre duas concepções distintas de representação política na discussão sobre a reforma de 1855.

A concepção da representação por semelhança associada à defesa do voto distrital, baseava-se na crença de que o bem comum nasceria no seio dos debates parlamentares se seus componentes fossem uma espécie de "microcosmo da sociedade" e cada representante fosse um "espelho" dos representados. E a condição que tornaria essa representação possível era a escolha dos representantes num universo pequeno de eleitores. A concepção de representação por semelhança garantiria a presença das diferentes facções no parlamento, num equilíbrio em que uma anularia a outra, de modo a emergir

---

[103] AS INCOMPATIBILIDADES. *O Republico*. Rio de Janeiro: Guanabarense de Menezes, n. 164, 25 jul. 1855.
[104] DOLHNIKOFF, 2017, p. 13-23.

decisões que refletiam o interesse nacional. O argumento central da defesa era o de que a reforma eleitoral permitiria a presença das mais diversas opiniões políticas, propiciando um sistema representativo verdadeiramente nacional.

Para o liberal baiano Eduardo Ferreira França, por exemplo, os círculos e as incompatibilidades seriam os meios para acabar com as *câmaras unânimes* e fortalecer o sistema representativo: "As diversas opiniões enviarão os seus legítimos representantes, a eleição penderá a tomar um caráter de verdadeiro interesse nacional. [...] Os representantes devem se identificar o mais possível com os interesses de seus representados"[105]. Para França, a noção de *interesse geral*, definia-se como a "fusão" dos diversos interesses locais. O voto distrital permitiria que eleitores e candidatos se conhecessem, patenteando melhor os interesses locais. Também o conservador baiano Magalhães Taques afirmou que a eleição de perfis locais traria um equilíbrio de forças, contribuindo para a expressão da opinião nacional:

> [...] aqueles que melhor conheçam as circunstâncias do país, os seus interesses, não só tais como se manifestam na corte e nas grandes capitais de províncias, [...] é só reunindo e conhecendo as opiniões das diversas localidades do império que se poderá obter a expressão da opinião nacional[106].

Seguindo essa lógica, o conservador Pereira da Silva combateu o preconceito às influências locais, apelidadas pela oposição de "notabilidades de aldeia" e consideradas "pouco ilustradas" e afeitas ao uso de violência durante os pleitos. Para o deputado, quaisquer que fossem os indivíduos escolhidos pelas influências locais, estes seriam seus legítimos representantes e essa escolha seria "tão boa, pelo menos, como a que atualmente tem o parlamento". Para Pereira da Silva, as *minorias* vinham sendo suplantadas por uma *maioria* que não representava os interesses nacionais: "se o sistema representativo não quer câmaras unânimes, [...], digo que a eleição por distritos é necessária para que o sistema representativo se consolide entre nós". Outro ponto ressaltado foi que o voto provincial favorecia uma lista de designados do governo onde "uma província que dá 8 deputados, os partidos e o governo inscrevem nela 4 ou 5 nomes conhecidos e incluem 3 ou 4 nomes que ninguém conhece, 3 ou 4 afilhados felizes". *Já no voto distrital, governo e partidos poderiam impor* nomes, mas o corpo eleitoral aceitaria apenas o candidato conhecido[107].

---

[105] *ACD*, 25 ago. 1855, p. 222-229.
[106] *Ibidem*, p. 285-289.
[107] *ACD*, 28 ago. 1855, p. 253-265.

Por outro lado, a definição de representação dos mais capazes, associada à defesa do voto provincial, advogava a eleição dos mais virtuosos e ilustrados entre os cidadãos, que seriam os mais habilitados para definir o bem comum. E a garantia para que esse tipo de representante fosse o escolhido era que a eleição se realizasse pelo conjunto dos eleitores da província, viabilizando a seleção dos mais influentes, de modo a transcender os interesses "localistas". O deputado baiano Zacarias de Góis e Vasconcelos, por exemplo, utilizou o texto constitucional para argumentar que o círculo não seria uma circunscrição legítima, pois a Constituição reconhecia apenas os interesses provinciais e os interesses gerais da nação. Os representantes provinciais deveriam ser nomeados por eleitores de toda a província e os cidadãos incumbidos dos interesses gerais da nação deveriam ser nomeados em eleição nacional. Sendo assim, a adoção do voto distrital geraria uma consequência grave: "Ao provincialismo [...] vai o projeto ajuntar o bairrismo, o ciúme dos círculos que ainda há de ser mais fatal". Para Zacarias, a reforma eleitoral suplantaria os interesses provinciais em favor dos interesses "localistas". Além disso, destacou que os notáveis locais não possuíam a aptidão necessária para deliberar sobre os grandes interesses do país: "Círculos isolados por esses sertões [...] Que conhecimento haverá nesses lugares remotos dos interesses gerais da nação?" As afirmações de Zacarias encontram-se no cerne da definição de representação baseada na eleição dos mais capazes e mais ilustrados. Para esse deputado, ainda que houvesse homens distintos nos rincões do país, tais homens seriam incapazes de discutir temas nacionais: "estarão sempre em debate os tamanduás. (Risadas) Esses homens que [...], como se haverão quando tratar-se dos negócios de uma ordem elevada a que talvez nunca aplicassem suas ideias?"[108]

Em perspectiva próxima, o conservador Bandeira de Melo argumentou que a reforma resultaria na dependência imediata do deputado em relação ao corpo eleitoral e causaria a anulação das legítimas influências provinciais. Bandeira de Melo era juiz de direito e saiu em defesa da sua classe, argumentando que se os magistrados fossem excluídos das eleições, o Parlamento seria invadido por "advogados sem causas", "médicos sem clínica", todos "pretendentes aos empregos públicos". E defendeu a representação dos mais ilustrados: "Os deputados dos círculos terão cada um, sua linguagem, a linguagem dos pequenos interesses; o que um disser os outros não entenderão". Para o deputado, o voto distrital faria potentados

---
[108] *Ibidem*, p. 265-271.

locais disputarem o eleitorado: "nas pequenas circunscrições o interesse eleitoral se debate como em um campo de batalha, [...] E nestas circunstâncias, poderá existir liberdade de voto?"[109]

Também o conservador cearense Raimundo Ferreira de Araújo Lima saiu em defesa das 'maiorias', dizendo ser esta a "essência do sistema representativo", pois um bom sistema eleitoral deveria basear-se nas opiniões das maiorias: "O governo representativo é o sistema das maiorias"[110]. Araújo Lima acreditava já haver uma representação diversificada, com deputados mais ou menos disseminados por toda a província e sustentou que o governo continuaria com os mesmos meios de ação para atender contra a liberdade do voto. O conservador Saião Lobato também asseverou que as próximas eleições continuariam a ser decididas pelo governo, soberano na designação dos círculos eleitorais: "principia-se por dotar ao governo com faculdade ampla de talhar e retalhar o país a seu jeito"[111]. Partilhando de concepção semelhante, Zacarias asseverou que o governo teria liberdade para "traçar os círculos que bem lhe parecer"[112]. *Já o conservador paraibano Correia das Neves argumentou que* se o governo podia dominar em uma província, poderia dominar muito mais em pequenos círculos[113].

Em sentido inverso, a defesa da medida alegava que o voto distrital garantiria a liberdade eleitoral. O liberal baiano Ferreira França[114], por exemplo, destacou que uma das principais finalidades do projeto em debate era garantir a liberdade do voto nas eleições, com a neutralização da ação do governo pela presença física dos candidatos para fiscalizar o processo eleitoral. Além disso, o contato imediato com os eleitores os levaria a resistir a quaisquer ameaças, ao passo que na eleição por província, havia sempre a imposição de "uma chapa de designados do governo". Mesmo argumento esteve na boca do liberal mineiro Melo Franco que afirmou que o país só poderia "descansar em seus legítimos representantes", quando não houvesse mais uma só pessoa que pudesse contestar o fato de que o governo não interferia nas eleições[115]. Também o liberal paulista Carrão

---

[109] ACD, 29 ago. 1855, p. 278-285.
[110] ACD, 30 ago. 1855, p. 290-306.
[111] ACD, 25 ago. 1855, p. 216-222.
[112] ACD, 28 ago. 1855, p. 265-271.
[113] ACD, 27 ago. 1855, p. 249-251.
[114] Assumiu vaga em 1854. Fonte: JAVARI, B. de. *Organizações e programas ministeriais*: regime parlamentar no Império. 3. ed. Brasília: Imprensa Nacional, 1979. (1. ed. 1889). p. 317.
[115] ACD, 25 ago. 1855, p. 222-229.

tendia a acreditar que o projeto acabaria com as irregularidades eleitorais. Já o conservador baiano Benevenuto Augusto de Magalhães Taques argumentou que quando se pedia a um colégio eleitoral que votasse em uma lista de deputados, aquele eleitor facilmente votaria em nomes desconhecidos por influência alheia. Nos seus termos: "quando o eleitor tenha de dar o seu voto para um deputado ou para um pequeno número, o eleitor há de votar em pessoas de seu conhecimento, apreciar a sua capacidade, e fazer uma escolha sincera"[116]. O conservador maranhense Mendes de Almeida também afirmou que o voto não seria livre enquanto existisse a eleição por uma lista previamente organizada e numerosa de candidatos[117].

Assim, a análise do debate revelou uma preocupação dos defensores da reforma com o aperfeiçoamento do processo eleitoral e do sistema representativo e a necessidade de combater as famosas câmaras unânimes, por meio da representação das minorias. A discussão sobre as incompatibilidades eleitorais também se associou à tensão entre duas noções de representação. A defesa das incompatibilidades eleitorais considerava que a redução da influência dos funcionários públicos (mormente os magistrados) era essencial para que outros grupos sociais adentrassem o Parlamento, a exemplo de Ferreira França, que destacou a importância de o legislativo ser composto por representantes de todas as classes do país: "venham também para aqui proprietários, agricultores, negociantes; venham os homens que não procuram empregos públicos"[118]. De modo semelhante, o magistrado baiano Magalhães Taques reafirmou que todas as classes deveriam ser representadas, inclusive os magistrados. Por isto, considerou legítimo e razoável que existissem algumas restrições ao direito de votar e ser votado[119]. Já o conservador Pereira da Silva argumentou que para "uma representação mais completa e real", seria preciso "dificultar um pouco a portas da câmara ao funcionalismo"[120].

Por outro lado, a oposição denunciava a tentativa de coartar o direito de votar e de ser votado do funcionalismo público, a exemplo de Saião Lobato[121] e Siqueira Queiroz, que utilizaram o argumento da independência

---

[116] *ACD*, 29 ago. 1855, p. 272-278.
[117] *ACD*, 31 ago. 1855, p. 317-331.
[118] *ACD*, 25 ago. 1855, p. 225.
[119] *ACD*, 29 ago. 1855, p. 285-289.
[120] *ACD*, 28 ago. 1855, p. 253-265.
[121] *ACD*, 24 ago. 1855, p. 220.

e alta capacidade dos magistrados em representar o país[122]. Também o pernambucano Bandeira de Melo sustentou que o legislativo seria "privado das luzes, da instrução, da prática dos magistrados"[123]. O magistrado cearense Araújo Lima chegou a admitir que os magistrados costumavam interferir nas eleições, mas considerou legítima essa influência, pois nessa mesma situação, também se encontrava: "o advogado inteligente e honesto que é o patrono da pobreza desvalida [...], o rico, que emprega sua fortuna em derramar o prazer e a felicidade sobre seus semelhantes". Araújo Lima sustentou que essa influência era "natural", "legítima" e "necessária", mas questionou que o projeto colocava a "suspeição injuriosa e absurda" contra o magistrado como princípio. Finalizou dizendo que as portas do parlamento não deveriam se fechar ao magistrado ou a qualquer outra classe[124].

A discussão sobre inelegibilidades do projeto de 1855 trouxe algo novo ao debate, ao associar a medida ao voto distrital. As incompatibilidades discutidas em 1845 e 1854 vinculavam-se ao todo provincial. Já a proposta apresentada por Paraná em 1855 não inviabilizava a eleição de magistrados na província. Eles apenas não poderiam se candidatar no círculo em que exerciam jurisdição ou autoridade. Portanto, não se tratava de *incompatibilidades absolutas* e, por isso, a rejeição não foi a mesma de anos anteriores. Logo, a proposta de Paraná não inviabilizava radicalmente a eleição de magistrado. É o próprio Paraná quem ressalta que o projeto em discussão não estabelecia *incompatibilidades absolutas*, pois a ideia não era a de excluir os magistrados da Casa, mas apenas torná-los inelegíveis "em certos lugares"[125]. Também o ministro do Império (e deputado fluminense) Pedreira ressaltou que o que estava em discussão não era a exclusão dos juízes de direito da Câmara, mas a proibição de serem votados nos lugares em que exerciam jurisdição[126]. O conservador Pereira da Silva chegou a dizer que os magistrados seriam os mais favorecidos pelo projeto, pois este proibia a eleição de presidentes de província, seus secretários, comandantes de armas, chefes de polícia e inspetores de tesouraria em uma província inteira. Aos juízes de direito, apenas seria proibido em um círculo eleitoral em que exerciam jurisdição[127].

---

[122] *ACD*, 27 ago. 1855, p. 235-240.
[123] *ACD*, 29 ago. 1855, p. 282.
[124] *ACD*, 30 ago. 1855, p. 290-306.
[125] *ACD*, 20 jul. 1855, p. 350.
[126] *ACD*, 31 ago. 1855, p. 307-313.
[127] *ACD*, 28 ago. 1855, p. 253-265.

Por não se tratar de *incompatibilidades absolutas,* a proposta não chegou a ser rejeitada como nos anos anteriores, quando muitos mudaram sua opinião a respeito da questão. Este foi o caso do conservador baiano Magalhães Taques, que disse votar favorável às incompatibilidades em 1855, apesar de ter votado contrário à proposta em 1848. Assim, Magalhães Taques considerou que os magistrados se achavam em grande diferença com outros funcionários, pois só se tornariam inelegíveis em um distrito da província[128]. Outros magistrados também deram o seu voto à reforma. Cerca de 26% dos parlamentares que apoiaram a medida eram magistrados. Por sua vez, metade dos votos contrários veio dos magistrados. Logo, a discussão dividiu a opinião da classe, porém considerando que a medida tendia a atingi-los diretamente nos pleitos, houve um apoio considerável. O quadro a seguir traça um panorama do posicionamento dos juízes de direito por província no dia da votação, com a concentração da oposição entre os juízes de direito do Ceará e Rio de Janeiro. Em Minas, dois magistrados mineiros apoiaram o projeto e dois se posicionaram contrários à medida:

Quadro 2 – Magistrados na votação da Reforma Eleitoral de 1855 por Província

Voto	Província	Deputado	Partido
A favor	Maranhão	José Ascenço da Costa Ferreira	Conservador
A favor	Maranhão	José Thomaz dos Santos e Almeida	Conservador
A favor	Pernambuco	João José Ferreira de Aguiar	Conservador
A favor	Pernambuco	José Thomás Nabuco de Araújo*	Conservador
A favor	Alagoas	João Lins Vieira Cansanção de Sinimbú	Liberal
A favor	Bahia	Benevenuto Augusto de Magalhães Taques	Conservador
A favor	Bahia	Ângelo Muniz da Silva Ferraz	Conservador
A favor	Bahia	José Antônio de Magalhães Castro	Conservador
A favor	Rio de Janeiro	Luiz Pedreira do Couto Ferraz**	Conservador
A favor	**Minas Gerais**	**Luiz Antônio Barbosa**	**Conservador**
A favor	**Minas Gerais**	**Bernardo Belizário Soares de Souza**	**Conservador**

---

[128] ACD, 29 ago. 1855, p. 285-289.

Voto	Província	Deputado	Partido
A favor	Mato Grosso	Silvério Fernandes de Araújo Jorge	Conservador
A favor	São Paulo	Fernando Pacheco Jordão	Conservador
A favor	Rio Grande do Sul	Manuel José de Freitas Travassos	Conservador
Contra	Piauí	João Lustosa da Cunha Paranaguá	Conservador
Contra	Ceará	André Bastos de Oliveira	Conservador
Contra	Ceará	Antônio José Machado	Conservador
Contra	Ceará	Raymundo Ferreira de Araújo Lima	Conservador
Contra	Ceará	João Capistrano Bandeira de Melo	Conservador
Contra	Ceará	Miguel Fernandes Vieira	Conservador
Contra	Ceará	Francisco Domingues da Silva	Conservador
Contra	Ceará	Domingos José Nogueira Jaguaribe	Conservador
Contra	Paraíba	Francisco de Assis Pereira Rocha Júnior	Conservador
Contra	Pernambuco	Jeronimo Martiniano Figueira de Melo	Conservador
Contra	Alagoas	Francisco Joaquim Gomes Ribeiro	Conservador
Contra	Bahia	Zacarias de Góis e Vasconcelos	Conservador
Contra	Rio de Janeiro	Antônio Pereira Barreto Pedroso	Conservador
Contra	Rio de Janeiro	Diogo Teixeira de Macedo	Conservador
Contra	Rio de Janeiro	Francisco de Paula Negreiros de Saião Lobato	Conservador
Contra	Rio de Janeiro	Venâncio José Lisboa	Conservador
Contra	**Minas Gerais**	**Firmino Rodrigues Silva**	**Conservador**
Contra	**Minas Gerais**	**Francisco Soares Bernardes de Gouvêa**	**Conservador**
Contra	São Paulo	Joaquim Otavio Nebias	Conservador
Contra	Rio Grande do Sul	João Evangelista de Negreiros Saião Lobato	Conservador

Fonte: *ACD*, Sessões de 1855; LAGO, L. M. *Supremo Tribunal de Justiça e Supremo Tribunal Federal*: dados biográficos 1828-2001. 3. ed. Brasília: STF, 2001. p. 135-136; p. 164-168; p. 181-182

* Pasta da Justiça
** Pasta do Império

Alegava-se que a adoção das inelegibilidades conservaria os magistrados no exercício de suas funções, colaborando para uma melhor administração da justiça, como defendeu Eduardo França[129]. De modo semelhante, Pereira da Silva acentuou que a medida contribuiria para que se acabassem as ausências dos magistrados em suas comarcas, quando precisavam sair para tomar assento nas Câmaras e Assembleias Provinciais[130]. Mendes de Almeida também questionou a interrupção constante das funções dos magistrados, visto que tal situação "pode produzir excelentes legisladores, mas o magistrado desaparecerá, será eclipsado pelo parlamento, ou não se obterá muitas vezes nem uma, nem outra coisa"[131]. Certamente, os juízes que apoiaram a reforma calcularam o risco de votar uma lei que poderia impedir a eleição em determinado círculo eleitoral. E ainda assim apoiaram a medida, ou porque planejavam se candidatar em outros distritos eleitorais ou porque possuíam outros cargos administrativos em vista. A adoção das incompatibilidades era defendida entre os liberais, estando estas atreladas ou não à ideia de círculos eleitorais, pois o objetivo era mesmo o de impedir a entrada dos magistrados conservadores na Câmara, limitando o exercício da dupla função de juiz e legislador entre os magistrados. A julgar pelo quadro apresentado, nota-se que a grande maioria dos juízes de direito que ocupavam assentos no Parlamento eram membros do partido conservador e muitos apoiaram a reforma. Vale notar que 30% dos votos favoráveis à *Lei dos Círculos* vieram de juízes de direito. E dos 16 magistrados apoiadores da medida, três eram mineiros: Belizário, Monteiro de Barros e Barbosa.

1.3. O fim das "grandes bancadas provinciais"?

---

[129] *ACD*, 25 ago. 1855, p. 222-229.
[130] *ACD*, 28 ago. 1855, p. 253-265.
[131] *ACD*, 31 ago. 1855, p. 317-331.

Poucos estudos se aventuraram a trilhar os caminhos historiográficos do poder regional mineiro nos anos 1850[132]. Em parte, esse desinteresse se deve à influência ainda marcante de um retrato da Conciliação como o tempo das "águas paradas" e do sistema representativo imperial como "falseado" pelas fraudes eleitorais[133]. Pioneiro nos estudos sobre a província mineira, Francisco Iglesias seguiu os passos de Sérgio Buarque de Holanda, ao assinalar o encerramento do ciclo de agitações após 1842, com Minas descansando no "compasso uniformizador do governo central"[134]. Quase quatro décadas separam o seu trabalho do de Patrícia Genovez, que atrelou as redes de sociabilidade das elites mineiras à figura do imperador como força centrípeta, diante da qual gravitavam tais grupos[135]. É ainda notável a supervalorização da imagem do Imperador. Recentemente, a atuação das elites regionais no Legislativo do Segundo Reinado, tem sido objeto de pesquisas sobre a ação de políticos mineiros na formação da Liga Progressista[136] e o fenômeno do separatismo em Minas[137].

Portanto, há ainda uma lacuna historiográfica a respeito do papel de Minas Gerais — e demais províncias — na Política da Conciliação. É preciso desconfiar da visão que confere destaque ao domínio conservador, que impôs sua hegemonia aos liberais e às províncias. E urge conhecer o papel das províncias na política imperial. No caso da adoção da *Lei dos Círculos*, a crítica crescente ao sistema eleitoral centrava-se na ideia de que o voto provincial favorecia os grupos dominantes da província, em detrimento dos líderes locais. Na ocasião em que se discutia a promulgação da *Lei de 1855*, a legislação eleitoral em vigor estabelecia a eleição por província: cada eleitor votava em tantos nomes quantos deputados a sua província tinha direito de eleger e eram eleitos aqueles que obtinham a maioria dos votos na província. A província mineira possuía expressivo colégio eleitoral e, como se pode ver no quadro a seguir, possuía a maior bancada no Parlamento (20 assentos), quando várias províncias possuíam apenas um representante:

---

[132] Para a primeira metade do Oitocentos, há importantes estudos sobre as elites mineiras e a política imperial. Dentre eles: LENHARO, 1993; RESENDE, I. N., 2008; RESENDE, E. M., 2008; SILVA, W., 2009; GONÇALVES, 2008; RODARTE, 2011; OLIVEIRA, C. E. F., 2014; RODRIGUES, L. A., 2015; FLORINDO, 2018; OLIVEIRA, K. E. M., 2018.

[133] HOLANDA, 1964, p. 59-104.

[134] IGLESIAS, 1967, p. 364-412.

[135] GENOVEZ, P. F., 2003.

[136] CLAUDINO, 2011; SALDANHA, 2020.

[137] CASTRO, P. M. G., 2016; RAMALHO, 2019; FREITAS, A. P. R. *Minas e a Política Imperial*: reformas eleitorais e representação política no Parlamento brasileiro (1853-1863). Tese (Doutorado em História Social) – Universidade de São Paulo, São Paulo, 2015.

Quadro 3 – Número de Representantes por Províncias, 1853-1857

Províncias	Deputados Gerais	Senadores	Deputados Provinciais*
Minas Gerais	20	10	40
Bahia	14	6	42
Pernambuco	13	6	39
Rio de Janeiro	10	6	45
São Paulo	9	4	36
Ceará	8	4	32
Maranhão	6	3	30
Rio Grande do Sul	6	3	30
Paraíba do Norte	5	2	30
Alagoas	5	2	30
Pará	3	2	30
Sergipe	2	2	24
Piauí	2	1	24
Rio Grande do Norte	2	1	22
Goiás	2	1	22
Mato Grosso	2	1	22
Amazonas	1	1	20
Espírito Santo	1	1	20
Paraná	1	1	20
Santa Catarina	1	1	20
Total	113	59	-

Fonte: Javari (1979, p. 315-416)
*Número definido pela Lei de 1855

O número de deputados de cada província era a medida de seu grau de influência na política nacional. Se uma grande bancada resolvesse se unir para se opor à determinada proposta, poderia gerar sérios embaraços ao governo. Do mesmo modo, o poder das grandes bancadas incomodava os representantes das províncias menores, que possuíam menos influência nas votações e viam dificuldades em debater e aprovar suas reivindicações regionais.

A historiografia tem atribuído à *Lei dos Círculos* o objetivo do fim das *"grandes bancadas provinciais"*. Sérgio Buarque de Holanda ressaltou que a reforma de 1855 foi uma tentativa de golpear o poder das oligarquias provinciais, com a introdução do sistema por distritos de um deputado[138]. Nos anos 1980, José Murilo de Carvalho asseverou que essa reforma significou o principal esforço de abertura aos liberais e quebra do monolitismo das grandes bancadas provinciais. E sustentou que o objetivo da reforma de 1855 foi o de fortalecer os chefes locais, em detrimento dos chefes nacionais dos partidos e dos presidentes provinciais. Para Carvalho, parte da oposição à reforma pode ser explicada pelo fato de que o projeto extrapolava a ideia de representação das minorias, pois subvertia aspectos importantes do mecanismo de representação. Eliminava-se um "elo de segunda ordem" [139] na cadeia de representação — as influências provinciais — e o governo teria contato direto com o poder local:

> Quebrava-se a pirâmide da representação; o país real entrava diretamente na Câmara. Era isto o que queria Paraná; era isto que seus opositores temiam. Segundo eles, a representação poderia tornar-se mais autêntica, mas seria um desastre para a política nacional. Esta não era a representação de minorias que interessava às elites; ela era ameaça a sua posição de elites[140].

Portanto, uma parcela da historiografia atribui à *Lei dos Círculos* o objetivo de fim do poder intermediário das províncias. Todavia, aquilo que foi apontado como corolário da lei, na verdade foi um argumento inicialmente utilizado por governistas e que, ao longo do debate, foi remodelado pelo discurso oposicionista. Assim, essa historiografia acabou por tomar o argumento da oposição como objetivo da lei: qual seja, a ideia de que o voto distrital acabaria com as influências das grandes bancadas. O primeiro a mobilizar essa justificativa foi o senador Pimenta Bueno (o Marquês de São Vicente), ao destacar que a desproporção do tamanho das bancadas

---

[138] HOLANDA, 2010, p. 54.
[139] A expressão foi empregada pelo deputado Zacarias de Góis e Vasconcelos, nos debates sobre a reforma de 1855.
[140] CARVALHO, J. M. de, 2010, p. 399.

provinciais colocava em risco a indivisibilidade do Império: "vemos a par de pequenas províncias outras consideráveis, que relativamente são grandes Estados, Estados preponderantes". E deu o exemplo de Minas Gerais, que com 20 assentos na Câmara e 10 no Senado, possuía uma representação proporcional a 10 províncias do Brasil:

> Ora, haverá porventura proporção alguma razoável quando uma só província influi no parlamento brasileiro tanto como dez outras? Não direi mesmo tanto, e sim mais do que dez outras, por isso que os vinte representantes destas não se ligam entre si, têm interesses divergentes, não têm a força do seu número. Pode haver perfeição alguma em um sistema representativo tão vicioso?[141]

Em sua opinião, o voto provincial convidava as influências provinciais a aliar-se entre si e decidir votações, exercendo domínio inconveniente à nação. Com efeito, era imenso o poder de províncias como Minas, Bahia e Pernambuco. Em suas palavras:

> Segundo o nosso atual sistema eleitoral o que fará um ministro no Brasil desde que as deputações compactas das três províncias de Minas, Bahia e Pernambuco aliarem-se contra ele? Não resta-lhe recurso senão no dilema de retirar-se ou dissolver a câmara. Será perfeito um sistema em que só três províncias entre tantas exerçam tal influência? Terão elas sempre a razão de sua parte? Defenderão sempre nessa oposição os verdadeiros interesses gerais ou nacionais?[142]

Presumia-se que o voto provincial produzia "bancadas coesas", formada por políticos do mesmo partido, que se uniam para definir votações. Enquanto as eleições continuassem a ser feitas por esse sistema, essa tendência persistiria. Para Pimenta Bueno, ainda que o voto distrital não alterasse a desproporção entre bancadas, as províncias passariam a eleger membros de grupos e partidos distintos, pondo fim à malfadada "coesão". Logo, os 20 deputados mineiros, por exemplo, não combinariam mais seus votos, não definindo mais as votações, em detrimento das demais províncias.

Embora a ideia do fim das *grandes bancadas provinciais coesas* tenha sido utilizada inicialmente no Senado por Pimenta Bueno, o argumento só veio a causar polêmica na Câmara, exatamente porque dizia respeito

---

[141] BRASIL. Congresso Nacional. Senado do Império. *Anais do Império*. Rio de Janeiro: Imprensa Nacional, 18 jul. 1855. p. 278.

[142] *Ibidem*, p. 280.

diretamente ao funcionamento dessa Casa. E o argumento foi invertido por opositores como Zacarias, que considerou que o projeto eliminaria um elo na cadeia de representação, um elo de "segunda ordem"[143]. Também o liberal pernambucano Francisco Carlos Brandão acusou o projeto de ser um atentado ao poder provincial que desaparecia da representação provincial. Brandão enfatizou que o resultado do voto distrital seria o isolamento das diversas partes de cada província e a concentração de toda a vida provincial na Corte: "os eleitos por essas frações virão representar nesta casa, não os direitos coletivos do todo provincial nem suas relações com a comunhão, mas os interesses das localidades"[144].

Já a defesa da proposta compartilhava da concepção defendida por Pimenta Bueno no Senado. O liberal paulista Carrão, por exemplo, acentuou que o governo era frequentemente forçado a entreter certas relações com deputados coligadas, em virtudes de interesses questionáveis. Os interesses das "grandes deputações" nem sempre se harmonizavam com os interesses gerais e, muitas vezes, comprimiam a ação do governo. A adoção dos círculos eleitorais, portanto, assinalava uma tendência em se obter eleições legítimas, com a destruição da "origem comum das deputações das províncias"[145]. Na mesma linha de raciocínio, o conservador maranhense Cândido Mendes de Almeida salientou que o número de cadeiras de cada província não seria reduzido, preservando-se a influência provincial[146]. Já o conservador fluminense Pereira da Silva chegou a alegar que as normas atuais é que enfraqueciam o poder provincial, por impor a eleição de desconhecidos à província[147]. A observar o caso da bancada mineira nessa legislatura, a fala de Pereira da Silva parecia plausível: dois dos seus eleitos não eram mineiros e chegaram a ser acusados pela imprensa regional de não possuir vínculo com a província. A defesa do voto distrital sustentava que esse tipo de problema acabaria: presumia-se que as lideranças provinciais continuariam a existir, porém o poder local passaria a ser melhor representado.

Por sua vez, a oposição temia o fim das influências provinciais e a ascensão dos ditos "tamanduás". Até que ponto essa suposta ameaça ao poder provincial motivou a tomada de decisão dos eleitos da maior bancada do Império? Indagar a respeito pode elucidar aspectos essenciais dos mecanismos de representação

---

[143] *ACD*, 28 ago. 1855, p. 271.
[144] *ACD*, 31 ago. 1855, p. 315.
[145] *ACD*, 29 ago. 1855, p. 277.
[146] *ACD*, 31 ago. 1855, p. 317-331.
[147] *ACD*, 28 ago. 1855, p. 253-265.

política e suas transformações em curso. Como já foi dito, a representação mineira ocupava de longe o posto de maior bancada do Legislativo. Em função disso, é importante avaliar se grandes bancadas como Minas Gerais eram efetivamente coesas. Apesar de o interesse provincial ser central em alguns debates, com legisladores se unindo em prol de interesses em comum, o projeto de reforma eleitoral poderia gerar confronto entre outras motivações, além daquela puramente regional. Arguia-se que o voto provincial favorecia uma elite menos diversificada do ponto de vista partidário e regional. Todavia, uma bancada provincial nem sempre era formada por um 'bloco homogêneo', com interesses puramente consensuais que concordavam em todos os momentos. A bancada mineira naturalmente enfrentava seus conflitos internos, por ser formada por representantes de uma província imensa, com os mais diversos interesses. De todo modo, era realidade a preocupação das outras bancadas e do próprio Ministério com o posicionamento do temido "colosso mineiro". Como se comportou a representação mineira diante de uma reforma que prometia modificar o perfil das grandes bancadas provinciais? A questão partidária ocupou grande parte do debate sobre o tema da reforma eleitoral. Essa influência também teria sido capital na tomada de decisão dos deputados da maior bancada no Parlamento brasileiro?

1.4. A bancada mineira e a reforma eleitoral de 1855

Grande parte dos senadores mineiros apoiou a reforma. A exceção foi o senador conservador José Ildefonso de Souza Ramos, o Visconde de Jaguari, que votou contra a medida. Souza Ramos era natural de Baependi, no sul de Minas Gerais, formado em Direito em São Paulo em 1834, foi presidente das províncias do Piauí em 1843, de Minas Gerais em 1848 e de Pernambuco em 1850. Foi eleito deputado geral pelo Piauí em 1845 e, duas vezes deputado geral pelo Rio de Janeiro (1850 e 1856), quando assumiu a pasta da Justiça do gabinete Rodrigues Torres em 1852, sucedendo a Paraná. Nomeado senador por Minas em 1853, Souza Ramos pertencia ao grupo da *"patrulha parlamentar conservadora"*, mais conhecido como saquarema, composto por grandes latifundiários escravistas do Rio de Janeiro. Segundo Luiz Fernando Saraiva, apesar de suas origens mineiras, a atuação política de Souza Ramos relacionava-se muito mais à expansão da economia agroexportadora cafeeira como um todo e, em particular à da região fluminense:

> A atuação de José Idelfonso demonstrou uma assimetria não somente em relação aos fazendeiros da Mata mineira, mas também aos políticos estritamente mineiros. *Ferrovias* moviam os interesses e debates dos políticos ligados à cafeicultura fluminense e paulista, *estradas e limites* da província moviam por sua vez os vários grupos mineiros[148].

Todos os demais senadores mineiros que compareceram à votação, foram favoráveis à proposta. Entre os que votaram a favor, seis eram conservadores (Marquês de Sapucaí, Marquês de Paraná, Marques de Itanhaém, Visconde de Abaeté e Gabriel Mendes dos Santos) e dois eram liberais (Nicolau Pereira de Campos Vergueiro e José Joaquim Rodrigues Torres). Dois eram ministros — Marquês de Paraná e Visconde de Abaeté, respectivamente presidente do Conselho de Ministros e Ministro dos Negócios Estrangeiros. O Marquês de Itanhaém era fluminense, apesar de fazer parte da bancada mineira e o liberal Vergueiro era português radicado em São Paulo, porém eleito por Minas Gerais. Dentre os senadores da bancada mineira, além do senador Vergueiro, apenas o senador Gabriel Mendes dos Santos discursou em defesa da reforma de 1855. Gabriel Mendes dos Santos era natural de São João del-Rei, formado em Direito em Coimbra, foi intendente dos diamantes, juiz de fora em Santos e ouvidor e juiz de direito na Comarca de São João del-Rei. Deputado geral de 1831 a 1851, quando então foi nomeado senador. Teria participado da resistência à Sedição de 1833 em Ouro Preto[149]. O desembargador Mendes dos Santos foi favorável à adoção dos círculos eleitorais, mas argumentou que não apoiava nenhum tipo de incompatibilidade (relativa ou absoluta) para magistrados. Segundo o senador mineiro, as funções de legislador e magistrado não eram complementares e, portanto, não era possível ser bom em nenhuma das atribuições se elas fossem exercidas concomitantemente. Para o senador, era necessário dedicar-se a apenas uma e citou o próprio caso, por ter exercido o cargo de desembargador. Porém sustentou que o eleitor é quem deveria decidir se o magistrado deveria ser eleito, pois lei eleitoral nenhuma poderia tutelar ou impor isto ao eleitor:

> Se quiserem ser juízes e legisladores ao mesmo tempo, hão de ser maus juízes e maus legisladores. [...] as incompatibilidades, assim absolutas como relativas, são anticonstitucionais,

---
[148] SARAIVA, 2008, p. 183; VEIGA, J. P. X. da. *Efemérides Mineiras (1664-1897)*. 1. ed. Ouro Preto, MG: Imprensa Oficial de Minas Gerais, 1897. p. 376. Grifos do original.

[149] *Ibidem*, p. 216.

> o que em meu juízo não acontece acerca dos círculos ou
> distritos. [...] continuo a pensar que a boa administração
> da justiça pede que os magistrados não devem regularmente
> fazer parte do corpo legislativo[150].

Outros dois senadores eram naturais de Minas Gerais: o conservador Herculano Ferreira Penna (AM) — ex-deputado provincial mineiro — foi favorável à medida, e José Cesário de Miranda Ribeiro — o Visconde de Uberaba (SP) —, que foi contrário à proposta de reforma eleitoral. Nenhum destes justificou suas posições. Apesar da postura bastante liberal no final do primeiro reinado e início da regência, o Visconde de Uberaba foi se tornando cada vez mais conservador ao longo da década de 1840. Natural de Ouro Preto, o visconde de Uberaba casou-se com Ana Cândida de Miranda Lima pertencente a duas famílias tradicionais de abastados proprietários rurais de Juiz de Fora: os Vidal e os Lage. Após o casamento, José Cesário passou a residir na zona rural de Paraibuna, e tornou-se um dos cidadãos mais prestigiados daquela localidade. Em 1854, foi agraciado com o título de Visconde de Uberaba, à mesma época dos títulos recebidos por Paraná[151].

A nona legislatura da Câmara dos Deputados (1853-1856) formou-se como resultado da eleição realizada em 1852, em conformidade com a *Lei nº 387, de 19 de agosto de 1846*, que resultou em uma *"câmara unânime"* no que se refere à sua configuração partidária, com todos os 113 deputados membros do partido conservador. Mas esse perfil se diversificou um pouco, à medida que conservadores se licenciavam para assumir cargos no Executivo ou para ocupar vagas no Senado. Isto possibilitou que muitos suplentes liberais tomassem assento na Câmara, em substituição aos deputados eleitos em 1852. De 1853 a 1855, a formação original da bancada mineira foi alterada em quatro assentos: os conservadores Francisco Soares Bernardes de Gouvêa e Lima e Silva Sobrinho ocuparam os assentos deixados por Herculano Ferreira Pena — nomeado senador em 1853 —, e Antônio Cândido da Cruz Machado — nomeado presidente do Maranhão; já os liberais Melo Franco e Dias de Carvalho substituíram Carlos José Versiani e Francisco Diogo Pereira de Vasconcelos. Este último licenciou-se para presidir Minas Gerais em 1855.

Na Assembleia Geral, dois eleitos por Minas estavam ausentes no dia da votação: o conservador Lima e Silva Sobrinho justificou que estava

---

[150] BRASIL. Congresso Nacional. Senado do Império. *Anais do Império*. Rio de Janeiro: Imprensa Nacional, 18 jul. 1855. p. 264-273.
[151] *REVISTA DO APM*, 1910, p. 419-423; SARAIVA, 2008, p. 175-177.

doente[152]. O futuro Visconde de Tocantins nasceu no Rio de Janeiro e atuou como coronel na repressão ao Movimento Liberal de 1842 em Santa Luzia, ao lado do seu irmão, o comandante Duque de Caxias[153]. Já o deputado Joaquim Delfino Ribeiro da Luz se licenciou para assumir a presidência da província do Espírito Santo, deixando uma vaga na bancada mineira no mês de agosto. Mesmo após indicações do liberal mineiro Melo Franco para que se indicasse um suplente, a cadeira continuou vazia. Cada voto parecia importar: "devendo ainda a câmara ocupar-se de um negócio que no meu entender é muito importante, julgo conveniente que as respectivas representações de cada uma das províncias estejam completas"[154]. O magistrado Ribeiro da Luz era natural de Cristina, no sul de Minas. Foi deputado provincial (1850-1855) e deputado geral (1853-1856; 1861-1866; 1869-1872). Não se sabe a sua posição sobre a reforma, pois não participou dos debates e não foi eleito em 1856[155].

A votação final da proposta — 54 votos a favor e 36 contra — confirmou o que os debates já demonstravam: a medida dividiu a Câmara, embora a votação no Senado tenha sido bem mais apertada, com maioria de apenas três votos[156]. Dezoito parlamentares mineiros votaram a reforma eleitoral e o peso dessa bancada foi decisivo na aprovação da *Lei dos Círculos*. Dos 54 votos a favor, dezesseis vieram de deputados de Minas Gerais. Ou seja, aproximadamente 30% dos votos advindos de uma só província. Logo, a tese de que o voto distrital enfraquecia a província no jogo político imperial — como pregava a oposição e como endossou parte da historiografia — não surtiu efeito em grande parte da bancada com maior representação na Casa. Minas continuaria com o mesmo número de representantes e estes pareciam também não temer a promessa de perda de coesão da bancada. Outrossim, o debate parlamentar revelou que a clivagem partidária foi crucial na tomada de decisão também entre os mineiros. Era crescente a pressão por uma legislação que garantisse a eleição de políticos antes alijados do poder. À exceção de dois liberais, a bancada mineira era majoritariamente conservadora. O partido conservador vinha sendo alvo de disputas internas, de sorte que é preciso analisar o nível de adesão da bancada mineira à oposição saquarema.

---

[152] VOTAÇÃO. *O Bom Senso*. Ouro Preto, MG: Bom Senso, n. 345, 13 set. 1855.
[153] SISSON, S. A. *Galeria dos Brasileiros Ilustres*. Brasília: Senado Federal, 1999. v. 1. p. 93-95.
[154] *ACD*, 16 ago. 1855, p. 123.
[155] JAVARI, 1979, p. 318-352.
[156] *ACD*, 1 set. 1855, p. 340.

As alianças formavam-se no interior dos partidos, com o papel central das lideranças de cada grupo. Mas nem sempre os partidos decidiam consensualmente. Nesse sentido, é preciso observar o perfil partidário da bancada mineira do período e atuação dos seus representantes. Como essas forças se configuraram nessa conjuntura? Quais identidades políticas assumiram? Para além da questão partidária, Minas possuía um território imenso, marcado por enorme complexidade regional, com 20 cadeiras na Câmara dos Deputados. Cabe indagar se faz sentido a asserção de que o voto provincial anularia o poder das elites locais, gerando uma bancada uníssona. Para tanto, é fundamental investigar: quem eram os legisladores mineiros? De quais regiões eram provenientes? Existiria unidade entre eles?

Um levantamento do perfil desses políticos revelou que, dos 18 deputados de Minas presentes na votação da lei, nove (50%) eram oriundos da antiga região mineradora onde se localizava a capital mineira, cinco (27,7%) eram provenientes da região norte, um (5,5%) da região sul, um (5,5%) da zona oeste e outros dois (11,1%) fluminenses. Entre os cinco nortistas, dois residiam no Rio de Janeiro: Bernardo Belizário e Bernardes de Gouvêa. Apenas Vieira de Mattos e Paula Fonseca moravam no norte mineiro e Melo Franco vivia em Ouro Preto[157]. Portanto, não havia equilíbrio regional na composição da bancada e a elite encastelada na região central mineira ocupava o maior número de assentos. Acrescente-se a isto o fato de que, conquanto naturais de Minas, seis deputados residiam na Corte, com laços mais fluidos ou nenhum vínculo com a província. No que tange à ocupação profissional, dos 18 eleitos por Minas presentes no debate, pelo menos nove (50%) eram servidores públicos: cinco magistrados, um inspetor da Tesouraria Provincial e três médicos/professores da Faculdade de Medicina na Corte. Ademais, há três (16,63%) médicos, dois (11,1%) jornalistas, dois (11,1%) advogados, um padre e um negociante de Ouro Preto.

Chama atenção que metade da bancada era formada por funcionários públicos, os mesmos a serem possivelmente afetados pelas inelegibilidades. E

---

[157] BLAKE, A. V. S. *Diccionário Bibliographico Brasileiro, 1827-1903*. Rio de Janeiro: Conselho Federal de Cultura, 1970. v. 4. p. 122; MINAS GERAIS. *Relatorio que à Assemblea Provincial...* Ouro Preto, MG: Bom Senso, 11 abr. 1853a. p. 34-36; *ALMANAK ADMINISTRATIVO, CIVIL E INDUSTRIAL DA PROVINCIA DE MINAS GERAIS* (doravante: ALMANAK DE MINAS GERAIS). Organização e redação: Antônio de Assis Martins e J. Marques de Oliveira. Ouro Preto, MG: Minas Gerais, 1864. p. 8-107; *REVISTA DO APM*, 1896. p. 61-63; *REVISTA DO APM*, 1908. p. 314-315, p. 318-319; *ALMANACK ADMINISTRATIVO, MERCANTIL E INDUSTRIAL DO RIO DE JANEIRO* (doravante: ALMANACK LAEMMERT). Rio de Janeiro: Laemmert, 1885. p. 165; VEIGA, 1897, p. 305; JAVARI, 1979, p. 318-352; *ALMANACH SUL-MINEIRO*. Organização, redação e edição: Bernardo Saturnino da Veiga. Campanha, MG: Monitor Sul-Mineiro, 1874. p. 115-117.

essa bancada votou em peso pela aprovação da reforma eleitoral. A votação geral (54 a 36) confirmou que o peso da bancada mineira foi decisivo: dos 54 votos favoráveis, dezesseis eram oriundos de Minas. Ou seja, cerca de 30%. Apenas dois deputados por Minas foram contrários à medida. Um deles foi o magistrado e conservador Firmino Rodrigues Silva. Nascido em Niterói, Rodrigues Silva cursou direito em São Paulo, advogou durante alguns anos no Rio de Janeiro, onde logo se inseriu no mundo do jornalismo[158]. A convite de Justiniano José da Rocha, ambos fundaram o jornal *O Cronista*, periódico marcadamente regressista. De 1840 a 1842, a convite do Visconde de Uruguai e Eusébio de Queiroz, ambos fundaram *O Brasil*, no combate à campanha pela maioridade. Firmino casou-se com a filha do comandante mineiro Francisco Coelho Duarte Badaró, proprietário rural da freguesia de Guarapiranga, no termo de Mariana. A partir de 1842, foi juiz de direito nas comarcas mineiras de Barbacena e Paraibuna[159]. À época do Movimento Liberal de 1842, era juiz de direito em Barbacena e logo foi chamado a ocupar o decisivo cargo de chefe de polícia da província. Rodrigues Silva atuou também na imprensa mineira, tendo sido redator do *O Bom Senso* em Ouro Preto, em 1849. Entre 1850 e 1856, foi deputado na Assembleia Mineira e em 1850 e 1852, foi eleito deputado geral por Minas. Em 1853, foi nomeado juiz de direito em Ouro Preto. Em 1855, voltou a chefiar a polícia de Minas, mas pediu demissão tão logo a *Lei dos Círculos* foi aprovada, provavelmente, para escapar das incompatibilidades[160]. Após a derrota nas eleições de 1856, tornou-se desembargador da Relação do Tribunal do Comércio e voltou a morar na Corte[161].

O histórico alinhamento ao grupo saquarema, aliado ao fato de ser magistrado, influenciou sua tomada de decisão. Sua fidelidade aos regressistas persistia ainda em 1860, quando se candidatou ao Senado em Minas. Na ocasião, a folha *O Sul de Minas* destacou o apoio dos saquaremas Euzébio de Queiroz e Visconde do Uruguai a Rodrigues Silva, e seu isolamento em

---

[158] MASCARENHAS, N. L. *Um jornalista do império*: Firmino Rodrigues Silva. São Paulo: Companhia Editora Nacional, 1961.

[159] OLIVEIRA, G. A. de L. *Cronistas e Atlantes*: Justiniano José da Rocha, Firmino Rodrigues Silva e o Regresso Conservador (1836-1839). Dissertação (Mestrado em História) – Universidade Federal de São João del-Rei, São João del-Rei, MG, 2013.

[160] P. S. *O Bom Senso*. Ouro Preto, MG: Bom Senso, n. 349, 27 set. 1855.

[161] MINAS GERAIS. *Relatorio que à Assemblea Provincial...* Ouro Preto, MG: Soares, 22 out. 1853b. p. 34-36; MINAS GERAIS. *Relatorio que à Assemblea Provincia...* Ouro Preto, MG: Provincial, 1858. p. 7; JAVARI, 1979, p. 313-318; VEIGA, 1897, p. 77, 458, p. 495, p. 666-667; *REVISTA DO APM*, 1896, p. 59; *ALMANAK DE MINAS GERAIS*, 1864. p. 29-30; BLAKE, 1970, p. 362.

relação aos demais conservadores mineiros, revelando uma divergência especial entre ele e lideranças conservadoras importantes na província como Luiz Antônio Barbosa e Francisco Diogo Pereira de Vasconcelos:

> Deputado mineiro nunca fez causa comum com seus colegas, pertencendo na Câmara a outro grupo. [...] não se dignou uma só vez de ocupar a tribuna para advogar um só interesse mineiro. [...] em 1849 Juiz de Direito de Pouso Alegre, dizia-se vítima de uma perseguição, que lhe moviam os Srs. Conselheiros Vasconcelos e Barbosa, captou votos de seus adversários, e com eles foi o mais votado deputado por Minas[162].

Enfim, a imprensa sul-mineira acusava Firmino de representar um grupo alheio aos interesses mineiros, com destaque para a rivalidade entre Firmino e dois dos conservadores mais influentes da capital mineira. De fato, sua posição em relação à proposta de reforma eleitoral de 1855 revelava um comportamento dissonante em relação aos demais eleitos por Minas. Outro eleito por Minas contrário à reforma eleitoral foi o conservador Francisco Soares Bernardes de Gouvêa. Sua entrada no Parlamento deu-se em substituição a Herculano Ferreira Pena, nomeado senador em 1853. Natural de Paracatu, Bernardes de Gouvêa formou-se em Direito em 1842 e seguiu carreira na magistratura. Foi promotor público em Itaboraí (RJ) em 1846 e juiz de órfãos em Campos (RJ), Iguaçu (RJ) de 1847 a 1850. Entre 1850 e 1851, foi eleito deputado provincial fluminense e nomeado magistrado na Comarca de Sapucaí, no sul mineiro. Em seguida, atuou na comarca sul-mineira de Rio das Mortes, onde ficou por cinco anos, de 1851 a 1856, no mesmo período em que foi suplente de deputado geral por Minas Gerais. Certamente, o voto provincial favoreceu-o em 1852. E, como Firmino, sua oposição pode ser explicada por ser magistrado e ligado ao grupo do Regresso. Em 1856, atuou nas comarcas de Campos e Itaboraí[163].

O caso de Justiniano revela aspectos importantes do arranjo que se formou no Parlamento de modo geral e, mais detidamente, na bancada mineira. Nascido na Corte e membro de abastada família, Justiniano era parente de um dos principais redatores do *Jornal do Comércio* entre 1829

---

[162] A ELEIÇÃO de um senador por Minas. *O Sul de Minas*. Campanha, MG: Typ do Monitor Sul-Mineiro, n. 14, p. 1, 22 out. 1859.

[163] MINAS GERAIS. *Relatorio que à Assemblea Provincial...* Ouro Preto, MG: Provincial, 25 mar. 1858. p. 7; NEVES, E. A. *Magistrados e Negociantes na Corte do Império do Brasil:* o Tribunal do Comércio (1850-1875). Tese (Doutorado em História) – Universidade Federal Fluminense, Niterói, RJ, 2007. p. 87; *REVISTA DO APM*, 1896. p. 37.

e 1834. Estudou na França por um tempo, diplomou-se em Direito em São Paulo e se tornou advogado na Corte[164]. Mas foi com o mundo do jornalismo que Justiniano acabou se envolvendo intensamente. Sob a influência do liberal moderado mineiro Evaristo da Veiga, foi redator do jornal *O Atlante*. Mais tarde, fundou *O Cronista*, ao lado de Rodrigues Silva. Em 1840, já apoiava os grandes chefes *saquaremas*. A dupla Justiniano e Firmino ficou conhecida como "órgão e alma" do Regresso na imprensa, ao fundar *O Brasil* (1840-1842), onde atuou no combate à maioridade e na defesa da Lei de Interpretação do Ato Adicional, da Reforma do Código do Processo Criminal e dos interesses escravistas. Xavier da Veiga relata que Justiniano foi eleito deputado por Minas em 1843 e nomeado professor de história do Colégio D. Pedro II, em recompensa pelos trabalhos prestados na imprensa[165]. Em 1850 e 1852, foi novamente eleito deputado em Minas[166]. Tâmis Parron ressaltou que Justiniano foi eleito três vezes (1843, 1850 e 1853) por influência dos saquaremas da Corte e "sem pôr os pés em Minas Gerais"[167]. Justiniano parecia mesmo não possuir vínculos com seus pares de bancada, haja vista seus posicionamentos. Por outro lado, suas alianças políticas na Corte também se encontravam fragilizadas, como também destacou Parron:

> Justiniano abandonou *O Brasil* e errou de periódico em periódico. Em 1852, fundou o *Correio do Brasil*; em seguida, abriu uma folha cujo título, *O Velho Brasil*, aludia ao veículo brilhante dos anos 1840, mas a empresa veio a pique em 1854. Abandonou por anos o ofício de editor de jornal e, se obteve reeleição em 1853, não voltou à Câmara dos Deputados nas seguintes, em 1856. Afastado do Parlamento e da Imprensa, tornou a encarnar o papel de jornalista-editor somente no fim da década[168].

Sendo assim, entre 1853 e 1854, o deputado eleito por Minas apoiou o Regresso nas páginas de *O Velho Brasil*. Sua atuação em 1854 foi marcada pelo alinhamento ao Movimento de Vassouras no combate à reforma judiciária. Porém, no início de 1855, Paraná pagou alta quantia para publicar artigos

---

[164] VEIGA, 1897, p. 82; BLAKE, 1970, p. 193-269; BRANCO, B. do R. *Efemérides Brasileiras*. Brasília: Senado Federal, 1999. p. 320; JAVARI, 1979, p. 302-318.
[165] VEIGA, 1897, p. 82.
[166] JAVARI, 1979, p. 302-318.
[167] PARRON, T. P. O império num panfleto? Justiniano e a formação do Estado no Brasil do século XIX. *In*: ROCHA, J. J. *Ação; reação; transação e seus textos*. São Paulo: Edusp, 2016. p. 26.
[168] *Ibidem*, p. 20.

no *Jornal do Comércio*, o que fez Justiniano encerrar seu trabalho em *O Velho Brasil* e passar a elogiar a Conciliação, chegando a explicitar seu rompimento com Euzébio de Queiroz no plenário[169]. Mas o apoio ao governo não durou muito. Em 19 de maio, Justiniano surpreendeu o Parlamento ao fazer nova virada política. Rompeu com Paraná, justificando estar insatisfeito com o fato de o Ministério ainda não ter realizado o programa da Conciliação:

> Sr. Presidente, são condições infalíveis das sociedades que se organizam, são períodos fatais a que nunca escapam esses – a ação preponderante de um elemento, a reação violenta de outro e por fim a transação entre ambos, trazendo tudo a seus eixos, e igualmente na proporção da veemência da ação está a veemência na reação, está a dificuldade da transação; ora, a ação democrática fora fortíssima; devia ser fortíssima a reação da autoridade, e de feito; o que aconteceu? Excluiu a democracia de todas as suas conquistas, e tomou-as para si[170].

Vários elementos da sua fala apareceriam no opúsculo *Ação, Reação e Transação: duas palavras acerca da atualidade política do Brasil* publicado nas semanas seguintes, pouco antes do debate sobre eleições[171]. O ensaio dividiu a história do Brasil em cinco fases: as duas primeiras seriam a *"Ação democrática"* (1822-1836); outras duas compunham a *"Reação Monárquica"* (1836-1852) e, por fim, a *"Transação"* iniciada em 1853 com a Conciliação. O esquema dialético servia de sustentação para uma espécie de retrospectiva histórica do processo de construção do Estado monárquico, da Independência aos anos 1850, quando o país alcançou a maturidade política, com a calma das paixões partidárias. Sua abordagem da história imperial se tornou célebre e despertou o interesse dos estudiosos do Brasil Imperial. Não foi por acaso que Sérgio Buarque de Holanda intitulou o volume dedicado ao tomo II do período monárquico de *"Reações e Transações"*, na clássica coleção *História Geral da Civilização Brasileira*[172].

Nos anos 1950, Raimundo Magalhães Júnior encarou o opúsculo como uma peça escrita com a finalidade de fortalecer a política de Paraná[173]. Esse autor destacou que o panfleto forneceu a Joaquim Nabuco a linha mestra

---

[169] Ibidem, p. 29-30.
[170] ACD, 19 maio 1855, p. 43-49, grifos meus.
[171] ROCHA, J. J. Ação, reação e transação: duas palavras acerca da atualidade. In: MAGALHÃES JÚNIOR, R. *Três panfletários do Segundo Reinado*. São Paulo: Companhia Editora Nacional, 1956. p. 161-216.
[172] HOLANDA, 1971, p. 55.
[173] MAGALHÃES JR., 1956, p. 144.

de seu livro *Um Estadista do Império (1897-1899)*[174], que acabou por se tornar a principal referência sobre o Segundo Reinado durante muito tempo. A perspectiva que encarou o panfleto de Justiniano como elogio à Conciliação veio a ser contestada décadas depois. Nos anos 1970, Roderick Barman asseverou que o ensaio fora escrito para explicar o intempestivo rompimento do autor com Paraná, já que foi publicado no *Jornal do Comércio* três semanas após as discussões entre ambos no plenário da Câmara[175]. Nos anos 1980, Maria de Lourdes Mônaco Janotti considerou equivocada a interpretação que via o famoso panfleto como peça de defesa ao Gabinete Paraná[176]. Em 2007, Lúcia Maria Paschoal Guimarães analisou a cumplicidade da ligação entre Nabuco de Araújo e o jornalista, chegando a questionar a autoria do panfleto. A autora sugeriu que Justiniano "alugou" sua pena ao então ministro da Justiça, que andava descontente com a política de Paraná. E embora Justiniano apoiasse a concepção teórica da Conciliação, não pretendia enaltecer a política de Paraná, pois acusava-o de cooptar indivíduos, em vez de pactuar princípios[177].

Em 2014, Gladys Ribeiro considerou que a escrita do panfleto foi motivada pela defesa da valorização do poder Judiciário, como solução para evitar a anarquia. Para a autora, Justiniano acreditava que as reformas eleitoral e judiciária eram fundamentais para remover os entraves ao Estado democrático sem se recorrer aos excessos à democracia, de modo a impedir o retorno ao período da ação e reação. A historiadora duvidou da possibilidade de Justiniano ter alugado a sua pena a Nabuco, demonstrando que as ideias contidas no panfleto foram recorrentes nos escritos de Justiniano desde os anos 1830, com ideias que reverberaram no panfleto e em seu discurso de oposição de 1855[178]. Mais recentemente, Tâmis Parron atentou para a necessidade de superar a disjunção alternativa que é interpretar a obra de Justiniano *ou* como uma encomiástica da Conciliação *ou* como um panfleto afinado com os saquaremas. Para Parron, o panfleto contém uma

---

[174] NABUCO, 1997.
[175] BARMAN, R. Justiniano José da Rocha e a época da Conciliação. Como se escreveu *Ação, reação e transação*. *Revista do IHGB*, Rio de Janeiro, v. 301, p. 3-32, out.-dez. 1973.
[176] JANOTTI, M. L. M. A falsa dialética: Justiniano José da Rocha. *Revista Brasileira de História*, São Paulo, p. 3-17, mar. 1982.
[177] GUIMARÃES, L. M. P. Ação, reação e transação: a pena de aluguel e a historiografia. In: CARVALHO, J. M. de (org.). *Nação e Cidadania no Império*: novos horizontes. Rio de Janeiro: Civilização Brasileira, 2007. p. 85.
[178] RIBEIRO, G. S. Pena de aluguel? Justiniano José da Rocha e o poder judiciário. In: CARVALHO, J. M. de; NEVES, L. M. B. P. das (org.). *Dimensões e Fronteiras do Estado brasileiro no Oitocentos*. Rio de Janeiro: Eduerj, 2014. p. 63-91.

visão heterodoxa da política do seu tempo: "adere em parte aos amigos da Conciliação, adota em parte as críticas de seus amigos"[179].

De fato, a análise dos debates de 1855 revela que, mesmo após romper com o Gabinete Paraná, Justiniano não deixou de defender a reforma eleitoral, ainda que tenha permanecido como um crítico da Conciliação, tal qual vinha sendo posta em prática. Justiniano foi uma figura extremamente emblemática ao longo dos anos 1850 e o fato de ter oscilado em seus posicionamentos deu margens a interpretações equivocadas a seu respeito. Mas tanto o panfleto *Ação, reação e Transação* quanto os discursos na tribuna não deixam dúvidas que Justiniano defendia a Conciliação, apesar das críticas às práticas políticas de Paraná. De todo modo, é importante ressaltar aqui que a intenção desta pesquisa não é aprofundar a análise sobre o conteúdo do panfleto[180], mas observar a posição de Justiniano no seio da bancada mineira em meio aos debates de 1855. E para tanto, importa apreender como se comportou antes e após a ruptura com o Gabinete, especialmente durante a discussão sobre eleições. Justiniano estava focado na defesa da reforma eleitoral, quando passou a combater Paraná, clamando pela realização de grandes questões de interesse nacional: "E V. Ex. ainda teria, talvez ainda tenha de ser o meu chefe; sê-lo-á quando se lembrar da execução do seu programa"[181]. Em réplica, Paraná tratou Justiniano com desprezo, ao afirmar que não trataria do seu discurso, porque não julgava séria a oposição que ele exprimia. Paraná alegou desprezar as palavras de alguém com opiniões tão oscilantes quanto Justiniano, sugerindo que o jornalista mudava de opinião "conforme o tilintar das moedas"[182].

Dia após assumir nova posição, em 25 de maio, Justiniano apresentou uma indicação para que o projeto de reforma eleitoral apresentado em 1848 pelo então senador Carneiro Leão entrasse em debate. Ele argu-

---

[179] Parron destacou a influência do panfleto em parte da historiografia que o viram como uma das matrizes interpretativas dos conflitos da sociedade monárquica. PARRON, 2016, p. 13. O autor destacou o exemplo de Ilmar Rohloff de Mattos, cujo fundamento do seu livro *O Tempo Saquarema* está na interpretação que Mattos faz do panfleto associado ao uso de conceitos gramscianos, que o levam a definir um largo período da monarquia brasileira (1835-1865) como de hegemonia conservadora. Fonte: MATTOS, 2004; MARSON, I. A. O império da revolução: matrizes interpretativas dos conflitos da sociedade monárquica. *In*: FREITAS, M. C. (org.). *Historiografia Brasileira em Perspectiva*. São Paulo: Contexto, 1998.

[180] A este respeito, há uma discussão sobre os motivos e organização retórica do panfleto. Segundo Parron, esta não teria provindo da interpretação de Hegel ou de outro filósofo célebre, mas teria sido colhida de um dos livros do desconhecido jornalista e historiador atuante na Restauração do Segundo Império francês, Jean Baptiste Raymond Capefigue. Ver: *Ibidem*, p. 15.

[181] *Ibidem*, p. 43-49.

[182] ACD, 21 maio 1855, p. 53-60.

mentara que, em 1848, defendeu com entusiasmo a ideia da eleição direta e por círculos, mesmo sendo jornalista da oposição. Segundo Justiniano, Paraná teria aceitado a ideia do voto distrital e das incompatibilidades e a formulou em projetos, mas seus projetos dormiram "nos invólucros da sua concepção". Justiniano defendeu que era preciso aproveitar "a calma das paixões" para realizar a "fusão" dos princípios práticos da "ação" e da "reação"[183]. Em 26 de maio, Paraná afirmou desprezar as palavras de alguém como Rocha que mudava de opinião "conforme o tilintar das moedas"[184]. Por sua vez, Justiniano revelou não ter motivos para se envergonhar de receber para publicar matérias. Em réplica, Paraná declarou-se surpreso com a nova posição do parlamentar, apesar de reconhecer suas censuras a alguns ministros[185]. Semanas após o episódio, o *Jornal do Comércio* anunciava a venda do panfleto, elaborado para justificar o rompimento do Gabinete, como uma espécie de prestação de contas a Paraná, como ressaltou Tâmis Parron: "atende aos propósitos de provar a coerência doutrinária do autor e, ao mesmo tempo, expor as contradições do gabinete. Era uma forma também de construir um espaço de autonomia intelectual"[186].

As falas de Justiniano e Paraná repercutiram de diversos modos no plenário e na imprensa. O liberal *O Grito Nacional* estranhou o fato de um "homem da centralização e do exclusivismo", "apóstolo das ideias retrógradas" ousar defender uma pauta liberal:

> O que pensará o Sr. Rocha com este seu procedimento? Que o país se esquecerá dele, pelos *muitos bens* que lhe fez? [...] Os seus escritos contra as ideias que hoje defende; [...] estão bem gravados na memória de todos. A sua missão está a findar, e então na obscuridade irá desfrutar quanto ganhou pela imprensa e pela tribuna![187]

Em resposta a esse tipo de crítica, em 3 de julho, Justiniano justificou que não comungava mais das antigas ideias saquaremas, porque o horizonte havia se expandido e o "tempo da reação" já não servia mais: "o

---

[183] ACD, 25 maio 1855, p. 111.
[184] ACD, 26 maio 1855, p. 53.
[185] *Ibidem*, p. 137.
[186] PARRON, 2016, p. 35.
[187] CÂMARA dos Deputados. *O Grito Nacional*. Rio de Janeiro: Imparcial de M. J. P da Silva Junior, n. 769, p. 1, 26 maio 1855. Grifo do original.

inimigo que nele desponta é outro"[188]. Dois dias depois, *O Grito* questionou a legitimidade de sua representação na bancada mineira:

> O Sr. Rocha, esse *novo patriota*, vendo aproximar-se a época em que para sempre tem de dizer um adeus à câmara, por que qualquer que seja o governo, ainda mesmo aquele de que fizeram parte os homens do infausto 29 de setembro, jamais será *imposto* à província de Minas, um tão *pesado fardo*, dissertou largamente (*mas desta vez sem chorar*), dizendo que o sistema representativo estava desnaturado, e perguntando sem toda a singeleza à câmara se havia no país alguém que pudesse ser seu representante sem a vontade do governo. A consciência, por esta vez, mordeu no ânimo do Sr. Rocha, e obrigou-o dizer – *eu aqui como nenhum outro, sou um intruso, por que se não fora imposto, nunca, nunca a província de Minas me teria dado esta cadeira*[189].

Por sua vez, o republicano *O Republico* disse que os "verdadeiros liberais" deveriam ser gratos a Justiniano pela "marcha que encetou este ano". Descreveu seu panfleto como a "bandeira da nova oposição radical", possuidor de "páginas preciosas da atualidade política brasileira", apesar de julgar que Justiniano ainda não se desprendera dos "laços monárquicos"[190]. Também o liberal *O Correio da Tarde* apoiou Justiniano e repudiou o desdém em que Paraná tratou o deputado[191].

Após ter rompido com Paraná, Justiniano foi apoiado por alguns liberais e saquaremas. Mas não se alinhou a esses grupos, dizendo que não se considerava mais "ministerialista", nem "saquarema", nem liberal, mas "oposicionista apenas". Com antigas alianças fragilizadas, Justiniano viveu o seu período de maior isolamento político. Sua fala de 6 de julho traduz a sua situação em 1855:

> E eu entendo, em diversidade da jovem oposição, que alguma coisa se deve fazer de profundo, de importante na nossa legislação; entendo diversamente da antiga oposição (*não direi dos membros atuais*) que o que se deve fazer não deve ser tendente a enfraquecer o governo, para que da fraqueza do governo lucre a liberdade; não quero manter o poder com

---

[188] *ACD*, 3 jul. 1855, p. 27.
[189] CÂMARA dos Deputados. *O Grito Nacional*. Rio de Janeiro: Imparcial de M. J. P da Silva Junior, n. 778, p. 1, 5 jul. 1855.
[190] AÇÃO; reação; transação. *O Republico*. Rio de Janeiro: Guanabarense de Menezes, n. 154, p. 1, 21 jun. 1855.
[191] PARTE Política: o caminho das ideias. *O Correio da Tarde*. Rio de Janeiro: Fluminense, n. 6, p. 1, 13 ago. 1855.

toda a força que lhe dá a organização do partido conservador, o que quero é fortificar igualmente ou paralelamente a liberdade do povo[192].

Apesar de se tornar oposicionista, é preciso salientar que Justiniano continuou a defender a reforma eleitoral e a implantação do programa da Conciliação. A posição peculiar de Justiniano revela a existência de vozes dissonantes em relação à polarização partidária observada no debate, expressando nuances para além das questões partidárias. Portanto, as duas opiniões polarizadas não eram consensuais e tácitas no interior dos partidos. O comportamento dessa emblemática figura revela a complexidade do jogo político que se manifestava e a presença de elementos extrapartidários, marcados por relações pessoais entre os envolvidos. Justiniano tornou-se um elemento isolado no seio da bancada mineira e no Parlamento como um todo, mas movimentou o debate e chamou para si os holofotes. Entretanto há que se enfatizar que o arranjo que se deu na bancada mineira acompanhou o cenário de todo o Parlamento: de um lado, uma oposição formada por dois saquaremas; de outro, grande parte dos conservadores e os dois liberais mineiros apoiaram a medida. Em meio aos apoiadores, estava Justiniano, que rompera com o Gabinete, mas defendia a reforma.

A bancada mineira possuía dois liberais nessa ocasião. José Pedro Dias de Carvalho era filho de um rico negociante português radicado em Mariana que atuou na Câmara Municipal de Ouro Preto. Rejeitado pelo pai na infância, anos depois, passou a trabalhar na sua casa comercial. Seu pai faleceu em 1824 e reconheceu ele e outros seis filhos em testamento. Em seguida, morou com o tio paterno e padrinho, que alavancou o prestígio do sobrinho na capital. Aos 20 anos, José Pedro já redigia o periódico *O Patriota Mineiro*, publicado em 1825. Nesse jornal, uniu-se ao então liberal Vasconcelos na luta contra o conselheiro Manoel Jacinto Nogueira da Gama (futuro Marquês de Baependi). Em 1826, foi convidado a trabalhar na redação de *O Universal*, do qual tornou-se proprietário em 1828. Ganhou a simpatia dos chefes liberais mineiros da capital e ali, foi eleito vereador, juiz de paz e capitão da Guarda Nacional[193]. José Pedro foi eleito deputado provincial na primeira legislatura da Assembleia Mineira em 1835 e reeleito em 1838 e 1842[194]. Em 1834, foi eleito deputado geral por Minas. Em 1838 e 1842, foi reeleito deputado geral. A dissolução da Assembleia em 1842

---
[192] *ACD*, 6 jul. 1855, p. 72-73. Grifo do original.
[193] RODARTE, C. Os liberais de Minas e o 'regresso'. *Revista do APM*, Belo Horizonte, Dossiê, 2014. p. 80.
[194] *REVISTA DO APM*, 1896, p. 54-57.

resultou no Movimento Liberal, do qual se tornou liderança importante como Secretário do Governo Revolucionário de Minas. Após a anistia, foi inspetor da Tesouraria Provincial e eleito novamente deputado geral em 1845 e 1848, tornando-se presidente da Câmara nas duas legislaturas. Em março de 1848, foi nomeado presidente de Minas, mas logo saiu para ocupar uma pasta no Gabinete Macaé. Foi diretor do Banco do Brasil de 1854 a 1857[195].

Eleito suplente de deputado geral em 1852, tomou assento em 1854. Antes do tema da reforma eleitoral entrar em discussão, em 16 de junho de 1855, Dias de Carvalho pressionou pela execução do programa da Conciliação, alegando que a "conciliação dos indivíduos" por meio de favores particulares não era suficiente para pôr fim aos extremos partidários. Era preciso realizar a "conciliação das leis" através de uma "política nova". Identificando-se como membro da *"antiga oposição"*, Dias de Carvalho pressionava o Gabinete para que fizesse valer as promessas de reforma eleitoral. Em sua fala, ficava evidente o entendimento de que a referida proposta atendia aos interesses dos liberais:

> [...] tenho viva lembrança de que da parte do ministério se disse que haviam tendências para adotar algumas das opiniões manifestadas pelo partido contrário; creio até que se disse que o ministério tinha caminhado para nós, e que era preciso nós caminharmos para o ministério... [...] Era de mister que, ao passo que o governo marchava dessa maneira, nos revelasse também nas leis que a sua tendência era a de aproximar-se ao partido que até então tinha estado em oposição[196].

Desde então, os liberais retiraram-se "inteiramente da luta" e "esperaram pelos seus atos". A legislatura estava em seu terceiro ano e o Gabinete deveria se pronunciar sobre as mudanças no sistema vigente: "estou no direito de pedir-lhes que se pronunciem muito categoricamente na câmara". Dias de Carvalho afirmou que o Gabinete Paraná ainda não havia realizado a segunda parte do programa da Conciliação (a primeira parte foi a nomeação de liberais para cargos de confiança do Gabinete). Vindicou urgência, reiterando que se o tema não fosse debatido, "não podemos continuar a ter a fé que ainda temos hoje de que o governo cumprirá as promessas que

---

[195] VEIGA, 1897, p. 315; MARINHO, J. A. (1803-1853). *História do movimento político de 1842*. Belo Horizonte: Itatiaia, 1977. (1. ed. 1844); JAVARI, 1979, p. 291-318.

[196] *ACD*, 16 jun. 1855, p. 140.

fez sobre a liberdade das eleições"[197]. Em 1860, já nomeado senador e em meio a novos debates sobre eleições, Dias de Carvalho descrevia o contexto político-partidário de aprovação da *Lei dos Círculos* de 1855. O contexto era outro, mas seu discurso não era muito diferente do que fizera em 1855 e fornece subsídios compreender o voto dos liberais àquela proposta. Dias de Carvalho destacou que o apoio dos liberais foi essencial à adoção do voto distrital em 1855, em que pese a oposição conservadora que se levantou:

> Lembro-me ainda das palavras solenes do finado marquês de Paraná, presidente do conselho, quando ele dizia que já tinha dado alguns passos para nós [liberais], e por isso esperava que nós déssemos também passos para o ministério; e nós, convencidos da sinceridade e franqueza de suas vistas políticas, não hesitamos em apoiar o ministério. Uma oposição se levantou do seio mesmo daqueles que até então tinham apoiado este gabinete, e nós não acompanhamos essa oposição; nem era possível acompanhá-la, senhores, porque nós víamos bem que, ao passo que guerreavam o governo, faziam guerra ainda mais alto às nossas ideias.[198]

Outro liberal mineiro defensor da proposta foi Manuel de Melo Franco. Natural de Paracatu, Melo Franco era filho de um comerciante português que fez fortuna com o comércio ligado à mineração e à criação de gado na região de Paracatu, noroeste de Minas[199]. Após se formar em medicina em Montpellier, Melo Franco estabeleceu-se em sua cidade natal, tornando-se comandante superior da Guarda Nacional e elegendo-se vereador. Em 1842, foi eleito deputado provincial e foi um dos líderes do Movimento Liberal, fazendo parte do conselho diretor do governo revolucionário, em Barbacena. Foi preso por 18 meses e, após absolvição, foi eleito deputado geral em 1845 e 1848 e suplente em 1850. Logo no início dessa legislatura, assumiu vaga deixada pela morte de Antônio Gomes

---

[197] *Ibidem*, p. 141.
[198] BRASIL. Congresso Nacional. Senado do Império. *Anais do Império*. Rio de Janeiro: Imprensa Nacional, 28 jul. 1855. p. 281.
[199] Manuel de Melo Franco é irmão dos médicos formados na Universidade de Coimbra Francisco de Melo Franco (primogênito, falecido em 1822) e Bernardo de Melo Franco, do padre Joaquim de Melo Franco (vigário em Paracatu [1806-1843]. O padre foi chefe liberal local, ouvidor interino da Comarca e juiz de órfãos) e do Coronel Francisco de Melo Franco, também deputado geral em 1854-1856. MELLO FRANCO, A. A. de. *Um estadista da República*. Rio de Janeiro: José Olympio, 1955. p. 42-43.

Cândido. Na 9ª legislatura, substituiu a vaga deixada por Vasconcelos, ao tornar-se presidente de Minas, em 1854[200].

Em 25 de junho de 1855, Melo Franco engrossou o coro na pressão pela apresentação do projeto de reforma:

> Não seria esta a ocasião, Sr. Presidente, [...] falarmos também das incompatibilidades, pelas quais o país reclama, e reclama a tanto tempo, das incompatibilidades sem as quais nunca faremos verdadeira administração da justiça?[201]

Seu discurso é revelador da relação entre liberais e conservadores entre os deputados mineiros e da posição da bancada mineira em relação ao Gabinete, semanas antes do debate sobre eleições. Melo Franco lançou a dúvida sobre o apoio da bancada ao Ministério, sugerindo certa insatisfação dos conservadores mineiros, tendo em vista as ideias que estes lhe relatavam nos bastidores. E garantiu que o interesse provincial estava acima da rivalidade partidária: "somos vinte, votamos juntos". E provocou os conservadores "conciliados" mineiros a se posicionar, alegando que o "silêncio que têm guardado" parecia revelar certo "cansaço" por serem tão "prudentes":

> Ora a província de Minas com uma deputação, quer de Gregos ou Troianos, que nunca incomoda ao ministério, a província de Minas devia ser tratada com mais alguma consideração pelos poderes do estado. Por isso fazem muito bem os meus nobres comprovincianos quando com o seu silêncio protestam, deixam perceber que estão cansados de ser prudentes carregadores de ministros[202].

Os conservadores mineiros eram provocados pelo colega liberal a se manifestar. Na semana seguinte, em 4 de julho, subiu à tribuna para denunciar a fala do líder saquarema Saião Lobato como reveladora do temor da "jovem oposição" do retorno dos liberais ao poder. O discurso de Melo Franco é uma demonstração de que as questões partidárias estavam tão vivas quanto antes da Conciliação. Enfatizou que a fala do "chefe da jovem" oposição — o

---

[200] MARINHO, 1977, p. 237; *ALMANAK DE MINAS GERAIS*, 1864, p. 39, p. 44, p. 47; *ALMANAK ADMINISTRATIVO, CIVIL E INDUSTRIAL DA PROVINCIA DE MINAS GERAIS (doravante: ALMANAK DE MINAS GERAIS)*. Organização e redação: Antônio de Assis Martins. Ouro Preto, MG: Tip. do Echo de Minas, 1873. p. 29-31; *ALMANACK LAEMMERT*, 1863. p. 64; *REVISTA DO APM*, 1896, p. 58; JAVARI, 1979, p. 306-338; VEIGA, 1897, p. 150-153.

[201] *ACD*, 25 jun. 1855, p. 227.

[202] *Ibidem*, p. 230.

conservador fluminense Saião Lobato — era reveladora do receio da renovação parlamentar: "susto dos jovens só em pensarem que alguns homens do chamado partido liberal subam ao poder". Em discurso incisivo, Melo Franco reagiu às acusações feitas aos liberais, alegando que o dito saquarema não possuía autoridade para falar em nome dos conservadores:

> Mas eu não estranhei que o nobre deputado nos chamasse pela maneira porque o fez à discussão, quando ele não poupou nem as cinzas do venerando Sr. Paula e Souza. [...] Por que razão o nobre deputado, que se apresenta aqui como campeão e representante genuíno de todo o partido conservador, não tomou em consideração, não demonstrou a exatidão das proposições do seu digno irmão, o qual, em uma das precedentes sessões, acusando o ministério atual, declarou que não tínhamos sistema representativo? [...] como órgão genuíno do partido conservador como ele se crê, quer impor o seu ministério! Porquanto, a intolerância entende que não há sistema representativo quando certos e determinados senhores [...] não estão ocupando as cadeiras do ministro[203].

Em seguida, saiu em defesa da reforma eleitoral e argumentou que "o ministério merece censuras não por ser reformador, mas justamente porque tem deixado de o ser". A questão partidária foi central no tema da renovação do perfil parlamentar em 1855. E, segundo Melo Franco, o medo da mudança partia justamente de representantes eleitos por força de interferências do Executivo. Em resposta a Saião Lobato e referindo-se à opinião liberal a respeito da reforma eleitoral, Melo Franco reiterou:

> É, pois, indispensável que se retoque a legislação. Nem se diga que há perigos, em se comprometer um ou outro que não pode vir a esta casa senão por força daquela coisa chamada chapa; este naturalmente se há de revoltar contra uma medida que legalmente lhe trancar estas portas (*Apoiados*); [...] o país descansará em seus legítimos representantes; a moralidade tomará seu lugar, e todos os brasileiros serão felizes. Sr. Presidente, quando no país não há uma só pessoa cordata que possa com razão contestar que o cidadão, ainda o mais proeminente do império, não pode ter assento no parlamento sem licença do governo, este fato o que prova, senhores, senão a necessidade de reformar-se a lei

---

[203] *ACD*, 4 jul. 1855, p. 49-50.

que concorre para que o sistema representativo seja tão brutalmente falseado?[204]

Segundo o liberal mineiro, lideranças de ambos os lados já se pronunciaram a favor da reforma, não obstante a oposição dos magistrados que em grande parte "não podem aceitá-las". Sustentou que a proposta de alteração nas regras eleitorais era um reconhecimento de que "a pretexto de ordem e conservação se tinha ido muito além do que convinha". E pediu que ao grupo saquarema não "azedasse" a discussão, trazendo à tona questões partidárias que poderiam comprometer o debate. Suas críticas eram direcionadas aos saquaremas:

> Deixo, Sr. Presidente, a *jovem oposição*, felicitando-me por ter pressentido primeiro o seu instinto, as suas inclinações; previ sempre nela o demônio da *intolerância*, previ que a *intolerância* era o característico do nobre representante a quem respondo. Deixo, pois, a *jovem oposição* entregue ao seu destino, deixo-a entregue às suas esperanças; e lhe direi que, apesar de *jovem e adornada com o seu colar de diamantes brutos*, não me requestará[205].

Dias depois, a folha *O Grito Nacional* afirmava que Saião Lobato teria levado "um esfrega" de Melo Franco. O jornal acusou Saião Lobato de "endeusar" o seu primo, o senador Euzébio, em seus discursos, na esperança de se este se tornar governo um dia:

> Os pretextos não são senão os desejos de que *ele*, ou *certa pessoa indicada por ele* ocupe o governo do país; e por isso não quer ele que se avente a menor ideia de reforma; [...] por que é justamente para que o *país se divida entre vencidos e vencedores*, que ele e os *jovens da jovem* tanto trabalham, a fim de que venha reinado da *corrupção, da corrupção e só da corrupção*[206].

As declarações de Melo Franco sobre a bancada mineira surtiram efeito e o conservador minero Luiz Antônio Barbosa se viu impelido a se manifestar. Natural de Sabará, Luiz Antônio Barbosa era genro do ouro-pretano José Caetano Rodrigues Horta e cunhado do colega de bancada Caetano Alves Rodrigues Horta. O conselheiro Luiz Antônio Barbosa foi magistrado nas comarcas de Rio das Velhas, Rio das Mortes, Diamantina,

---

[204] *Ibidem*, p. 50.
[205] *Ibidem*, p. 52. Grifos do original.
[206] SAIÃO Lobato na sessão de 9 do corrente. *O Grito Nacional*. Rio de Janeiro: Imparcial de M. J. P da Silva Junior, n. 780, p. 1, 12 jul. 1855. Grifos do original.

Serro, Sabará e Ouro Preto, antes de se eleger deputado provincial em 1842 e 1844. Foi chefe de polícia provincial em 1849 e serviu o cargo interinamente em 1853. Eleito deputado geral em 1843, 1850, 1853 e reeleito na vigência do voto distrital em 1856, Barbosa foi vice-presidente de Minas em 1852 e ocupou a pasta da justiça em 1853. Em seguida, foi nomeado presidente da província do Rio de Janeiro por quatro vezes de 1853 a 1857, fato que denota sua proximidade com o Gabinete Paraná[207].

Em 5 de julho, defendia-se das acusações do liberal fluminense Francisco Otaviano à sua gestão na província fluminense e aproveitou para responder às alegações de Melo Franco, de que os conservadores mineiros seriam "carregadores de ministros" de um suposto "silêncio mal interpretado". Garantiu que a bancada mineira apoiava o governo, por ser um Gabinete conservador, falando em nome de todos os conservadores mineiros e recebendo muitos "*apoiados*" ao longo da fala:

> Continuarei, sr. Presidente a guardar o silêncio em que tenho estado até hoje, silêncio mal interpretado seguramente por aqueles que o atribuem ao cansaço em que nos achamos, nós os deputados por Minas, de ser prudentes carregadores de ministros; nunca nos reconhecemos, senhores, por carregadores de ministros (*Apoiados*). [...] Apoiamos os ministros que professam os mesmos princípios que nós, consideramos porém os nomes dos ministros como questão secundária, exigindo somente deles lealdade aos princípios conservadores [...]. Somos, pois, ministerialistas, porque somos conservadores, e porque o ministério atual o é igualmente; (*Apoiados*) [...] apoiamos pois o ministério, mas não somos carregadores de ministros. (*Apoiados*)[208].

Provocado a expor sua posição sobre as reformas judiciária e eleitoral, assegurou que suas opiniões já eram conhecidas por todos, não sendo necessário "apregoá-las" todos os dias: "membro da comissão de justiça criminal, minhas opiniões acham-se consignadas em diversos pareceres

---

[207] JAVARI, 1979, p. 302-446; *REVISTA DO APM*, 1896, p. 34, p. 57-58; TRINDADE, C. R. O. da. *Genealogias da Zona do Carmo*. Ponte Nova: "Gutenberg" Irmãos Penna & C., 1943. s/p; TRINDADE, C. R. O. da. *Velhos Troncos Ouro-pretanos*. São Paulo: Revista dos Tribunais Ltda., 1951. p. 122; SILVA, A. V. R. *Genealogia Mineira*. Belo Horizonte: Imprensa Oficial, 1937. v. 2, pt. III. p. 59-77, p. 91-99; FERREIRA, V. P. *Genealogia norte mineira*: resumo genealógico das grandes famílias norte mineiras e do sudoeste baiano (1660-1950). Turmalina: Colégio Brasileiro de Genealogia, 2003. v. 1. p. 51; VEIGA, 1897, p. 325-326; *REVISTA DO APM*, 1908, p. 314, p. 317, p. 330; *ALMANACK LAEMMERT*, 1854, p. 60; *ALMANACK LAEMMERT*, 1856, p. 69-77.
[208] ACD, 5 jul. 1855, p. 60.

acerca dessas matérias"[209]. Acentuou que a grande maioria dos colegas mineiros era "ministerialista", recebendo o "apoiado" de Ribeiro da Luz e Paula Fonseca. Ademais, o fato de ser membro do Executivo, "amigo dedicado dos ministros" e "a honra de ocupar um cargo de maior confiança" por mais de dois anos era prova suficiente de que seguia a política ministerial:

> Ocupando há dois anos uma dessas posições oficiais que não se dão, que não se aceitam, nem se conservam por um instante sem a mais completa confiança do governo, sem a mais perfeita homogeneidade de vistas entre o gabinete e aqueles que nelas o ajudam, desde que esta posição foi por mim aceita, desde que nela me tenho conservado, não era possível duvidar-se de que as minhas opiniões fossem favoráveis à política adotada e proclamada pelo ministério[210].

Outro conservador "conciliado" mineiro que discursou em defesa do Ministério foi o médico Francisco de Paula Cândido. Natural de Guarapiranga (Mariana), Paula Cândido formou-se em medicina em Paris e lecionava na Faculdade de Medicina do Rio de Janeiro, mantendo relação muito próxima com a família real, por ser médico pessoal do imperador. Paula Cândido era genro do Marquês de Itanhaém — Manoel Inácio de Andrade Souto Maior —, que, embora fluminense, era senador por Minas Gerais. Em 1850, fundou e presidiu a Junta de Higiene Pública, tendo se dedicado a esse cargo até a sua morte. Foi eleito deputado geral por Minas em 1838, 1843, 1850 e 1853[211]. Mas não conseguiu se reeleger em 1856. Em 27 de junho, Paula Cândido usou um tom jocoso ao se referir às críticas de que o Gabinete não teria realizado o programa da Conciliação:

> Chegou, Sr. Presidente, a época da ressurreição dos *programas*. (Risadas) [...] pois bem, o meu programa será o *programa dos programas*. (Risadas.) [...] me permitirão os nobres deputados que eu aplique um princípio da ciência que professo [...] que encerra exatamente as condições de um bom *programa*, que é enfim o *programa dos programas*. (Risadas) [...] quando se quer proceder a esse ato cirúrgico, cumpre escolher quem o deve fazer (risadas), aonde (risadas), por que modo, e em que oportunidade![212]

---

[209] *Ibidem*, p. 60.
[210] *Ibidem*, p. 60.
[211] VEIGA, 1897, p. 19-21; *REVISTA DO APM*, 1896, p. 32; JAVARI, 1979, p. 295-318; *ALMANACK LAEMMERT*, 1853, p. 42-66; *ALMANACK LAEMMERT*, 1855, p. 72; BLAKE, 1970, p. 71; TRINDADE, 1943, s/p.
[212] ACD, 27 jun. 1855, p. 267. Grifos do original.

Paula Cândido denotou ter expectativa sobre a posição do Gabinete a respeito das "controvertidas" inelegibilidades, aguardando maiores esclarecimentos para se posicionar: "Também já me posicionei sobre as incompatibilidades; também já disse que se ventilasse a questão a quem deveria estenderem-se, e se era ou não precisa a reforma prévia da constituição para que as incompatibilidades pudessem ser decretadas"[213]. Em 22 de agosto, após o Gabinete transformar o projeto em questão ministerial, Paula Cândido já não se mostrava reticente em relação à proposta. Dessa vez, pedia que a proposta fosse discutida e decretada ainda naquele ano[214]. Na semana seguinte, em 29 de agosto, Paula Cândido justificava seu requerimento dispensando o interstício, para que a discussão não fosse adiada. O conservador mineiro argumentou que a medida deveria ser votada ainda naquele ano, por ser uma questão essencial e urgente: "não devemos interromper o fio das ideias, que ainda se acham todas atadas pelo debate que acaba de ter lugar". O deputado mineiro afirmou que:

> [...] devemos dar uma satisfação aos ardentes desejos da nação, que ansiosa exige uma solução pronta a esta questão; - pró ou contra - deve-se resolver este ano. E como não é possível satisfazer-se este grande desejo ou empenho do país deixando-se a conclusão desta questão para a próxima futura reunião do corpo legislativo, peço a V. Ex. que consulte à câmara se consente na dispensa do interstício, a fim de ser dado este projeto para a ordem do dia de amanhã[215].

O conservador ouro-pretano Luiz Carlos da Fonseca era filho do capitão José Pedro Carlos da Fonseca, funcionário da Real Fazenda de Ouro Preto. Luiz Carlos era médico e residia em Engenho Novo (Corte). Casado com a filha do português Joaquim José de Magalhães Coutinho, que exercia o cargo de guarda-roupa de D. Maria I e de Maria Carlota de Verna Magalhães, a condessa de Belmonte, preceptora do príncipe D. Pedro II. Era médico da Imperial Câmara e professor das Faculdades de Medicina e de Belas Artes do Rio de Janeiro, sendo colega de Francisco de Paula Cândido nestas instituições. Foi eleito deputado geral por Minas em 1843, 1853 e reeleito em 1857[216]. Assim como Paula Cândido, em 6 de

---

[213] *Ibidem*, p. 268.
[214] *ACD*, 22 ago. 1855, p. 193.
[215] *ACD*, 29 ago. 1855, p. 289.
[216] VEIGA, 1897, p. 167; JAVARI, 1979, p. 302-410; LUSTOSA, I. Uma relação muito delicada. A correspondência da família imperial com a Condessa de Belmonte, suas filhas e neta. *Insight Inteligencia*, Rio de Janeiro, v. 27, n. 27, p. 38-54, 2004; *ALMANACK LAEMMERT*, 1856, p. 65.

junho, Luiz Carlos procurou atenuar as críticas dos liberais mineiros à Conciliação, minimizando o sentido da palavra "programa":

> [...] não gosto nem acredito em programas: no meu conceito, o melhor programa para qualquer administração é a exata observação da constituição e das leis, o mais não passa de princípios mais ou menos belos que se enunciam. [...] Vejo, Sr. Presidente, dizer-se de um lado que o governo ainda não entrou no segundo período do seu programa ou na realização de ideias tendentes a conciliar os partidos. De outro lado pergunta-se aos Srs. Ministros o que tem feito! O governo responde que muito tem a fazer; eu portanto estou resolvido a aguardar os fatos[217].

Como se vê, apesar da oposição dos chamados "saquaremas" em relação à adoção da reforma eleitoral, o Gabinete Paraná possuía apoio de parcela significativa dos conservadores. Dentre eles, grande parte dos conservadores mineiros. Em contrapartida, havia uma pressão dos liberais — como os mineiros Dias de Carvalho e Melo Franco — em defesa da realização da reforma eleitoral. Esse grupo acusava o gabinete de ainda não ter realizado as prometidas reformas, como se viu nos discursos dos liberais mineiros.

Em síntese, as falas de membros da bancada mineira e sua adesão expressiva à reforma de 1855 deixou claro que o *regressismo* em Minas não teve a expressão que tivera no Rio de Janeiro, sendo representado por dois legisladores: o niteroiense Rodrigues Silva possuía relação mais imbricada na província fluminense do que em Minas, embora fosse genro de um fazendeiro pirangüense. Por sua vez, Bernardes de Gouvêa era mineiro, mas desenvolvera relações fortes nas cidades em que residira na região onde surgira o grupo saquarema. Justiniano, por sua vez, não comungava mais daquelas ideias. Na imprensa regional, *O Bom Senso* ecoava a voz dos conservadores "conciliados" da bancada mineira. Em março de 1855, destacou o "apoio dos mineiros" à Conciliação:

> Na província de Minas, como em todo o Império, a esclarecida política do governo Imperial tem sido traduzida por fatos inúmeros, e os mais significativos. Estamos convencidos de que as intenções puras do governo ainda não foram perfeitamente compreendidas; mas a culpa não é dele, e sim da natureza das coisas, que não permite uma marcha acelerada

---

[217] *ACD*, 6 jun. 1855, p. 85.

por vias desconhecidas, sem risco de nos arrojarmos em tremendos precipícios[218].

Meses depois, a folha garantiu que o Manifesto de Vassouras que ajudou a derrubar a reforma judiciária de 1854 não encontrou sequer um apoiador entre os mineiros, pois a província rendera-se "completamente" à ideia da Conciliação:

> Minas tem tanta convicção de que só no remanso da paz pode conseguir desentranhar do seu solo fertilíssimo os tesouros, com que a natureza a enriquecera, que considerando perigoso em suas consequências o pronunciamento de Vassouras, não se tem prestado aos convites de adesão, solicitados inoportunamente. Sim, porque em Minas, já não há dois campos inimigos. Extintos os ódios políticos, todos querem a felicidade geral, e a procuram abrigados à sombra das instituições, e esperançados na lealdade, com que a administração há desempenhado o programa de conservação e progresso por meio da conciliação dos espíritos. O pronunciamento de Vassouras não tem ramificações em Minas[219].

Em 9 de julho de 1855, o jornal *O Bom Senso* novamente assegurou a existência de uma unanimidade na opinião dos mineiros em relação à oposição saquarema: "A poucos passos a rivalidade foi desaparecendo e a linha que tão distintamente separava os grupos apagou-se. [...] Ao menos é o que se observa nesta província". Para a folha, esse grupo só seria legítimo se tivesse um partido próprio, pois suas ideias não representavam o partido conservador. Ademais, qualquer oposição deve vencer pelas eleições e eleições não se fazem na sala dos deputados, sendo preciso ter agentes em todas as freguesias. Portanto, a existência dessa oposição "será uma árvore sem raízes, que há de cair por seu próprio peso"[220].

Em síntese, de um total de 18 deputados de Minas presentes à ocasião da votação, apenas dois se opuseram à proposta: Bernardes de Gouvêa e Rodrigues Silva. Os mineiros que votaram em prol da reforma eram conservadores que apoiavam o Gabinete Paraná, além dos dois liberais que passaram a apoiar o Ministério, por defenderem a proposta como uma bandeira do seu partido. A clivagem partidária dominou as divergências em torno da reforma eleitoral de 1855 e a votação revelou que — à exceção

---

[218] O BOM SENSO. *O Bom Senso*. Ouro Preto, MG: Bom Senso, n. 302, p. 1, 28 mar. 1855.
[219] O PRONUNCIAMENTO de Vassouras. *O Bom Senso*. Ouro Preto, MG: Bom Senso, n. 327, p. 1, 2 jul. 1855.
[220] A POLÍTICA da Conciliação. *O Bom Senso*. Ouro Preto, MG: Bom Senso, n. 329, p. 1, 9 jul. 1855.

da bancada mineira que se uniu majoritariamente em apoio à medida — as províncias de primeira grandeza se dividiram: segunda em representação, a bancada baiana teve sete votos a favor e quatro contrários[221]. Entre os baianos contrários à medida, dois conservadores se destacaram na oposição: Saraiva e Zacarias. Dentre os baianos que apoiaram a medida, pelo menos quatro eram magistrados. A bancada pernambucana dividiu-se, com quatro votos favoráveis e cinco contrários. Entre os pernambucanos, dois magistrados conservadores deliberaram a favor[222]. Como destacou Suzana Cavani Rosas, os conservadores pernambucanos hesitaram em acompanhar Paraná. Já aos praieiros, a adoção das incompatibilidades soava como "mais que bem-vinda" para inibir o uso de cargos públicos por conservadores, a favor de suas candidaturas[223]. No entanto, como já foi dito, o liberal pernambucano Francisco Carlos Brandão foi exceção, por se opor à proposta.

Na província fluminense, foram quatro votos contrários e cinco votos favoráveis à medida. Dentre os três fluminenses que votaram a favor da reforma: um deles era liberal, o deputado Francisco Otaviano de Almeida Rosa; o outro era um conservador 'conciliado', o deputado João Manuel Pereira da Silva, e o outro foi o então Ministro dos Negócios Estrangeiros, José Maria da Silva Paranhos, conservador que esteve entre os articuladores da Conciliação. Já entre os quatro que se opuseram à reforma, pelo menos três eram saquaremas: Francisco de Paula Negreiros Saião Lobato, Diogo Teixeira de Macedo e Antônio Pereira Barreto Pedroso. Saião Lobato era considerado o líder dos saquaremas na Câmara nesse contexto, e Diogo de Macedo foi um dos relatores do parecer contrário à proposta. Já o desembargador e suplente Antônio Pereira Barreto Pedroso foi presidente da província da Bahia em 1837, nomeado pelo Gabinete Vasconcelos, um dos principais líderes da política saquarema. Apesar de nascido em Minas Gerais, Barreto Pedroso ficou conhecido como chefe conservador de Resende, tendo residido também em Vassouras (Rio de Janeiro). Outro deputado contrário à proposta foi Venâncio José Lisboa. Esse político conservador foi presidente do Maranhão em 1842. Ou seja, no caso da província do Rio

---

[221] A favor: Pinto Paca, Magalhães Taques, Silva Ferraz, Magalhães Castro, Góis Siqueira, Chaves, os suplentes Ferreira França e Ramos. Contra: Zacarias de Góis, Saraiva, Dutra Rocha e Francisco Ribeiro.

[222] Contra: Pinto de Campos, Figueira de Melo, Frederico de Oliveira, Brandão e Rego Barros. A favor: Seara, Sá e Albuquerque, Ferreira de Aguiar e o ministro da Justiça Nabuco de Araújo.

[223] ROSAS, S. C. A dança dos círculos: guabirus e liberais e a disputa pelos distritos eleitorais em 1856. *In*: XXVI SIMPÓSIO NACIONAL DE HISTÓRIA, 2011, São Paulo. *Anais* [...]. São Paulo: [s. n.], 2011. p. 1-12.

de Janeiro, é também claro o forte alinhamento partidário na votação da *Lei de 1855*, com pelo menos três saquaremas votando contra a reforma, um liberal votando a favor da medida e dois conservadores se alinhando ao governo, sendo dois deles membros do próprio Gabinete Paraná (Paranhos/ ministro do Estrangeiros e Pedreira/ministro do Império).

A bancada paulista dividiu-se ao meio, com três "saquaremas se opondo à reforma e três liberais favoráveis[224]. Algumas bancadas menores foram unânimes na votação contra ou a favor da reforma. É curiosa a oposição unânime da bancada cearense, formada por sete magistrados. Os dois deputados da bancada potiguar também se opuseram. Por sua vez, em Alagoas e Maranhão, a oposição teve poucos votos. Do quadro a seguir, vê-se que as bancadas que mais contribuíram com votos em prol da reforma foram as de Minas Gerais (16), seguida da Bahia (7), Rio de Janeiro (5), Alagoas (4), Pernambuco (4), Rio Grande do Sul (3), São Paulo (3), Maranhão (3) e Paraíba (3). E as províncias que mais contribuíram com votos contrários à medida foram as províncias do Ceará (7), Pernambuco (5), Bahia (4), Rio de Janeiro (4) e São Paulo (3). Estes resultados reforçam o lugar de destaque ocupado por Minas na política do período. Apesar das cisões no interior das grandes bancadas, a bancada mineira desempenhou a função crucial de fiel da balança na aprovação da reforma eleitoral.

Quadro 4 – Votação da Reforma Eleitoral de 1855 por Província

Províncias	Votos a favor	Votos contrários
Minas Gerais	16	2
Bahia	7	4
Rio de Janeiro	5	4
Alagoas	4	1
Pernambuco	4	5
Rio Grande do Sul	3	2
São Paulo	3	3

---

[224] Contra: Nebias, Pacheco Jordão e Barbosa da Cunha. A favor: Carrão, Martim Francisco e Joaquim Pacheco. Sobre as afiliações dos paulistas, ver: HÖRNER, E. A luta já não é hoje a mesma: as articulações políticas no cenário provincial paulista, 1838-1842. *Almanack Braziliense*, n. 5, maio, 2007.

Maranhão	3	1
Paraíba do Norte	3	2
Piauí	1	1
Sergipe	1	1
Pará	2	-
Goiás	1	-
Mato Grosso	1	-
Ceará	-	7
Rio Grande do Norte	-	2
Santa Catarina	-	1
Amazonas	-	-
Espírito Santo	-	-
Paraná	-	-
Total	54	36

Fonte: *ACD*, 3 set. 1855, p. 340-341; *ACD*, 15 abr. 1853, p. 5-9

Após a votação, a imprensa liberal fez declarações cautelosas. *O Correio da Tarde* noticiou uma reunião liberal presidida por Souza Franco, em que o partido prestou apoio à execução da lei e a esperança de que não fosse "sofismada": "A expectativa em que se acha o partido liberal é prudente. [...] Esperemos: sim, ESPEREMOS..."[225]. O jornal julgou que teria sido conveniente a aprovação de alguma emenda oferecida por Brandão, mas a adoção de emendas adiaria a votação da lei para o próximo ano, por ter que voltar ao Senado[226]. Já *O Grito Nacional* disse que a medida foi aplaudida por liberais "razoáveis e inteligentes" e conservadores "menos apaixonados" e noticiou a celebração na casa de Paraná, onde este declarou acreditar no novo sistema: "Conto que a lei que faz objeto de tantas esperanças as

---

[225] O PARTIDO liberal na Corte... *O Correio da Tarde*. Rio de Janeiro: Fluminense, p. 1, 12 set. 1855.

[226] PARTE Política: reforma eleitoral. *O Correio da Tarde*. Rio de Janeiro: Fluminense, n. 23, p. 1, 7 set. 1855.

justificará pelos seus resultados práticos, aliando cada vez mais a liberdade com a ordem, estabilidade e prosperidade do Império"[227].

Enquanto isso, o conservador mineiro *O Bom Senso* considerou que o novo sistema prometia vantagens, se bem executado[228]. Esse periódico afirmou que não entraria no mérito de saber se as ideias do voto distrital e das inelegibilidades eram uma bandeira liberal e estranhas aos princípios do partido conservador. Afinal, esse tipo de discussão não traria proveito algum, pois a reforma foi apreciada pelos dois lados. E se mostrou otimista em relação às próximas eleições, embora não tenha descartado a necessidade de futuros "retoques" em suas disposições[229]. O jornal ecoava a posição do grupo ligado à Conciliação, do qual fazia parte grande parte dos deputados mineiros.

No final do ano, novos presidentes foram nomeados com a missão de planejar as eleições, definir os círculos eleitorais de cada província e executar as eleições de 1856. A gestão provincial era capital à execução das eleições de 1856 e não é de se estranhar que três das províncias mais representativas do Império tenham sido confiadas a legisladores mineiros: Herculano Ferreira Pena foi nomeado administrador da província mineira; Luiz Antônio Barbosa continuou na gestão do Rio de Janeiro e Francisco Diogo Pereira de Vasconcelos partiu para gerir a província de São Paulo. Por sua vez, Antônio Cândido da Cruz Machado continuou na província do Maranhão.

***

Concluindo, ressalto que a alteração na legislação eleitoral prometia uma renovação nas bancadas provinciais, com a eleição de representantes mais diretamente ligados aos interesses das localidades onde se encontravam seus círculos. Em outras palavras, o voto distrital sinalizava para a possibilidade de os círculos elegerem seus próprios representantes, de modo que a aplicação desse sistema poderia facilitar a luta em defesa de projetos específicos das diversas localidades mineiras. No próximo capítulo, será feita uma reflexão sobre o mapa do poder local mineiro e a organização dos círculos eleitorais pelo governo provincial, às vésperas dos pleitos de 1856.

---

[227] O MINISTÉRIO de 6 de Setembro. *O Grito Nacional*. Rio de Janeiro: Imparcial de M. J. P da Silva Junior, n. 792, p. 1, 13 set. 1855.
[228] O BOM SENSO. *O Bom Senso*. Ouro Preto, MG: Bom Senso, n. 345, p. 1, 13 set. 1855.
[229] INCOMPATIBILIDADES e eleições por círculos. *O Bom Senso*. Ouro Preto, MG: Bom Senso, n. 350, p. 1, 1 out. 1855.

CAPÍTULO 2

MINAS EM CÍRCULOS: TERRITÓRIOS E ELEIÇÕES

2.1. Introdução

Os debates sobre o projeto de reforma eleitoral de 1855 revelaram uma preocupação com uma mudança do perfil dos representantes da Câmara dos Deputados. Mas qual teria sido o alcance dessa reforma nas eleições de 1856, quando a nova lei foi testada na prática? De que forma e até que ponto as autoridades locais e o governo provincial organizaram o processo eleitoral de modo a tornar efetiva a nova legislação? As práticas eleitorais sofreram alterações após a nova regulamentação? Que tipo de influência o governo provincial e os poderes regionais e/ou locais exerceram sobre a organização dos pleitos e seus resultados?

Para se lançar luz sobre a implementação da *Lei dos Círculos* em Minas Gerais, foi preciso antes conhecer o mapa do poder local e regional mineiro, buscando identificar a complexidade das disputas travadas por suas elites em meados dos anos 1850, para assim compreender o contexto das eleições por voto distrital que definiram a bancada mineira da 10ª legislatura.

Para tanto, neste capítulo, analiso o processo histórico de constituição das câmaras municipais em Minas, adentrando no terreno das relações de negociação e conflito entre poderes provinciais (legislativo e executivo) e locais existentes nos vastos territórios mineiros, na conformação da divisão civil provincial ao fim da primeira metade do Oitocentos. O entendimento desse processo é fundamental ao estudo das eleições de 1856, pois entende-se que esta abordagem ajudará a conhecer os meandros da divisão dos 20 círculos eleitorais por parte do governo provincial em seu processo de negociação e conflito com as elites locais do período. Portanto, antes de se proceder à análise da organização dos distritos feita pelo governo mineiro, é preciso elucidar aspectos básicos referentes à distribuição das câmaras municipais e suas origens, à divisão judiciária e distribuição das freguesias no território mineiro, à estatística de distribuição espacial do eleitorado elaborada pela gestão provincial anterior e a atual, bem como as relações entre poder local e poder legislativo provincial e seus respectivos projetos de divisão territorial em disputa.

Em segundo lugar, será realizada uma análise do papel do presidente da província nas eleições, especialmente no que se refere à divisão dos distritos eleitorais, tendo em vista as divisões civil e judiciária existentes. Em terceiro lugar, faço reflexões e apontamentos sobre as relações entre o governo provincial e as elites regionais nos pleitos de 1856.

2.2. Espaço e Poder: vilas e comarcas mineiras em perspectiva histórica

Apreender o modo como se configurou a dimensão do poder local provincial é essencial ao entendimento dos meandros da política mineira e para se analisar a adoção do voto distrital em Minas. As elites locais estavam diretamente envolvidas nas práticas eleitorais, sendo responsáveis pela realização dos pleitos nas paróquias de toda a província. Além disso, por possuir a maior representatividade no Parlamento e notável diversificação econômica regional, Minas Gerais é objeto privilegiado para problematizar as transformações na representação política na Corte e suas relações entre poderes local, provincial e central, no processo de aplicação de uma lei que prometia modificar o perfil do representante eleito.

No período colonial, a expressão termo de vila abrangia a base territorial do *município*, mas a designação município não era empregada, por se tratar de terras não emancipadas. Durante o Império, as duas denominações (município e termo) passaram a ser utilizadas indistintamente para se referir a uma circunscrição civil[230]. Por sua vez, a vila/cidade era a sede dessa demarcação. Logo, quando um arraial era elevado à categoria de vila, instalava-se ali um núcleo de poder local: a câmara municipal. Sendo assim, a *vila* era a divisão civil ou político-administrativa da província. Já a *cidade* era um título honorífico conferido às vilas mais importantes. Por sua vez, a divisão judiciária era estruturada em *comarcas* (sediadas em uma das cidades/vilas da jurisdição) que se dividiam em *termos* (sediados nas cidades/vilas) e estes em *distritos de paz*. O termo possuía o mesmo território do município. Existia também o *julgado*, que possuía autonomia judiciária parcial, sem autonomia administrativa e vinculado a uma vila.

---

[230] CHAVES, E. R. Criação de vilas em Minas Gerais no início do regime monárquico: a região norte. *Vária História*, Belo Horizonte, v. 29, n. 51, set./dez. 2013. p. 818.

A divisão eclesiástica era formada por *bispados* e *freguesias*. Grande parte do território provincial era dirigido por bispados de províncias vizinhas, pois Minas possuía apenas o bispado de Mariana. A freguesia/paróquia era a base da vida política imperial, pois os alistamentos e eleições ocorriam nas igrejas (sedes paroquiais)[231]. E a criação de uma freguesia era o primeiro passo ao futuro pleito do título de vila.

A criação de vilas em Minas Provincial atendeu a antigas demandas por divisão civil de um território marcado por distintos processos regionais de povoamento. A demanda por descentralização do poder local em uma província marcada por uma diversidade regional constituída por distintos processos de povoamento, compõe um campo aberto à investigação.

Desde a Colônia, petições locais eram enviadas às autoridades competentes para a elevação de núcleos urbanos ao foro de vila. Interesses diversos contribuíram para que vários arraiais mineiros tivessem suas solicitações recorrentemente negadas, apesar de possuir "atributos semelhantes aos das cidades e vilas existentes"[232]. Entre 1711 e 1730, as primeiras vilas foram instaladas nos centros mineradores, visando à fiscalização da produção aurífera e controle da população pela Coroa. Foram elas: Ribeirão do Carmo/Mariana (1711), Vila Rica/Ouro Preto (1711) e Conceição do Sabará (1711), São João del-Rei (1712), Vila da Rainha/Caeté (1714), Vila do Príncipe/Serro (1714), Pitangui (1715), São José del-Rei (1718) e Minas Novas (1730)[233]. Apesar do povoamento nas fronteiras da zona mineradora, nenhuma vila foi instalada de 1731 a 1789, devido ao temor do poder régio de difusão de rebeliões fiscais e por ação das vilas antigas contrárias à divisão de seus termos[234]. A comarca de Rio das Mortes se tornou a mais populosa e rica de Minas, enquanto Ouro Preto e Sabará sofriam um decréscimo populacional[235].

---

[231] FREITAS, A. P. R. Eleições, Raça e Cidadania: uma proposta de educação para as relações étnico-raciais no ensino de história em Minas Gerais. *In*: MOTA, T. H. (org.). *Ensino antirracista na Educação Básica*: da formação de professores às práticas escolares. Porto Alegre: Fi, 2021. p. 224.

[232] MORAES, F. B. de. De arraiais, vilas e caminhos: a rede urbana das Minas coloniais. *In*: RESENDE, M. E. L.; VILLALTA, L. C. (org.). *História de Minas Gerais*: As Minas Setecentistas. Belo Horizonte: Autêntica; Companhia do Tempo, 2007. v. 1. p. 62.

[233] *Ibidem*, p. 65.

[234] FONSECA, C. D. Funções, hierarquias e privilégios urbanos: a concessão dos títulos de vila e cidade na Capitania de Minas Gerais. *Varia História*, n. 29, v. 19, p. 39-51, jan. 2003.

[235] CUNHA, A. M. *Minas Gerais, da capitania à província*: elites políticas e a administração da fazenda em um espaço em transformação. 2007. Tese (Doutorado em História) – Universidade Federal Fluminense, Rio de Janeiro, 2007. p. 101.

A progressiva diferenciação dos espaços e seu consequente rearranjo na distribuição populacional gerou uma regionalização segmentada e complexa[236]. Os emancipacionismos na província mais populosa do Império, compõem um campo aberto à investigação e observar esses fenômenos pode ajudar a compreender a dinâmica da atuação das elites mineiras em um contexto não apenas de intensa disputa por protagonismo político local, mas de inauguração de um sistema eleitoral que prometia projetar "notabilidades locais" ao almejado posto de representante de Minas na Câmara dos Deputados. Ademais, a divisão territorial era uma temática crucial nos debates da Assembleia Provincial, por seu potencial de interferência direta nos resultados eleitorais.

De fins do século XVIII a meados do XIX, a exaustão das lavras auríferas gerou um deslocamento demográfico das áreas mineradoras em direção às fronteiras, em busca de terras agricultáveis e pastoris. Nesse período, Rio das Mortes tornou-se a comarca mais rica e populosa, apesar de possuir apenas duas vilas — São João del-Rei e São José del-Rei — e isto gerava insatisfação de suas elites. Segundo João Pinto Furtado, esta foi uma das motivações para a Inconfidência[237]. São João del-Rei vinha perdendo a posição de único entreposto de negócios dessa comarca, com a expansão de rotas comerciais rumo aos vales do Rio Grande, Rio Verde, Sapucaí e Jacuí[238]. As demandas por autonomia dessas áreas começaram a ser atendidas ao fim do Setecentos, com a instalação de sete vilas em Rio das Mortes: Tamanduá/Itapecerica (1789), Campanha (1789), Queluz/Lafaiete (1790), Barbacena (1791), Jacuí (1814), Baependi (1814) e Mar de Espanha (1815). Além destas, foi fundada a vila de Paracatu (1798). Além da questão fiscal e da expansão econômica, conflitos entre as autoridades de Minas e São Paulo e entre Minas e Goiás motivaram a criação dessas vilas. Ao fim da fase colonial, a rede urbana mineira compunha-se de mais de 300 arraiais e apenas 16 vilas e uma cidade, apesar de ser mais populosa do que Bahia — com 40 vilas — e São Paulo, com 31.

Após a Independência, o poder central criou o Conselho de Governo e o Conselho Geral das províncias. O Conselho Geral era eletivo e inter-

---

[236] Ibidem, p. 101-107.
[237] FURTADO, J. P. Uma república entre dois mundos: Inconfidência mineira, historiografia e temporalidade. Revista Brasileira de História, São Paulo, v. 21, n. 42, p. 343-363, 2000.
[238] PAIVA, C. A.; RODARTE, M. M. S. Dinâmica demográfica e econômica (1830-1870). In: RESENDE, M. E. L.; VILLALTA, L. C. (org.). História de Minas Gerais. A província de Minas. Belo Horizonte: Autêntica; Companhia do Tempo, 2013. v. 1. p. 271-293.

mediou a relação entre os poderes local e central até a aprovação do Ato Adicional de 1834. De acordo com Renata Silva Fernandes, os conselheiros questionavam intensamente a divisão civil herdada do passado colonial e a má gestão das câmaras. Em 1828, o Conselho Geral passou a fiscalizar as ações das câmaras e se destacou no envio de proposições de criação de vilas ao poder central. Essas propostas eram feitas por autoridades locais (juízes de paz, párocos e câmaras) e seguiam acompanhadas de inúmeras assinaturas. Os abaixo-assinados serviam para reforçar a ideia de que o pedido era desejado pelos povos da localidade[239].

De 1830 a 1834, a Assembleia Geral passou a debater as divisões civil, judiciária e eclesiástica. Frente a uma agenda parlamentar ligada à questão fiscal[240], Minas logo se destacou nesse processo, com a criação de nove vilas em 1831: Montes Claros, São Romão, Diamantina, Curvelo, Rio Pardo, Araxá, Lavras, Pouso Alegre e Pomba[241].

Em 1833, as comarcas de Paraibuna, Sapucaí e Jequitinhonha foram instituídas pelo Conselho de Governo de Minas. A criação de comarcas era essencial ao processo de interiorização da justiça em uma província tão vasta. No âmbito político, ampliava-se o poder da sede da nova comarca, ao passo que se reduzia a jurisdição e poder da antiga comarca. Logo, uma nova comarca significava a formação de uma elite regional estabelecida em sua sede. Ainda nesse ano, o poder central criou mais duas vilas em território mineiro: Januária e Itabira[242]. Esta última foi desmembrada de Caeté, que teve seus foros de vila suprimidos, por ter apoiado a Sedição Militar de Ouro Preto, ocorrida em março desse ano[243]. Tais medidas decorreram do pedido do presidente em Conselho de Governo Manoel Ignácio de Mello e Souza. Em 1834, Aiuruoca foi a última vila mineira criada pela Câmara dos Deputados.

---

[239] FERNANDES, R. S. *As províncias do Império e o "governo por conselhos"*: o conselho de governo e o conselho geral de Minas Gerais (1825-1834). Tese (Doutorado em História) – Universidade Federal de Juiz de Fora, Juiz de Fora-MG, 2018. p. 621.
[240] CHAVES, 2013, p. 825.
[241] BRASIL. Decreto de 13 de outubro de 1831. In: *Collecção das Leis do Imperio do Brasil de 1831*. Rio de Janeiro: Imprensa Nacional, 1873. pt. 1, p. 134.
[242] BRASIL. Resolução de 30 de junho de 1833. In: *O Universal*. Ouro Preto, MG: Universal, p. 1-2, 12 jul. 1833.
[243] Movimento militar ocorrido em Ouro Preto que pretendeu restaurar no trono o imperador abdicante em 1831. Para Claus Rodarte, a divisão estabeleceu-se entre as hostes liberais com a abdicação de Pedro I: os exaltados defendiam a Proclamação da República e os moderados entendiam que a monarquia se fazia necessária como etapa de transição.

Figura 1 – Vilas e comarcas mineiras – 1834

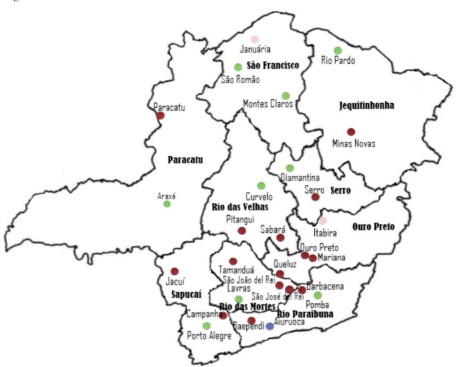

Fonte: a autora. *CARTA Régia de 23 de abril de 1745*; BRASIL. Decreto de 13 de outubro de 1831; BRASIL. Resolução de 30 de junho de 1833; BRASIL. *Lei nº 16, de 14 de agosto de 1834*. Ano de criação das vilas: vermelho (1711-1815); verde (1831); rosa (1833); azul (1834). Os limites entre as comarcas são aproximados, conforme divisão judiciária de 1833. Na impossibilidade de reconstituir com exatidão as fronteiras fluidas mineiras da primeira metade do século XIX, optou-se pela base atual de configuração de Minas Gerais. Tais contornos não eram percebidos na época como uma unidade administrativa, econômica e social.

Em resumo, os recortes das áreas de Paracatu, Serro e vales do Rio Jequitinhonha e São Francisco foram redesenhados nos anos 1830. A comarca do São Francisco passou a ser composta por três vilas — São Romão, Montes Claros e Januária. A ocupação do vale do Jequitinhonha se deu em virtude da ligação do termo de Minas Novas à região mineradora de Rio de Contas, cujo território pertencia à Bahia no século XVIII e, após disputa entre Minas e Bahia, passou a pertencer à comarca do Serro. A criação das vilas de Curvelo, Diamantina e Rio Pardo se traduziu em perda à essa comarca, que sofreria nova perda em 1833, com a fundação da comarca do Jequitinhonha, que passaria a gerir os três termos. A criação da vila do Pardo foi defendida pelo deputado baiano Francisco Gê Acaiaba de Montezuma (futuro Visconde de Jequitinhonha), a pedido de um correligionário chefe político rio-pardense[244].

2.3. Mapeando o poder local: criação de vilas, eleições e revolta (1835-1842)

Apesar das alterações feitas pela Câmara dos Deputados na divisão mineira, persistia a concentração de grande parte das vilas no eixo centro-sul (68,9%). A complexa urbanização mineira resultou em processos de hierarquização social e formação de elites em seus núcleos urbanos. O *Ato Adicional de 1834* criou as Assembleias Provinciais e a elas atribuiu a divisão territorial[245]. Parte seleta das elites que se formaram nos primeiros núcleos urbanos mineiros ganhou projeção política com a instalação da Assembleia Mineira.

A formação de arraiais ampliava a demanda autonomista, pois a elevação de um arraial à vila significava a expressão do poderio econômico no plano político. Ademais, a instalação de câmaras possibilitava o acesso ao poder provincial. Os principais atributos que qualificavam uma povoação a pleitear a autonomia municipal era a localização, aspectos populacionais, fomento econômico e capacidade fiscal. Contudo o processo de criação de vilas estava condicionado à representatividade e à capacidade de negociação das lideranças na Casa. Além disso, os debates sobre o tema eram marcados por uma série de conflitos entre elites locais que competiam pelo protagonismo do poder camarário e demarcação de fronteiras. A negociação e/ou conflito envolvia relações entre diferentes esferas de poder: presidência e assembleia provinciais; entre estes últimos e as câmaras municipais; entre as câmaras e as freguesias; e, às vezes, até o poder central interferia. A temática da divisão territorial era central, pois tais decisões interferiam nos resultados eleitorais: a criação de vilas implicava em perda de eleitorado às vilas antigas. Além disso, as autoridades das freguesias exerciam papel decisivo nas eleições.

Nos primeiros anos de funcionamento do poder legislativo provincial, houve intensa demanda — represada desde o período colonial — de grupos

---
[244] CHAVES, 2013, p. 825.
[245] BRASIL. Lei nº 16, de 14 de agosto de 1834. *In: Collecção das Leis do Imperio do Brasil de 1834*. Rio de Janeiro: Nacional, 1866. pt. 1, p. 23.

locais que aspiravam por autonomia política. Aos setores ali representados, a questão era vital, por interferir diretamente nos resultados eleitorais. A instalação da Assembleia Provincial favoreceu o debate sobre o tema, ao transferir às elites regionais a atribuição de legislar sobre as divisões civil, eclesiástica e judiciária. Grande parte dos debates desta Casa se ocupou desse tema.

Um levantamento do quantitativo de vilas criadas nos primeiros 20 anos de funcionamento da Assembleia Mineira salientou que, entre 1835 e 1856, dois momentos destacaram-se na criação de vilas: o primeiro (1839-1841) abrangeu o último ano da 2ª legislatura e toda a 3ª legislatura provincial e foi marcada pela escalada de conflitos que culminou no Movimento Liberal de 1842[246]; o segundo (1848-1850) abarcou a transição do domínio liberal ao conservador, com a exacerbação da luta partidária que se refletiu na divisão provincial. Os debates eram marcados por disputas eleitorais, desnudando a imbricada relação entre surtos emancipacionistas e acirramento da tensão partidária.

Figura 2 – Número de vilas criadas pela Assembleia Mineira, 1835-1856

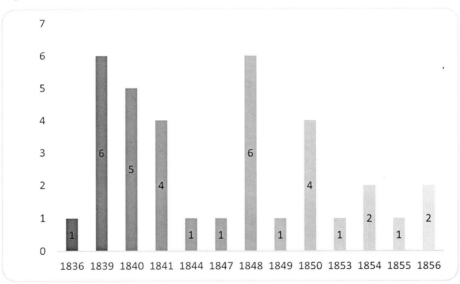

Fonte: MINAS GERAIS. *Livro da Lei Mineira*. Ouro Preto, MG: Universal; Correio de Minas; Social; Provincial; Bom Senso. Mariana, MG: Episcopal, 185-1856

---

[246] FREITAS, A. P. R. Territorialidades em (trans) formação: vilas e cidades nos primeiros tempos da Assembleia Legislativa Mineira (1835-1843). *Topoi*, Rio de Janeiro, v. 25, n. 54, jan.-abr. 2024.

A 1ª legislatura mineira (1835-1837) foi composta por maioria liberal e um governo provincial comandado pelo liberal Limpo de Abreu[247]. Apesar dessa relativa afinidade entre os poderes, internamente, o desenlace da Sedição Militar de 1833 cindiu a Casa em quatro grupos liberados por Bernardo de Vasconcellos, Manoel Ignácio de Mello e Souza, um grupo apelidado "enfants enragés" — com Teófilo Ottoni — e uma ala de independentes/indecisos. Os três primeiros grupos e seus líderes marcariam profundamente a política imperial[248]. Nesse triênio, o poder legislativo provincial era composto por 14 deputados provinciais (cerca de 30%) oriundos das cidades centrais de Ouro Preto e Mariana.

Em 7 de setembro de 1833, por exemplo, moradores e autoridades do arraial de Camanducaia se reuniram para celebrar a independência do país na praça da Matriz e resolveram "fazer sua própria independência, elevando a freguesia à condição de vila, separada do termo de Pouso Alegre"[249]. Entre Pouso Alegre e Camanducaia, havia uma disputa pelo poder camarário. Camanducaia foi anexada ao termo da nova vila de Pouso Alegre em 1831, mas se julgava mais adequada a sediá-lo. Além disso, a câmara de Pouso Alegre era acusada de não encaminhar os pedidos de autonomia municipal de Camanducaia à Assembleia Geral. Em 1833, o arraial queixava-se de arbitrariedades na administração da justiça cometidas na sede do termo e resolveu chamar atenção para a sua causa.

A partir de 1835, as representações dos povos referentes à organização territorial passaram a ser remetidas à Assembleia Provincial. Ali, eram remetidas à Comissão de Estatística, responsável por elaborar pareceres sobre o tema e apresentar ao debate na tribuna. O primeiro presidente dessa Comissão foi Teófilo Ottoni. Do Conselho Geral de Minas aos primeiros anos da Assembleia Provincial, há uma mudança na percepção das elites regionais no que tange à criação de municípios. Até 1834, o Conselho via na criação de vilas uma solução para a melhoria na gestão camarária. A partir de 1835, havia um cenário de harmonia entre os poderes províncias e a Assembleia que possuía maior autonomia para levar a cabo um projeto descentralizador. Todavia, a Casa opôs-se a criar municípios e freguesias, apesar das 20 petições recebidas nesse triênio. O parecer do pedido de emancipação de Camanducaia é ilustrativo. Em discurso, o presidente da

---

[247] OLIVEIRA, 2013, p. 118.
[248] RODARTE, 2014, p. 70.
[249] BARBOSA, W. de A. *Dicionário Histórico Geográfico de Minas Gerais*. Belo Horizonte: Itatiaia, 1995. p. 67.

Comissão Teófilo Ottoni usou o ato de rebeldia dessa localidade de dois anos atrás como justificativa para indeferir o pedido:

> [...] o ato de delírio praticado pelos cidadãos iludidos que declararam vila independente aquele arraial, sem para isso terem autorização alguma, provava que ali não existem muitas pessoas com as necessárias luzes e aptidão para os empregos municipais e a criação da vila iria sancionar um precedente funesto habilitando os desordeiros a satisfação de suas pretensões por meios ilegais[250].

Anos depois, o cônego José Antônio Marinho alegou que a Assembleia Mineira dos primeiros tempos buscou frear os males gerados pelo excesso de divisões:

> Convencida a maioria dos graves males produzidos pela multiplicidade de Municípios e Freguesias, que só tendem a multiplicar embaraços na administração pública e agravar os cofres provinciais, foram repelidas pela Comissão de Estatística, de que era membro relator o ex-Deputado Otoni, todas as pretensões deste gênero; e não só isto, indicou a mesma comissão a supressão de muitas Freguesias, cuja pequenez, ou proximidade de outras, as tornava inúteis[251].

É possível que tenha surgido algum aspecto negativo associado às últimas demarcações do início dos anos 1830. Fato é que, alegando economia dos cofres públicos, a Casa indeferiu quase todos os pedidos de divisão civil. Uberaba foi a única vila criada nesse triênio, em projeto de autoria do araxaense Antônio José da Silva, aliado de Vasconcellos. Ao debater a mudança do Julgado do Desemboque para Uberaba, Ottoni ofereceu a emenda de Silva, criando a vila de Uberaba e anexando aquele Julgado a Araxá[252]. Esses atos significaram a vitória de um projeto de poder no Pontal do Triângulo, cujas povoações de Uberaba e Desemboque se envolveram em disputa histórica pelo domínio dessas terras, representadas politicamente pelos cônegos Silva e Hermógenes[253]. A expansão da agropecuária propiciou a formação de polos regionais às margens da área mineradora de Paracatu,

---

[250] MINAS GERAIS. *Anais da Assembleia Legislativa Provincial de Minas Gerais (doravante: AMG)*. Ouro Preto, MG: Universal, n. 1.148, 11 fev. 1835.
[251] MARINHO, 1977, p. 78.
[252] *AMG*. Sessões da 1ª Legislatura Provincial. Ouro Preto, MG: Universal, 1835-1837; MINAS GERAIS. Lei nº 28, de 22 de fevereiro de 1836. *In*: *Livro da Lei Mineira*. Ouro Preto, MG: Universal, t. II, pt. 1ª, fl. 1, 1836. p. 2.
[253] FREITAS, A. P. R., 2015.

com migrantes advindos do centro da província[254]. Paracatu era a única vila existente nessa vasta porção, quando o cônego Silva encabeçou a instalação das vilas de Araxá (1831) e Uberaba (1836). E a transferência do Julgado do Desemboque para Araxá minguou ainda mais o poderio de Hermógenes.

A ascensão do Gabinete de Setembro de 1837 inaugurou a política do Regresso, com a articulação dos mineiros Bernardo de Vasconcellos e José Cesário Miranda Ribeiro, que abandonaram os princípios liberais. O primeiro assumiu a pasta da Justiça e o segundo assumiu o governo de Minas. Diante da vitória liberal para o biênio 1838-1839, findou a fase de coadjuvação entre os poderes, com a intensificação dos conflitos nas gestões dos conservadores Miranda Ribeiro e Evaristo da Veiga[255]. O advento do Regresso possivelmente despertou nos liberais o medo da exclusão da vida pública, motivando-os a forjar mais câmaras municipais. Além disso, ainda que a maioria liberal tenha sido reeleita para a segunda legislatura provincial, o aumento na criação de vilas em 1839 pode ter ocorrido em virtude da nova conformação parlamentar. O clima de incerteza eleitoral animou a Casa de maioria liberal a criar seis vilas em 1839: Santa Bárbara (desanexada de Mariana e Itabira), Bonfim (de Sabará), Formiga (de Tamanduá), Oliveira (de São João del-Rei), São João Batista do Presídio (do Pomba) e Caldas (de Jacuí), em territórios situados nas comarcas de Ouro Preto, Rio das Velhas, Rio das Mortes, Paraibuna e Sapucaí. Nesse ano, foram também instauradas as comarcas de Rio Verde e Rio Grande[256].

De autoria de José Feliciano Pinto Coelho da Cunha (futuro Barão de Cocais), a criação da vila de Santa Bárbara estava nos planos de Ottoni quando presidia a comissão de estatística em 1836 e indeferiu pedidos de São Miguel e Paulo Moreira, pontuando uma futura escolha de sede mais apropriada para um termo, nos territórios de Mariana e Itabira[257]. O arraial de São Miguel representou contrariamente à criação da vila de Santa Bárbara, por prejudicar seus planos emancipatórios. Proposta pelo padre Corrêa, a instalação das vilas de Bonfim, Formiga e Oliveira agregava-se ao projeto de fundação da comarca do Rio Grande, com sede em Tamanduá, onde residia esse político. Formiga teve uma tentativa malograda de se tornar vila em 1835, quando quis tomar de Tamanduá o posto de sede municipal[258]. E a

---

[254] CUNHA, 2007, p. 101.
[255] OLIVEIRA, 213, p. 118.
[256] AMG. Ouro Preto, MG: Universal, Sessões do 2º ano da 2ª Legislatura Provincial (1839); MINAS GERAIS. Lei nº 134, de 16 de março de 1839. In: Livro da Lei Mineira. Ouro Preto, MG: Correio de Minas, n. V, pt. 1ª, fl. 6, 1839. s/p.
[257] AMG. Sessões do 2º ano da 1ª Legislatura Provincial. Ouro Preto, MG: Universal, 1836.
[258] AMG. Sessões do 1º ano da 1ª Legislatura Provincial. Ouro Preto, MG: Universal, 1835.

instalação da vila do Bonfim malogrou os planos do arraial de Santa Luzia, que pleiteava tornar-se vila, com apoio das povoações de Matosinhos e Lagoa Santa. Como a criação do Bonfim subtraía territórios do termo de Sabará, Lagoa Santa — que também pertencia a Sabará, saiu prejudicada. Já a criação da vila de caldas se associou à instalação da comarca do Rio Verde, formada por Campanha (sede da comarca), Baependi e Aiuruoca. O projeto de autoria de Tristão Alvarenga, morador de Pouso Alegre, incluía a nova vila de Caldas nessa comarca, de onde sairia a vila de Campanha. Com isto, as comarcas de Rio das Velhas e Rio das Mortes perdiam territórios. Já a vila do Presídio foi proposta pelo liberal barbacenense Pedro Cerqueira Leite[259].

Os regressistas formaram maioria nas eleições de fins de 1839 para a 3ª legislatura provincial (1840-1841) e o conservador Bernardo Jacinto da Veiga assumiu a presidência. Em 1840, a vila de Caeté foi restaurada, após proposta de João da Fonseca Vasconcellos, morador de Santa Bárbara. Além do simbolismo que envolve a restauração da vila extinta pelo poder central, por se envolver na Sedição Militar de 1833, a medida traduziu-se em perda para Santa Bárbara, Ouro Preto e Sabará. O incremento à criação de vilas iniciado em 1839 por uma Casa de maioria liberal, despertou várias solicitações semelhantes, com a vitória conservadora, como se nota no quadro a seguir:

Quadro 5 – Arraiais que peticionaram a elevação a vila e comarcas a que pertenciam – 1840

Comarcas	Arraial	Desmembrar-se do termo de
Rio Grande	Piumhi*	Formiga
Paraná	São Francisco das Chagas	Araxá
Rio das Mortes	Três Pontas*	Lavras
Paraibuna	Rio Preto	Barbacena
Sapucaí	Camanducaia/Jaguari*	Pouso Alegre
Rio das Velhas	Caeté*	Santa Barbara, Ouro Preto, Sabará

---

[259] AMG. Sessões do 2º ano da 2ª Legislatura Provincial. Ouro Preto, MG: Universal, 1835-1837.

Comarcas	Arraial	Desmembrar-se do termo de
Sapucaí	Cabo Verde	Caldas
Sapucaí	Alfenas	Caldas
Piracicava	São José do Xopotó	Mariana
Piracicava	Espera	Mariana
Piracicava, Ouro Preto e Paraibuna	Piranga*	Mariana, Ouro Preto, Presídio e Pomba
São Francisco	Grão Mogol*	Montes Claros
Serro Frio	Conceição do Serro*	Serro
Paraná	Patrocínio*	Uberaba

Fonte: *AMG*. Sessões de fevereiro de 1840
* Esses oito arraiais se tornariam vilas nesse biênio

Além desses pedidos, outras povoações formularam petições reveladoras dos conflitos intermunicipais e entre arraiais do mesmo termo: Queluz pediu a revogação da lei que criou a vila do Bonfim, em 1839; Itajubá requereu sua reincorporação à Campanha, desvinculando-se do termo de Pouso Alegre; Porto do Salgado solicitou ser novamente sede da vila de Januária; Jacuí pediu a transferência da sede da vila; e São Francisco de Paula e Campo Belo pediram para serem anexados a Oliveira, pois não queriam pertencer a Tamanduá, local que foi palco de recentes conflitos[260].

Por fim, dentre os 14 pedidos de emancipação municipal, quatro foram aprovados em 1840, de modo que, além de Caeté, foram então fundadas as vilas de: Conceição (desanexada do Serro), Jaguari (Pouso Alegre), Grão Mogol (Montes Claros) e Patrocínio (Uberaba). Seus respectivos autores foram Vasconcellos (residente em Ouro Preto), cônego Miranda (Mariana), cônego Silva (Araxá) e Oliveira e Castro (Montes Claros). Vale lembrar que a vila de Jaguari — que anteriormente se chamava Camanducaia —, que chegou a autoproclamar-se vila em 1833, finalmente conseguiu emancipar-se de Pouso Alegre. Montes Claros perdeu o território de Grão Mogol, que se tornou vila, motivando sua câmara a peticionar pela supressão do Julgado

---

[260] AMG. Sessões do 1º ano da 3ª Legislatura Provincial. Ouro Preto, MG: Universal, 1840.

de Barra do Rio das Velhas, povoação que passaria a pertencer a Grão Mogol. Além da divisão político-administrativa, o presidente da província convocou sessão extraordinária para reformar a divisão judiciária e duas comarcas foram criadas: Paraná (termos de Uberaba e Araxá) e Piracicava (termos de Santa Bárbara, Itabira e Caeté)[261].

Em maio de 1840, a Câmara aprovou a *Lei de Interpretação do Ato Adicional*, que transferia todo o sistema judicial e policial ao poder central. A lei só se efetivou com a adoção da *Reforma do Código do Processo Criminal*, em dezembro de 1841[262]. Apesar de as leis terem sido aprovadas nos interstícios das sessões, foram defendidas pela maioria da Assembleia Provincial, composta majoritariamente por conservadores. Nesse ínterim, os conflitos expandiram-se nas urbes mineiras, inconformadas com a nova lei[263]. Em julho de 1840, a Sedição de Araxá resultou no envio de força provincial que forçou a mudança do magistrado e vereadores para o Desemboque. Em outubro de 1840, em Tamanduá, houve conflito entre vereadores e juízes de paz[264]. Os episódios de Araxá e Tamanduá são exemplos emblemáticos do clima político, às vésperas do apelo à luta armada, revelando o acirramento dos embates em diversas localidades e o protagonismo das câmaras municipais[265].

Após a declaração da Maioridade do imperador, os liberais retomaram o poder em julho de 1840 e obtiveram maioria nas eleições para as Assembleias Geral e Provincial. Os conservadores contestaram os resultados e rotularam aqueles pleitos de "eleições do cacete". Segundo Alex Amaral, para continuar no poder, os conservadores precisavam se livrar do Parlamento eleito em 1840. Além disso, as eleições anteriores a 1840 possuíram as mesmas ocorrências dos pleitos anteriores. A diferença é que em 1840 e 1841, era claro o propósito de anular os resultados. Logo, as eleições foram taxadas como violentas, para possibilitar a dissolução da Assembleia[266]. A justificativa frisada pelos conservadores acabou sendo incorporada pela historiografia, que ajudou a cristalizar a tese de que o governo fazia as

---

[261] *Ibidem*, 1840; MINAS GERAIS. Lei nº 171, de 23 de março de 1840. In: *Livro da Lei Mineira*. Ouro Preto, MG: do Correio de Minas, t. VI, pt. 1ª, fl. 4, 1840b. p. 29.

[262] CASTRO, P. P. de. A Experiência Republicana, 1831-1840. In: HOLANDA, S. B. de (org.). *História Geral da Civilização Brasileira*. t. II, v. 2. Rio de Janeiro: Difel, 1985. p. 56.

[263] MINAS GERAIS. *Falla dirigida à Assemblea Legislativa Provincial...* Ouro Preto, MG: Correio de Minas, 1842. 30 p.

[264] MINAS GERAIS. *Falla dirigida à Assemblea Legislativa Provincial...* Ouro Preto, MG: Correio de Minas, 1840. 77 p.

[265] AMARAL, A. L. *Entre armas e impressos*: a revolta de 1842 em Minas Gerais. 2019. Tese (Doutorado em História) – Universidade Federal de Juiz de Fora, Juiz de Fora, MG, 2019. p. 92.

[266] *Ibidem*, p. 148.

eleições, durante o Império. Essa crença gerou o desinteresse em estudos sobre o tema. Uma das implicações dessa noção, segundo Alex Amaral, é a de que "faz parecer que os homens do Império não se importavam com as eleições," quando é justamente o contrário: "as eleições eram importantíssimas para os protagonistas dessa história que não compartilhavam da crença na invalidade do sistema representativo de seu tempo"[267].

Nesse sentido, não é possível compreender o incremento à criação de vilas que se deu entre 1839 e 1841, sem entender o fenômeno da exacerbação da luta partidária que se deu nesse contexto, que levou os conservadores a contestarem as eleições, provocando a dissolução das Assembleias e culminando no Movimento Liberal de 1842. Deputados liberais manifestaram preocupação com o incremento à criação de vilas de 1840 e a possível expansão dessas divisões, nas sessões de 1841. Alegavam ser preciso frear esse processo, pois as eleições ocorriam nas localidades e as emancipações acabavam impulsionando conflitos locais. Os embates intensificaram-se após as eleições de 1840. O partido liberal dominou oito dos 10 maiores colégios da província. Além disso, os liberais dominaram em colégios distribuídos em todas as comarcas e triunfaram em todos os colégios das comarcas de Ouro Preto[268], Piracicava, Jequitinhonha, Sapucaí, Paracatu e Paraibuna. Na comarca de Sapucaí, a votação liberal foi quase unânime.

Assim, o partido liberal conquistou 36 colégios eleitorais, sendo 29 sediados em vilas. À exceção de Oliveira, todas as vilas instituídas em 1839 — último ano de domínio liberal na província — apoiaram os liberais. Em Três Pontas — que seria emancipada da liberal Lavras em 1841 —, o triunfo liberal deu-se em votação apertada. Nos colégios de Ouro Fino (município de Pouso Alegre), Alfenas e Cabo Verde (termo de Caldas), situados no vale do Sapucaí, a votação liberal foi unânime. Em Santa Quitéria — pertencente a Sabará e terra natal do deputado liberal Teixeira da Fonseca Vasconcelos —, os liberais prevaleceram com tranquilidade. Em Itacambira, município de Grão Mogol, também houve expressivo triunfo liberal[269].

No sul mineiro, houve empate na votação de Jaguari, que acabou de se emancipar de Pouso Alegre, onde os liberais venceram. Na comarca

---
[267] *Ibidem*, p. 121.
[268] Não se sabe o resultado da eleição na vila de Queluz ou se Queluz possuía um colégio eleitoral.
[269] *O UNIVERSAL*. Ouro Preto, MG: Universal, n. 140 a n. 151, 2 dez. 1840.

de São Francisco, no arraial de São Domingos (Montes Claros) e Julgado de Barra do Rio das Velhas (Grão Mogol), houve empate. A posição do eleitorado de Barra do Rio das Velhas parece associada a disputas entre os termos de Grão Mogol e Montes Claros: o Julgado foi transferido para Grão Mogol nesse ano; a câmara de Montes Claros reagiu à perda do Julgado, solicitando a sua extinção. Nesse sentido, desacordos entre arraiais e vilas podem ter influenciado no acirramento da competição, gerando o empate nesses colégios.

Figura 3 – Colégios eleitorais de maioria liberal nas eleições de 1840

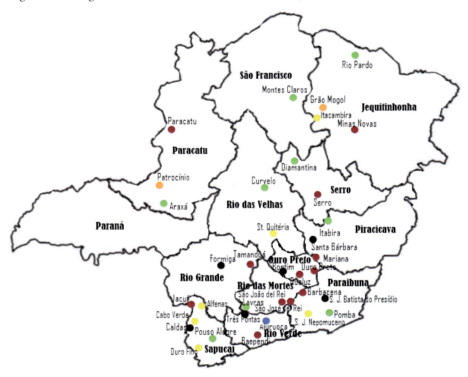

Fonte: a autora. *O UNIVERSAL*. Ouro Preto, MG: Universal, n. 140 a n. 151, dez. 1840. Ano de criação das vilas: vermelho (1711-1815); verde (1831); azul (1834); preto (1839); laranja (1840); amarelo (não são vilas). O pleito de Tamanduá ocorreu em Campo Belo

Figura 4 – Colégios eleitorais de maioria conservadora nas eleições de 1840

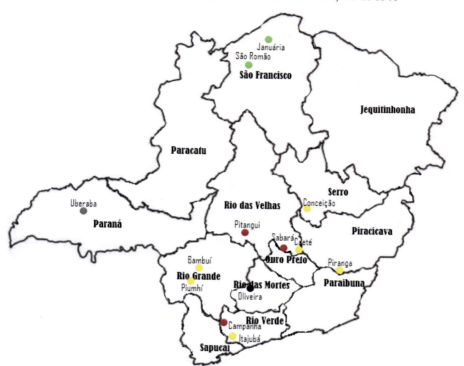

Fonte: a autora. *O UNIVERSAL*. Ouro Preto, MG: Universal, n. 140 a n. 151, dez. 1840.
Ano de criação das vilas: vermelho (1711-1815); verde (1831); cinza (1836); preto (1839); amarelo (não são vilas)

De outro lado, o Regresso obteve alguma expressão nas comarcas de Rio das Velhas, São Francisco, Paraná e Rio Verde. Os conservadores obtiveram vantagem em apenas 13 colégios, sendo sete sediados em vilas. Sob a influência de conservadores importantes como o deputado geral Luiz Antônio Barbosa e Bernardo Jacinto da Veiga, Sabará e Campanha mantiveram a tradição conservadora. À exceção de Sabará e Campanha — com o segundo e terceiro maior eleitorado de Minas, os colégios de maioria conservadora possuíam um eleitorado pequeno. Dentre as vilas que apoiaram o Regresso, três foram constituídas no período colonial: Sabará (1711), Pitangui (1715) e Campanha (1798). As outras quatro vilas de maioria conservadora foram criadas nos anos 1830: São Romão (1831), Januária (1833), Uberaba (1836), Oliveira (1839).

Caeté e Conceição apoiaram os conservadores nessas eleições e foram elevadas a vila no mesmo ano. Os regressistas também formaram maioria em Piumhi, Bambuí e Itajubá. Piumhi tornar-se-ia vila em 1841, desmembrando-se de Formiga. Já Bambuí pertencia a Pitangui, e Itajubá pertencia a Campanha. Destes três colégios, apenas Piumhi não acompanhou o termo a que pertencia, pois Formiga obteve maioria liberal. A maioria conservadora em Piumhi pode ter contado na decisão por sua emancipação municipal, no ano seguinte.

Os conservadores contestaram os resultados das eleições de 1840, rotulando-as de "eleições do cacete". As denúncias de irregularidades desse ano em nada diferiam das ocorrências de votações pregressas. A diferença é que, dessa vez, havia um evidente intuito de anular o resultado. Logo, como notou Alex Amaral, a fama violenta desse pleito foi concebida para possibilitar a dissolução das Assembleias, viabilizando a continuidade do domínio do Regresso: "os situacionistas queriam anular as eleições de 1840 e penadas de Juízes de Paz eram assunto batido, argumento insuficiente para comover a opinião pública". Para o pesquisador, a ideia que se impôs na historiografia de que o governo fazia as eleições e a maioria contribuiu para abafar os estudos sobre o tema. Porém as eleições eram importantíssimas às pessoas da época, que "não compartilhavam da crença na invalidade do sistema representativo de seu tempo"[270].

As elites locais articulavam-se para eleger representantes que defendessem seus interesses, como a demanda por autonomia política. Havia, portanto, uma relação intrínseca entre as (trans) formações na divisão civil e as conjunturas político-partidárias no interior da Assembleia Mineira. Sendo assim, o período de 1839 a 1841 é marcado por um incremento à criação de vilas, que está intimamente associado à exacerbação da luta partidária que culminou na revolta de 1842.

Após 1841, deputados provinciais liberais questionavam as emancipações municipais de 1840-1841, alegando que essas divisões impulsionariam ainda mais os embates eleitorais nas localidades. Além disso, argumentava-se que a criação de mais vilas onerava os cofres públicos. Em março de 1841, o jornal liberal ouropretano *O Universal* publicou um extrato de *O Popular*, de São João del-Rei, tecendo duras críticas às fundações de freguesias, vilas e comarcas realizadas em 1840 e as péssimas intenções dos regressistas. Acusou-os de promoverem uma desorganização da divisão provincial, após derrota nas urnas:

---

[270] AMARAL, 2019, p. 100.

> Outro meio de que vão lançar mão os desorganizadores da província, consiste em elevar a paróquias todos os distritos da província, a vilas quase todas, e a comarcas não poucos municípios dos que ora existem, por entenderem que fazendo isso e não sendo possível que persistam, faltando dinheiro para fazer face à despesas, necessariamente hão de ver revogadas tão absurdas deliberações e os que as fizerem acarretarão sobre si a indisposição dos povos; [...] pretendem decretar tudo isso e, ao mesmo tempo, negar ao governo a lei do orçamento, deixando-o inabilitado para ocorrer as necessidades públicas[271].

Em 1841, em meio ao clima de derrota eleitoral conservadora, foram criadas mais quatro vilas: Piranga, Piumhi, São João Nepomuceno e Três Pontas[272]. Ou seja, nove vilas foram criadas no biênio conservador. Dentre as vilas criadas em 1841, São João Nepomuceno foi subtraída do Pomba, em projeto de autoria de Nicolau Nogueira Valle da Gama, residente em Matias Barbosa; nas fronteiras entre as comarcas do Paraibuna e Piracicava, Francisco Badaró encampou a emancipação de Piranga, não sem a oposição do liberal barbacenense Cerqueira Leite, que considerou a medida danosa a quatro termos — Barbacena, Mariana, Presídio e Pomba — que perderam freguesias, para que essa vila fosse instalada[273]; contendas em Tamanduá e Araxá foram decisivas à fundação da vila de Piumhi (extraída de Tamanduá e Formiga), em projeto que mais uma vez, revelava a influência do cônego Silva. A região de Araxá e Triângulo duplicou sua população de 1830 a 1850[274]. Logo, a zona onde se criou duas vilas em dois anos vivia um povoamento recente; por seu turno, a criação da vila de Três Pontas foi proposta pelo baependiano padre Affonso. Desanexada de Lavras, o novo termo pertenceria à comarca do Rio Verde, e não mais à Rio das Mortes.

---

[271] *O UNIVERSAL*. Ouro Preto, MG: Universal, n. 35, p. 1-4, 31 mar. 1841.
[272] MINAS GERAIS. Lei nº 202, de 1 de abril de 1841. *In*: *Livro da Lei Mineira*. Ouro Preto, MG: Universal, t. VII, pt. 1ª, fl. 3, 1841. p. 26.
[273] HÖRNER, E. *Em defesa da Constituição*: a guerra entre rebeldes e governistas (1838-1844). 2010. Tese (Doutorado em História) – Universidade de São Paulo, São Paulo, 2010. p. 194.
[274] PAIVA, C.; RODARTE, M. M. S., 2013, p. 283.

Figura 5 – Vilas criadas pela Assembleia Mineira – 1836 e 1839-1841

Fonte: a autora. MINAS GERAIS. Lei nº 28, de 22 de fevereiro de 1836; MINAS GERAIS. Lei nº 134, de 16 de março de 1839; MINAS GERAIS. Lei nº 171, de 23 de março de 1840; MINAS GERAIS. Lei nº 202, de 1 de abril de 1841. Ano de criação das vilas: cinza (1836); preto (1839); laranja (1840); amarelo (1841)

Assim, é preciso apreender essas trans (formações) na divisão político-administrativa mineira, à luz do entendimento da instabilidade política e competição eleitoral vigentes. As insatisfações geradas pela descentralização do poder resultante das demarcações aprovadas de 1839 a 1841 se somaram à exacerbação da tensão partidária nos diversos núcleos urbanos. A província vivia a eclosão de tensões entre localidades e governo mineiro, com suspensões de câmaras, prisões de vereadores e ameaça de anulação da eleição que deu vitória aos liberais em 1840. Em março de 1841, um Gabinete conservador subiu ao poder e, no mês seguinte, um legislativo mineiro de maioria regressista anulou as ditas "eleições do cacete". Em meio a isso, a *Reforma do Código do Processo Cri-*

minal e a recriação do Conselho de Estado caíram como bomba no colo liberal, pois seu teor revelava a extensão das mudanças sugeridas na lei de 1840[275]. A reforma acenava à redução do poder das câmaras e juízes de paz, despertando o temor das perseguições.

Desde a Regência, a justiça eletiva local fortalecia o papel do juiz de paz e da câmara municipal na autoridade de justiça e polícia. Além disso, desde 1832, cabia às câmaras confeccionar a lista tríplice (muitos não diplomados) de juízes municipais, de órfãos e promotores e enviar à apreciação do presidente da província. A reforma de 1841 transferiu tais atribuições para delegados e subdelegados (cargos novos, de escolha do chefe de polícia), juízes municipais e chefes de polícia. Além disso, juízes de paz e vereadores não podiam mais indicar cargo algum, nem mesmo os de escrivão, oficial, carcereiro e inspetor de quarteirão[276]. Esvaziava-se o poder eletivo local, concentrando o poder judiciário nas mãos do Gabinete. Ademais, anteriormente, competia à Junta paroquial — formada pelo juiz de paz, o pároco e presidente da câmara municipal — elaborar a lista de jurados e essa atribuição foi transferida ao delegado de polícia. Com o advento dessas leis, a tensão elevou-se agudamente, conforme Alex Amaral, devido ao seu potencial de mobilizar grande número de ricos e pobres, por abranger diversas questões locais: atingir políticos, autoridades judiciais e policiais locais, interferir nas eleições, no recrutamento e até na luta dos negros por liberdade, uma vez que circulavam rumores de reescravização de homens livres de cor[277].

Em fins de 1841, vereadores de São João del-Rei, Barbacena e Presídio foram suspensos por assinarem uma representação ao Trono contra o Ministério. Ainda nesse período, a câmara de Itabira e eleitores de Montes Claros também enviaram idênticas petições[278]. Em janeiro de 1842, a câmara de Minas Novas solicitou o fim da perseguição, após a derrota sofrida pelos governistas naquela vila[279]. Em seguida, a câmara de Baependi e os povos de Aiuruoca, Turvo, Serrano, Serro, Campanha, Tamanduá, Rio Verde e São Tomé enviaram petições ao Imperador[280].

---

[275] CASTRO, 1985, p. 9-67.
[276] DANTAS, M. D. O código do processo criminal e a reforma de 1841. Dois modelos de organização dos poderes. *História do Direito: RDH*, Curitiba, v. 1, n. 1, jul./dez. 2020. p. 112.
[277] AMARAL, 2019, p. 93.
[278] HÖRNER, 2010, p. 221.
[279] AMARAL, 2019, p. 93.
[280] HÖRNER, 2010, p. 223.

Assim, nas diversas municipalidades, aflorava o descontentamento liberal com a política do Regresso. Em maio de 1842, o governo processou a câmara de Barbacena, primeira a se rebelar. A dissolução da Câmara dos Deputados e o adiamento da reunião da Assembleia Provincial foram o estopim para o recurso às armas, motivada pela insatisfação com as recentes leis. Temia-se que tais leis colocassem em risco os princípios norteadores do Ato Adicional de 1834. Mas como bem apontou Alexandre Mansur Barata, apesar de os envolvidos justificarem a decisão de pegar em armas às políticas regressistas, é preciso considerar que desde 1840, havia um clima de acirramento das rivalidades a envolver autoridades locais e regionais em várias partes de Minas[281]. Portanto, embora centrais, as leis regressistas aprovadas no período não foram as únicas razões para a deflagração do combate armado. Para Erik Hörner, a adoção das leis regressistas unificou as insatisfações locais geradas nos últimos pleitos, a feridas políticas antigas que remontam à Sedição de 1833[282].

E no rol das querelas locais, a criação de vilas merece ser mais detidamente estudada, uma vez que os conflitos locais poderiam interferir diretamente na política provincial. Erik Hörner chegou a mencionar o papel da criação de municípios no acirramento da disputa, nos anos antecedentes à eclosão do conflito. E como se vê, os conflitos locais do período influenciaram na tomada de decisão da Assembleia Provincial sobre a reconfiguração do poder local mineiro. De outro lado, a divisão civil adotada por essa Casa inflamava as contendas nas municipalidades, em um jogo de mão dupla na relação entre elites locais, Assembleia Mineira, governo provincial e poder central, até o instante do apelo à luta armada. Além de implicar em perda territorial às vilas já existentes, a fundação de municípios gerava efeitos negativos àqueles termos que tinham suas receitas e eleitorado reduzidos. Por isso, a decisão desdobrava-se em querelas locais, intrarregionais e inter-regionais. A conjuntura instável que culminou em 1842 foi determinante no incremento à aprovação de vilas. Logo, embora não tenha sido a motivação central para a revolta, as demarcações de 1839 a 1841 ajudaram a atiçar os ânimos. Após as vilas aprovadas em 1839 pelos liberais, a legislatura de 1840-1841 reagiu. E as alterações empreendidas pelos conservadores não foram bem recebidas pela oposição liberal e por

---

[281] BARATA, A. M. Política provincial e a construção do Estado nacional brasileiro: Minas Gerais (1834-1844). *In*: SIMPÓSIO NACIONAL DE HISTÓRIA, XXVI, 2011, São Paulo. *Anais* [...]. São Paulo: Anpuh, 2011. (Anais eletrônicos). p. 3.
[282] HÖRNER, 2010, p. 185.

diversas localidades. Em obra escrita em defesa dos revoltosos, o cônego Marinho realçou que as divisões adotadas em 1840 e 1841 elevaram enormemente as despesas públicas:

> O sistema de divisões e subdivisões de Freguesias e Termos, adição e subtração de uns para outros, com o que enormemente gravaram os cofres provinciais, [...] e a província teria sido lançada nas coragens da mais completa anarquia, se a demissão do Gabinete de Julho não fosse mudar no Ouro Preto a tendência dos espíritos[283].

Os debates parlamentares evidenciaram que a dimensão partidária foi decisiva na divisão civil mineira. E ainda que os desmembramentos pudessem estar conectados ao processo de urbanização, tais demandas só frutificavam quando encontravam a defesa de um deputado com boa articulação política nessa conjuntura que antecedeu o conflito armado. Os anos 1839-1841 foi o período em que mais se instituiu vilas na província: foram 15 em três anos (34,88% das vilas existentes — seis criadas por uma maioria liberal e nove no biênio de domínio regressista).

A respeito das vilas criadas em 1839, é notório que suas câmaras eram liberais, exceto Oliveira, subtraída de um termo tradicionalmente liberal como São João del-Rei, fato que possivelmente contribuiu para a adesão local ao Regresso. À exceção de Patrocínio, desmembrada de Uberaba, todas as vilas aprovadas em 1840 foram desanexadas de municípios em que os liberais dominaram nas eleições de 1840. E Caeté foi desanexada de três termos, sendo Sabará de tradição conservadora e Ouro Preto e Santa Bárbara, de maioria liberal em 1840. Por sua vez, os termos das vilas adotadas em 1841 pertenciam anteriormente a municípios cuja eleição de 1840 resultou na vitória liberal. É o que se observa nos casos de Piranga, Piumhi, Nepomuceno. A exceção foi Três Pontas, desanexada de Lavras, pois ambas ajudaram a compor a vitória liberal de 1840. O termo de Três Pontas passou a pertencer à comarca do Rio Verde, com sede em Campanha, sendo revelador o componente partidário na motivação para essa decisão, pois Campanha era reduto conservador.

Portanto, o que há de comum nessas demarcações de 1841 e em quase todas de 1840, é que todos os novos termos foram extraídos de municípios de eleitorado notoriamente liberal, que em 1842, apoiaria a luta armada. Apenas a criação da vila de Patrocínio é exceção, com maioria conservadora

---

[283] MARINHO, 1977, p. 82-83.

na última eleição, tal qual Uberaba. Nos demais casos, contudo, observa-se que os resultados das eleições de 1840 influenciaram fortemente nas divisões aprovadas nesse biênio. O caso de Piranga é emblemático: para se criar essa vila — em projeto de autoria de Francisco Badaró — reduziu-se a área de quatro municípios reconhecidos pela adesão à causa liberal: Barbacena, Mariana, Presídio, Pomba. Quanto a Nepomuceno, vale lembrar que todos os colégios da comarca de Paraibuna apoiaram os liberais nos últimos pleitos. Por sua vez, em 1840, os conservadores venceram no colégio de Piumhi e os liberais em Três Pontas, fato que certamente influenciaria na criação dessas vilas em 1841. Por seu turno, contendas em Tamanduá e Araxá foram decisivas na fundação da vila de Piumhi, a pedido do cônego Silva.

Quadro 6 – Vilas criadas em 1839-1841, termos a que pertenciam e resultados das eleições de 1840

Vilas (1840)	Pertencia a:	Vilas (1841)	Pertencia a:
Caeté	St. Bárbara e Ouro Preto (L); Sabará (C)	Piranga	Barbacena, Mariana, Pomba, Presídio (L)
Conceição	Serro (L)	Piumhi	Tamanduá e Formiga (L)
Jaguari	Pouso Alegre (L)	Nepomuceno	Pomba (L)
Grão Mogol	Montes Claros (L)	Três Pontas	Lavras (L)
Patrocínio	Uberaba (C)		

Fonte: *O UNIVERSAL*. Ouro Preto, MG: Universal, n. 140 a n. 151, dez. 1840

Portanto, essas demarcações tiveram forte viés de reação vingativa aos arraiais de maioria liberal, bem como à divisão adotada em 1839. Houve um componente de retaliação, a fim de enfraquecer elites liberais de termos já existentes e favorecer a virada partidária. Além disso, discórdias locais e regionais retroalimentavam o cenário conturbado pelos novos ventos que sopravam da Corte em direção às províncias, com a execução da reforma de 1841. O incremento à divisão civil evidenciou um esforço intenso em se delinear os espaços do poder local e suas constantes alterações salientaram o conflito entre diversos segmentos locais/regionais com voz no legislativo mineiro. Ademais, os cortes e recortes refletiam a relevância do domínio das câmaras em meio à competição eleitoral de uma conjuntura belicosa.

É curioso notar que o período em que se criou mais vilas foi justamente aquele em que a Casa era dominada por regressistas, o que coloca uma questão aparentemente contraditória: se a política do Regresso era centralizadora, como explicar a ampliação da descentralização do poder local nesse período em Minas? A este respeito, é preciso realçar que o binômio centralização/descentralização não explica a complexidade da política do Regresso, quando se olha para além do poder judiciário. Como bem notou Miriam Dolhnikoff, a revisão conservadora de 1841 apenas buscava garantir a eficácia da divisão de competências: "os conservadores centralizaram o aparato judiciário para permitir ao governo central um controle efetivo sobre ele, mas esse era o limite da centralização"[284]. Assim, havia muito mais uma disputa política em pontos específicos do que divergências de projetos adversários entre si. Nesse sentido é que, durante a Regência, até os liberais defendiam o enquadramento das Câmaras municipais a seguirem os ritos burocráticos do Estado Moderno, bem como pontuavam a necessidade de interpretar o Ato Adicional e reformar o Código de Processo Criminal.

Entretanto, em 1841, os liberais não dominavam mais o Gabinete ministerial e seriam os principais atingidos pelas leis do Regresso. E além da contestação de tais leis, a revolta de 1842 deve ser entendida como resultado de disputas regionais pelo controle do poder provincial, dos cargos provinciais, bem como do poder de organizar a divisão civil na Assembleia Mineira. No âmbito da divisão político-administrativa, tais disputas se expressaram nas leis mineiras aprovadas entre 1839 e 1841. Portanto, a exacerbação da disputa política nesses anos é que nos permite apreender o que moveu os regressistas a considerarem uma boa ideia promoverem a descentralização do poder local. Para Mônica Dantas, mesmo no âmbito do judiciário, o binômio descentralização-centralização não explica as diferenças entre as leis da Regência e do Regresso. Para a historiadora, a Reforma de 1841 ia além da simples centralização e a política do Regresso não se reduziu à ideia de centralização[285]. Em 1842, a província possuía 43 vilas.

---

[284] DOLHNIKOFF, 2005, p. 150.
[285] DANTAS, 2020, p. 119.

Figura 6 – Vilas e Cidades Mineiras – 1842

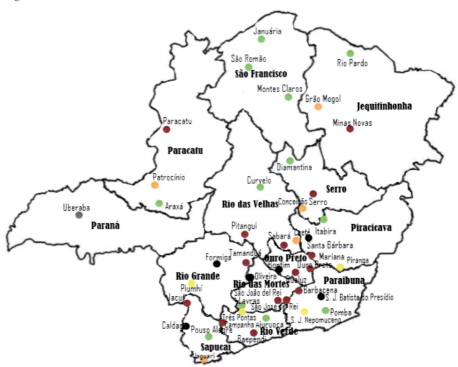

Fonte: a autora. *CARTA RÉGIA DE 23 DE ABRIL DE 1745*; BRASIL. Decreto de 13 de outubro de 1831; BRASIL. Resolução de 30 de junho de 1833; BRASIL. Lei nº 16, de 14 de agosto de 1834; MINAS GERAIS. Lei nº 28, de 22 de fevereiro de 1836; MINAS GERAIS. Lei nº134, de 16 de março de 1839; MINAS GERAIS. Lei nº 171, de 23 de março de 1840; MINAS GERAIS. Lei nº 202, de 1 de abril de 1841. Anos de criação de vilas: vermelho (1711-1815); verde (1831-1834); cinza (1836); preto (1839); laranja (1840); amarelo (1841)

O conflito armado recebeu o apoio de 15 das 43 vilas existentes[286]. Em agosto de 1842, foi duramente reprimido em Santa Luzia. Como destacou Alexandre Mansur Barata, a revolta marcou "um momento importante de questionamento da política centralizadora executada no início da década de 1840" e ocasionou o "rearranjo das facções que compunham a elite provincial"[287]. O acontecimento marcou profundamente as práticas políticas da província, com efeitos que ultrapassaram o recorte temporal. Demarcou

---

[286] IGLESIAS, F. Introdução. *In:* MARINHO, J. A. *História do Movimento Político de 1842*. Belo Horizonte: Itatiaia, 1977. p. 24.
[287] BARATA, 2011, p. 6-7.

identidades em confronto: em alusão ao local da derrota, os liberais foram apelidados de "luzias", sendo atribuída a eles a alcunha de rebeldes. Ao longo do Segundo Reinado, os liberais tentaram ressignificar o evento na memória da província e do Império.

2.4. A 'ressaca' da revolta: da ascensão liberal à virada conservadora (1843-1855)

Os anos que se seguiram a 1842 foram de retração nos debates sobre divisão provincial. A revolta trouxe prejuízo aos cofres públicos e a instalação de vilas demandava recursos. Além disso, 1/3 das câmaras mineiras (35%) aderiu à revolta, reforçando o temor governamental em se criar mais vilas. O marechal Soares Andrea — atuante nas batalhas de 1842 — tornou-se presidente provincial e suplentes regressistas foram convocados para compor a quarta legislatura provincial (1842-1843). Liberais envolvidos na luta armada foram afastados do poder até serem anistiados, em 1844. Esta foi a legislatura com menor diversidade de representação das vilas, sendo a maioria composta por conservadores oriundos das vilas centrais de São João del-Rei, Ouro Preto, Mariana e Sabará.

Em 1843, algumas povoações solicitaram a revogação daquelas leis. Foi o caso da câmara do Pomba, que lamentou a perda de três distritos, com a criação dos termos de São João Nepomuceno e Piranga. Vale lembrar que essa câmara apoiou a revolta. Por sua vez, o distrito de Ubá solicitou a transferência da vila de São João Batista do Presídio para lá. Ubá possuía um líder regressista — o deputado provincial Francisco de Assis Athayde — e buscava tirar proveito do apoio dado pela câmara de Presídio à revolta, para tornar-se sede desse termo. Por sua vez, a vila do Bonfim peticionou à Casa para não ser suprimida. Mas a Assembleia indeferiu todas as representações contrárias às leis de 1839 a 1841[288], de modo que, após 1842, as emancipações municipais foram praticamente paralisadas. Temia-se que novas divisões levantassem mais desavenças, como relatou o padre Silveira sobre a Zona da Mata em 1846: "Se da Pomba, parto à vila do Presídio, que triste teatro não nos tem oferecido aquela povoação, digna na verdade de melhor sorte! Se do Presídio, volto minhas vistas à vila de S. Nepomuceno, aí vejo grassar o mesmo mal"[289].

---

[288] AMG. 8 fev. 1843. Ouro Preto, MG: O compilador da Assembleia Mineira, n. 3, 24 fev. 1843.
[289] AMG. 19 fev. 1846. Ouro Preto, MG: O compilador da Assembleia Mineira, n. 20, 19 mar. 1846.

Em 1844, veio a anistia aos revoltosos e ascensão de um Gabinete liberal. No governo provincial, tomou posse o liberal Quintiliano José da Silva. Mas o legislativo provincial ainda era majoritariamente conservador, quando se criou a vila de Passos do Rio Preto, desanexada de Barbacena, cidade onde se deflagrou a revolta de 1842[290]. Os liberais retornaram à Assembleia Mineira em 1846-1847, quando se debateu a divisão civil no vale do Sapucaí. Persistiu a tendência em não se criar mais vilas.

O freio à criação de vilas fez surgir alguns projetos de mudança de sedes, que atendia à contenção de gastos, mas tinha potencial de causar conflitos entre localidades envolvidas. Pereira e Souza, por exemplo, propôs a mudança da sede da vila de Caldas para Cabo Verde, alegando ter sido injusta a criação da vila de Caldas em 1839, por ser Cabo Verde o arraial mais central do termo. Os deputados Pereira de Assis, Alcântara Machado e Bandeira de Gouvêa defenderam os "direitos adquiridos" por Caldas, mas saíram derrotados. Em 1848, surgiram rumores de que a extinção da vila de Caldas foi motivada pelo fim de "punir os legalistas de 1842". Havia lógica na acusação, pois Cabo Verde obteve maioria liberal em 1840 e apoiou a Revolta de 1842, ao passo que Caldas se manteve situacionista. Ainda em 1846, os liberais barbacenenses Alcântara Machado e Camilo de Brito defenderam a extinção da vila de Passos do Rio Preto, criada em 1844 por uma maioria regressista e que resultou na perda de freguesias do reduto liberal de Barbacena. Seu território foi restituído a Barbacena[291].

Como se vê, o debate sobre divisão provincial no retorno dos liberais à Casa foi marcado por referências à revolta de 1842. Mas o projeto mais polêmico foi o da criação da vila de Santa Luzia. A defesa dizia que a medida repararia a injustiça sofrida por esse arraial. Situada no termo de Sabará, seu povoamento decorreu do comércio de intermediação entre o sertão e o centro minerador. Esse papel de entreposto comercial com o sertão, com o tempo, passou a ser exercido por Lagoa Santa e Curvelo. Sabará sofreria com a medida e seus apoiadores descreveram os serviços prestados pela cidade a favor da legalidade na Sedição Militar de 1833 e na Revolta de 1842. Mas a medida foi aprovada[292]. Apesar disso, sua instalação não foi adotada em

---

[290] AMG. Sessões da 5ª Legislatura Provincial. Ouro Preto, MG: Universal, 1844-1845.
[291] AMG. Sessões do 1º ano da 6ª Legislatura Provincial. Ouro Preto, MG: Universal, 1846.
[292] AMG. Sessões do 2º ano da 6ª Legislatura Provincial. Ouro Preto, MG: Universal, 1847.

1848. O presidente Dias de Carvalho explicou que a câmara de Sabará viu irregularidades nas eleições de vereadores e os papéis foram submetidos à apreciação dos governos provincial e imperial. A questão não foi resolvida nesse ano, devido à transição partidária. Em 1849, novamente por iniciativa de Catão, a vila foi 'recriada'[293].

Nesse ano, o tema da divisão civil voltou à ordem do dia com a criação de seis vilas: Itajubá (subtraída de Campanha e Pouso Alegre), Bom Jesus dos Passos (Jacuí), Patafufo (Pitangui, Bonfim e Sabará), Campo Belo (Tamanduá e Oliveira), Carmo de Morrinhos (Uberaba) e São Francisco das Chagas (Araxá e Patrocínio). As emendas foram oferecidas respectivamente por Pereira Magalhães (residente em Baependi), Bueno Costa (Ouro Fino), Francisco Campos (Pitangui), Araújo e Oliveira (Ouro Preto) e Cunha Menezes (Araxá). Grande parte dessas vilas se situava no oeste mineiro, revelando a força da representatividade e capacidade de negociação das suas elites. 1848 também foi o ano em que a centenária São José del-Rei foi extinta e seu território incorporado a São João del-Rei[294]. Em 1849, a lei foi revogada[295]. A câmara de São João era dominada por liberais e sediou o Governo Revolucionário de 1842. A conjuntura modificou-se com a ascensão de um Gabinete conservador em setembro de 1848 e a dissolução da Câmara de maioria liberal, em fevereiro de 1849. Liberais dominavam a Assembleia Mineira, mas o conservador Souza Ramos foi nomeado presidente e não autorizou a instalação das vilas criadas em 1848 (à exceção de Itajubá), alegando a inexistência de edifícios adequados à casa de câmara e cadeia, nessas povoações[296].

---

[293] MINAS GERAIS. *Falla dirigida à Assemblea Legislativa Provincial...* Ouro Preto, MG: Social, 1848. 45 p.
[294] AMG. Sessões do 1º ano da 7ª Legislatura Provincial. Ouro Preto, MG: Universal, 1848.
[295] MINAS GERAIS. Lei nº 452, de 20 de outubro de 1849. *In: Livro da Lei Mineira.* Ouro Preto, MG: Universal, 1849.
[296] MINAS GERAIS. *Falla dirigida à Assemblea Legislativa Provincial...* Ouro Preto, MG: Imp. de B. X. P. de Souza, 1849. p. 30-31.

Figura 7 – Vilas mineiras criadas em 1848 e 1849

Fonte: a autora. MINAS GERAIS. Lei nº 274, de 9 de outubro de 1848 e Lei nº 433, de 19 de outubro de 1848;
MINAS GERAIS. Lei nº 452, de 20 de outubro de 1849

Em fins de 1849, formou-se uma Assembleia Provincial de maioria conservadora e em 1850, a comissão de estatística propôs a extinção das vilas criadas em 1848 e a criação de outras. Santa Luzia voltou ao centro do debate, reavivando a tentativa conservadora de alterar o status do principal símbolo liberal. O autor do projeto, José Joaquim Ferreira da Veiga (morador de Pitangui) alegou que Santa Luzia foi criada como expressão de "um padrão levantado pelo partido desordeiro da rebelião de 1842"[297]. O liberal Paula Ramos destacou que Santa Luzia demorou a se tornar vila, por ter o preceito de ter sido "criada em memória da rebelião de 42", mas a lembrança era imprópria, pois foi ali que os rebeldes foram "esmagados".

---

[297] AMG. Sessões do 1º ano da 8ª Legislatura Provincial. Ouro Preto, MG: Universal, 1850.

Pinto de Vasconcellos aproveitou para pedir a extinção da vila de Cabo Verde, alegando que Caldas sofrera perseguição partidária[298].

Por fim, quase todas as vilas criadas em 1848 foram extintas e outras quatro foram criadas[299]. Para Hermógenes — presidente da comissão de estatística —, o "espírito do projeto" era devolver aos mineiros a divisão anterior às "barricadas eleitorais" levantadas em 1848 e 1849, para as respectivas eleições municipais e gerais. Mas apesar de dizer que o objetivo era retornar à divisão anterior a 1848, o projeto previa criar outras vilas como a do Desemboque, local de influência do presidente da comissão e tal incoerência despertou muitas críticas. Em sua defesa, Hermógenes afirmou que a freguesia foi extinta em 1849, "vítima do furor de seus adversários". Já o conservador Ferraz da Luz o acusou de querer montar "barricada eleitoral", tal qual aquelas tão criticadas por ele. Alegou defender apenas as reintegrações e supressões de vilas, pois temia fortalecer o "espírito de divisão" e de formação de "barricadas eleitorais"[300].

Ao fim, cinco vilas foram criadas, sendo duas de áreas extraídas de Barbacena (Presídio do Rio Preto e Santo Antônio do Paraibuna), em propostas encampadas respectivamente pelo sabarense Luiz Antônio Barbosa e o marianense Caetano Alves Rodrigues Horta. Criada em 1844 e suprimida em 1846, Passos do Rio Preto foi restaurada em 1850, com o nome de Presídio do Rio Preto. A vila de Dores do Indaiá (desanexada de Pitangui) foi defendida por Barbosa e o Desemboque de Hermógenes também foi aprovado[301]. Além destas, também foi criada a vila de Cristina, no sul de Minas. Barbacena, Pitangui, Uberaba e Itajubá perderam territórios. E foram criadas as comarcas do Pará (extraída de Rio das Velhas e Ouro Preto), Três Pontas (desanexada de Sapucaí e Rio Verde) e Rio Pomba (subtraída do Paraibuna)[302].

---

[298] *Ibidem*, s/p.
[299] MINAS GERAIS. Lei nº 464, de 22 de abril de 1850. In: *Livro da Lei Mineira*. Mariana, MG: Episcopal, t. XVI, pt. 1, 1855. p. 7.
[300] *AMG*. Sessões do 1º ano da 8ª Legislatura Provincial. Ouro Preto, MG: Universal, 1850.
[301] *Ibidem*, s/p.
[302] MINAS GERAIS. Lei nº 472, de 31 de maio de 1850. In: *Livro da Lei Mineira*. Mariana, MG: Episcopal, t. XVI, pt. 1, 1855. p. 41.

Figura 8 – Vilas mineiras criadas em 1850

Fonte: a autora. MINAS GERAIS. Lei nº 464, de 22 de abril de 1850; MINAS GERAIS. Lei nº 472, de 31 de maio de 1850

A vila de Dores do Indaiá e a comarca do Pará sequer foram instaladas, pois em 1851, o presidente Sá Rego recomendou a revogação da lei que as criou e a Casa aceitou[303]. Nesse ano, a vila de Nepomuceno foi transferida para o arraial do Cágado, e passou a se chamar Mar de Hespanha[304]. Ramos Horta e Ferreira Bretas defenderam o ato, segundo eles, motivado pela tentativa de assassinato do chefe de polícia local por um adversário, em julho desse ano, que despertou conflitos na povoação[305].

A nível nacional, o período de 1848 a 1853 foi marcado pela retomada conservadora, após a derrota dos liberais na revolta da Praieira em Pernambuco. O conservador Luiz Antônio Barbosa foi presidente de Minas

---

[303] MINAS GERAIS. *Relatorio que à Assemblea Legislativa Provincial...* Ouro Preto, MG: Social, 1851. 74 p.
[304] MINAS GERAIS. Lei nº 524, de 23 de setembro de 1851. In: *Livro da Lei Mineira*. Mariana, MG: Social, t. VXII, pt. 1ª, 1852. p. 24.
[305] AMG. Sessões do 2º ano da 8ª Legislatura Provincial. Ouro Preto, MG: Universal, 1850.

até maio de 1852 e em seguida, assumiu José Lopes da Silva Viana. Em setembro de 1853, a beligerância entre conservadores e liberais tendeu a se reduzir, com a formação do Ministério da Conciliação. A nona legislatura provincial (1852-1853) possuía maioria conservadora.

A Mata dobrou seu contingente populacional em duas décadas, com a expansão da cafeicultura advinda das fronteiras fluminenses[306]. A instalação de vilas na Mata refletia os processos de povoamento da região que viria a se tornar a mais rica de Minas. Com o povoamento, amplificou-se a disputa pelo poder camarário nessa região. Em 1853, a vila de S. João Batista do Presídio (1839) foi extinta e seu território transferido ao novo termo de Ubá. Mais uma vez, diante do cenário de inibição à criação de vilas, emergiu a tendência em transferir sedes, acirrando disputas intrarregionais. A estratégia usada na criação da vila de Ubá foi a mesma usada em 1851, com a mudança da câmara de São João Nepomuceno para Mar de Hespanha[307]. Dores do Indaiá foi a única vila criada em 1853 e Ubá se tornou vila, com a mudança de sede da vila de Presídio.

Novamente, as eleições para o biênio 1854-1855 favoreceram os conservadores. Francisco Diogo Pereira de Vasconcellos era o presidente de Minas. Em 1854, a vila de Presídio do Rio Preto (criada em 1850) foi extinta e reanexada aos termos de Barbacena e Santo Antônio do Paraibuna. Em 1855, foram criadas as vilas de Leopoldina (desanexada de Mar de Hespanha e Ubá), Prata (criada como Morrinhos em 1848, mas não instalada) e São Paulo do Muriaé (de Ubá). Domiciano Monteiro de Castro era ligado aos Monteiro de Barros (José Joaquim e Miguel Eugênio), responsáveis pela fundação da vila de Leopoldina. Já Francisco Athayde — presidente da comissão de estatística — era líder político de Ubá e autor da fundação dessa vila[308]. Um grupo matense (Monteiros de Barros, Monteiro de Castro, Teixeira de Gouveia e Lima Duarte) pretendia criar a comarca de Muriaé, suprimir a comarca do Pomba e transferir a vila do Pomba à comarca do Paraibuna. Em consequência, o Pomba deixaria de ser comarca. Athayde viu-se derrotado e a comarca do Pomba deu lugar à do Muriaé[309].

Em suma, observou-se que a disputa se intensificava nos momentos de maior competição eleitoral, fato revelador da importância dos proces-

---

[306] PAIVA, C.; RODARTE, M. M. S., 2013, p. 283.
[307] MINAS GERAIS. *Relatorio que à Assemblea Provincial...* Ouro Preto, MG: Social, 1850.
[308] *AMG*. 3 maio 1855. Ouro Preto, MG: Bom Senso, n. 315, p. 1, 17 maio 1855.
[309] *AMG*. 16 maio 1855. Ouro Preto, MG: Bom Senso, n. 325, p. 1, 25 jun. 1855.

sos de instalação de vilas no sistema eleitoral do Império. Além disso, o atendimento às reivindicações locais esteve condicionado às conjunturas da Assembleia Mineira e à relação entre os poderes. Quando a competição recrudescia, os debates eram retomados e novas divisões adotadas. Suplantado após 1842, o debate retornou em 1848, na iminência de nova virada partidária. Entre 1850 e 1855, foram criadas nove vilas: quatro em 1850 (Indaiá foi revogada), uma em 1851, duas em 1853 e quatro em 1855. Vale notar que algumas tiveram suas sedes transferidas e outras vilas foram extintas.

Figura 9 – Vilas mineiras e a divisão das comarcas, 1855

Fonte: a autora. MINAS GERAIS. Lei nº 719, de 15 de maio de 1855. Ano de criação de vilas: vermelho (1711-1815); verde (1831-1834); cinza (1836); preto (1839); laranja (1840-1841); amarelo (1848-1849); azul (1850-1855).

Sendo assim, em 1855, a província encontrava-se dividida em 52 vilas: quatorze criadas no período colonial; onze criadas entre 1831-1834; uma criada pela recém-instalada Assembleia Mineira em 1836; cinco em 1839 por uma Assembleia Provincial de maioria liberal; oito fundadas no biênio que antecedeu a Revolta Liberal de 1842; e nove instauradas na primeira metade da década de 1850[310].

2.5. As divisões civil e judiciária no ano das eleições distritais em Minas, 1856

Além da instalação de vilas, o título de cidade poderia conferir a um núcleo urbano a ampliação de seu poder regional ou significar apenas o reconhecimento desse poderio. Mas a elevação à cidade nem sempre significava agregação de alguma prerrogativa política[311], pois a elevação à vila era mais importante do ponto de vista político-administrativo. Por isso, o debate de elevação de cidades não suscitou polêmicas. No ano de 1856, as cidades concentravam-se nas áreas de povoamento mais antigo, embora apenas duas tenham sido criadas no período colonial, como se observa no quadro a seguir. Observa-se que os anos em que mais se concedeu o título de cidade coincidem com os de maior incremento à fundação de vilas. Em 1856, a província possuía 17 cidades, sendo duas instaladas no período colonial, quatro fundadas pelos liberais no período regencial, quatro criadas durante o domínio do Regresso, duas ao fim do Quinquênio Liberal, uma criada no retorno dos conservadores e mais quatro criadas na fase da Conciliação[312]:

---

[310] Vilas extintas neste período: São João Batista do Presídio (criada em 1839), foi extinta em 1853, com a criação do município de Ubá. Presídio do Rio Preto (criada em 1844, suprimida em 1846, foi restaurada em 1850 e novamente extinta em 1854, com a incorporação de seu território à recém-criada vila de Santo Antônio do Paraibuna). Dores do Indaiá (cuja instalação não foi autorizada pelo governo mineiro em 1850) foi recriada em 1853. Pomba (criada em 1831) também foi extinta e recriada no início dos anos 1850.

[311] MORAES, 2007, p. 60.

[312] *CARTA RÉGIA DE 23 DE ABRIL DE 1745*; BRASIL. Decreto de 24 de fevereiro de 1823. In: *Collecção das Leis do Imperio do Brasil*. Rio de Janeiro: Imprensa Nacional, v. 1, pt. 2, 1887. p. 40; MINAS GERAIS. Lei nº 93, de 6 de março de 1838. In: *Livro da Lei Mineira*. Ouro Preto, MG: Correio de Minas, t. IV, pt. I, fl. 3, 1838. p. 17; MINAS GERAIS. Lei nº 163, de 6 de março de 1840. In: *Livro da Lei Mineira*. Ouro Preto, MG: Correio de Minas, t. VI, pt. 1ª, fl. 2, 1840a. p. 15; MINAS GERAIS. Lei nº 274, de 9 de outubro de 1848 e Lei nº 433, de 19 de outubro de 1848. In: *Livro da Lei Mineira*. Ouro Preto, MG: Social, t. XIV, pt. 1ª, 1849. p. 73 e p. 205; MINAS GERAIS. Lei nº 553, de 10 de outubro de 1851. In: *Livro da Lei Mineira*. Ouro Preto, MG: Social, t. XVII, pt. 1ª, 1852. p. 96; MINAS GERAIS. Lei nº 731, de 16 de maio de 1855. In: *Livro da Lei Mineira*. Ouro Preto, MG: Bom Senso, t. XXI, pt. 1ª, 1855. p. 50; MINAS GERAIS. Lei nº 759, de 2 de maio de 1856. In: *Livro da Lei Mineira*. Ouro Preto, MG: Provincial de Minas, t. XXII, pt. 1ª, 1856. p. 6.

Quadro 7 – Cidades mineiras, 1745-1856

Ano	Cidade	Ato/Legislação
1745	Mariana	Carta régia de 23.04.1745
1823	Ouro Preto	Decreto de 24.02.1823
1838	Sabará, São João del-Rei, Diamantina, Serro	Lei mineira n. 93 de 06.03.1838
1840	Minas Novas, Campanha, Paracatu, Barbacena	Lei mineira n. 163 de 09.03.1840
1848	Itabira, Pouso Alegre	Leis mineiras n. 374 de 09.10.1848 e n. 433 de 19.10.1848
1851	Conceição do Serro	Lei mineira n. 553 de 10.10.1851
1855	Pitangui	Lei mineira n. 731 de 16.05.1855
1856	Baependi, Uberaba e Santo Antônio do Paraibuna	Lei mineira n. 759 de 02.05.1856

Fonte: *CARTA RÉGIA DE 23 DE ABRIL DE 1745*; BRASIL. Decreto de 24 de fevereiro de 1823; MINAS GERAIS. Lei nº 93, de 6 de março de 1838; MINAS GERAIS. Lei nº 163, de 6 de março de 1840; MINAS GERAIS. Lei nº 274, de 9 de outubro de 1848 e Lei nº 433, de 19 de outubro de 1848; MINAS GERAIS. Lei nº 553, de 10 de outubro de 1851; MINAS GERAIS. Lei nº 731, de 16 de maio de 1855; MINAS GERAIS. Lei nº 759, de 2 de maio de 1856

Em contrapartida, a elevação à cidade das vilas de Baependi, Uberaba e Santo Antônio do Paraibuna no ano de estreia das eleições distritais, pode ser lida como um esforço em qualificar tais vilas a se tornarem sedes de círculos eleitorais. Logo, a aprovação da *Lei dos Círculos* pode ter influenciado o ato de criação de cidades. O novo sistema eleitoral previa que Minas se dividiria em 20 círculos e cada um teria representação nas Assembleias Provincial e Geral. A eleição secundária ocorreria na cabeça do círculo.

A vila era a sede do município que acabava de ser fundado. Logo, sempre que uma vila era instaurada, ali surgia um termo pertencente à determinada comarca. À medida que novas vilas surgiam, era preciso reformar a divisão judiciária, pois geralmente cada comarca possuía até três termos. A criação de comarcas em Minas Gerais marcou um processo de interiorização da administração da justiça que se iniciou na Colônia nas áreas mineradoras e se expandiu paulatinamente às regiões mais fronteiriças da província. A criação de comarcas se justificava pela necessidade de melhorar a administração da justiça. Do ponto de vista político, a criação de uma comarca significava a formação de uma elite regional estabelecida em uma vila que passaria a sediar tal comarca, com maior poder diante das demais vilas sob sua jurisdição. Representava, também, o enfraquecimento da comarca mais antiga, que perderia parte do seu território.

Em 1855, meses antes da adoção da *Lei dos Círculos*, a Assembleia Provincial aprovou a maior reforma já feita na divisão judiciária mineira, incluindo cinco comarcas (Paranaíba, Jaguari, Baependi, Indaiá e Muriaé) e excluindo duas (Três Pontas e Pomba)[313]. O debate que resultou na reforma judiciária de 1855 evidenciou embates entre povoações vizinhas no interior das comarcas e entre povoações de comarcas limítrofes. A intensificação dos conflitos entre projetos de poder locais reflete os processos de povoamento e crescimento econômico no eixo centro-sul, especialmente na Mata mineira, que despontava como a mais rica da província.

A gradativa ascensão da representatividade matense se expressou no aumento da disputa intrarregional pelos poderes camarário e judiciário no legislativo mineiro. Os matenses divergiram no tocante às comarcas de Paraibuna e Pomba: de um lado, o deputado provincial Monteiro de Castro defendeu a incorporação da comarca do Pomba à do Paraibuna. A extinção do Pomba viabilizaria a formação da comarca do Muriaé, composta por Mar de Espanha e Leopoldina. O autor da medida era ligado aos deputados Monteiro de Barros, responsáveis pela criação da vila de Leopoldina (1854). Para Athayde, a supressão da comarca do Pomba prejudicaria os interesses das vilas de Pomba e Ubá, apenas para transformar a recém-criada Leopoldina em sede de comarca[314]. No calor do debate, Monteiro de Castro acusou Athayde de fazer de Ubá o seu condado. Em réplica, Athayde disse que não "pretendia imitar nos que estavam aprontando o seu feudo"[315]. Já o barbacenense Lima Duarte apoiou o projeto, pois Barbacena ampliaria sua jurisdição. Por fim, a emenda foi aprovada e Athayde saiu derrotado, mesmo sendo ele o presidente da Comissão de Estatística[316]. O quadro a seguir mostra as alterações na divisão judiciária mineira, desde o início do período monárquico:

---

[313] MINAS GERAIS. Lei nº 719, de 15 de maio de 1855. *In: Livro da Lei Mineira*. Ouro Preto, MG: Bom Senso, t. 21, pt. 1, 1855. p. 28.

[314] AMG. 3 maio 1855. Ouro Preto, MG: Typ do Bom Senso, n. 315, p. 1-2, 17 maio 1855.

[315] *Ibidem*, p. 1-2.

[316] AMG. 9 maio 1855. Ouro Preto, MG: Typ do Bom Senso, n. 316, p. 1, 21 maio 1855.

Quadro 8 – Comarcas de Minas Gerais, 1833, 1839/1840, 1850 e 1855

1833 (9)	1839/40 (13)	1850 (15)	1855 (18)
Paracatu	Paracatu	Paracatu	Paracatu
			Paranaíba*
	Paraná*	Paraná	Paraná
São Francisco	São Francisco	São Francisco	São Francisco
Serro	Serro	Serro	Serro
Jequitinhonha	Jequitinhonha	Jequitinhonha	Jequitinhonha
Rio das Velhas	Rio das Velhas	Rio das Velhas	Rio das Velhas
		Pará*	Indaiá*
Sapucaí	Sapucaí	Sapucaí	Jaguari*
			Sapucaí
Rio das Mortes	Rio das Mortes	Rio das Mortes	Rio das Mortes
	Rio Verde*	Três Pontas*	Rio Verde*
	Rio Grande*	Rio Grande	Rio Grande
Paraibuna	Paraibuna	Paraibuna	Paraibuna
			Baependi*
		Pomba*	Muriaé*
Ouro Preto	Ouro Preto	Ouro Preto	Ouro Preto
	Piracicava*	Piracicaba	Piracicaba

Fonte: MINAS GERAIS. *Falla dirigida à Assemblea Legislativa Provincial...* Ouro Preto, MG: Correio de Minas, 1843. 85 p.; MINAS GERAIS. *Relatorio que à Assemblea Provincial...* Ouro Preto, MG: Bom Senso, 25 mar. 1855. 259 p.; VARGAS, E. L. S. de. O antigo e o novo caminham juntos: A (re) organização judiciária na província de Minas Gerais entre 1833 e 1860. *Locus*, Juiz de Fora, v. 23, n. 2, 2017. p. 260

* Comarcas recém-criadas

Minas passou a ter 18 comarcas, com alterações importantes no eixo centro-sul (Muriaé, Baependi e Jaguari), no centro-oeste e oeste (Indaiá e Paranaíba). Apenas a porção norte não sofreu alteração. As mudanças foram as seguintes: a comarca do Paracatu foi redividida para criar a do Paranaíba; uma porção da do Rio das Velhas se tornou comarca de Dores do Indaiá, alvo da polêmica dos debates de 1850 e 1851; parte do Sapucaí se fragmentou na fundação da comarca de Jaguari; a comarca de Rio Verde (extinta em 1850) foi recriada e a de Três Pontas suprimida; a comarca do Pomba deu lugar a de Muriaé; e a de Baependi surgiu da subtração de partes das de Rio Verde e Paraibuna. A divisão judiciária também era importante para justificar a divisão dos círculos eleitorais de 1856, feita pelo governo provincial, como será analisado a seguir.

2.6. O presidente da província e as eleições de 1856 em Minas

A historiografia tradicionalmente atribuiu aos presidentes de províncias a função de atender aos interesses partidários do Gabinete a que serviam, por serem indicados pelo imperador e Conselho de Ministros. Sendo assim, a principal atribuição desses delegados do Gabinete era a de dirigir a máquina eleitoral nas províncias, utilizando todos os recursos (distribuição de cargos, fraudes e violência) para interferir nos pleitos e garantir maioria parlamentar ao governo. Para Francisco Iglesias, por exemplo, o *Ato Adicional de 1834* descentralizou o Império em seu aspecto político, com a criação das Assembleias Provinciais e a representação regional no Parlamento, mas manteve intacta a centralização administrativa, com a continuidade da figura do presidente provincial, escolhido pelo poder central[317].

Miriam Dolhnikoff questionou a ideia da manipulação unilateral das eleições pelo governo central através do presidente, ao destacar que as facções em disputa buscavam alianças com o governo provincial para vencer seus opositores, interferindo decisivamente no processo eleitoral: "Se isso garantia a influência do representante do governo central, por outro lado condicionava essa influência à negociação em torno de um acordo que interessasse a ambas as partes"[318]. Logo, a relação de dependência nem sempre se traduzia em conflito, havendo mais convergência de interesses entre presidente e elites regionais do que se supunha. Portanto, não se

---

[317] IGLESIAS, F. Política Unitária do Segundo Reinado. *Revista de Ciência Econômicas da Universidade de Minas Gerais*, ano 4, n. 8, jul./dez. 1995; IGLESIAS, F. *Política Econômica do Governo Provincial Mineiro (1835-1889)*. Rio de Janeiro: Instituto Nacional do Livro, 1958.
[318] DOLHNIKOFF, 2017, p. 100-118.

nega o papel desempenhado pelos administradores nas eleições, mas se observa que a interferência do presidente provincial nas eleições dependia de negociações com as elites regionais.

Nessa senda, Rodrigo Munari afirmou que a distribuição de empregos era um expediente largamente utilizado pelos gestores para preencher suas vistas eleitorais. Porém nem sempre o governo fazia vencer seus candidatos e, antes de serem "imposições ministeriais", muitos dos governistas vitoriosos eram nomes definidos pelo partido provincial, que outorgava seu apoio ao partido dominante na Corte. Logo, o apoio do presidente era importante, mas por si só, não decidia ou fazia deputados[319].

Com a *Lei Eleitoral de 1855*, o papel do presidente provincial se tornou mais complexo e desafiador, exigindo maior capacidade de negociação deste com as elites locais. Para intervir nos pleitos e fazer valer os interesses por ele representados, o gestor deveria contar com uma maior capilaridade na distribuição de seus agentes de confiança nos 20 círculos mineiros, devendo exercer influência sobre esses dirigentes locais. Portanto, o processo eleitoral de 1856 seria desafiador ao poder central, às elites regionais e aos partidos. E o estudo da atuação dos atores envolvidos nesse processo permite descortinar parte dessa teia de relações que ligava as diferentes esferas de poder em um sistema eleitoral em transformação.

Embora o administrador provincial não se envolvesse diretamente em funções relativas à operacionalização dos pleitos em cada circunscrição, ele poderia distribuir cargos locais, como o de delegado da Junta Eleitoral. Mas a novidade de 1856 foi a divisão dos distritos atribuída ao gestor provincial. A distribuição do número de eleitores por vilas já era responsabilidade do presidente. O presidente deveria se basear nas vilas e freguesias existentes, para realizar a divisão distrital e distribuição do eleitorado. A divisão civil, judiciária e eclesiástica era atribuição exclusiva da Assembleia Provincial. O veto era o único meio que o presidente tinha para intervir na elaboração das leis provinciais, mas resoluções de assuntos municipais não se sujeitavam ao veto presidencial, e isto reforçava o papel do legislativo provincial e suas relações com o poder local, de modo que restava ao presidente estabelecer certo diálogo com o legislativo[320].

---

[319] MUNARI, R. M. *Deputados e delegados do poder monárquico*: eleições e dinâmica política na província de São Paulo (1840-1850). São Paulo: Intermeios, 2019.
[320] DOLHNIKOFF, 2017, p. 103-105.

É importante ressaltar que durante a Conciliação, todos os gestores da província eram mineiros, e isto revela dois aspectos importantes: o alinhamento de Minas à Conciliação; e o fato de Minas ser gerida por políticos que conheciam de dentro as elites regionais. Portanto, embora não se negue que o presidente era figura de confiança do Gabinete, que mediava a relação entre elites provinciais e poder central, é preciso relativizar a percepção deste, enquanto agente de submissão dos poderes locais à centralização do Império, que agia unicamente em função dos interesses da Corte. Ademais, nos períodos que precisavam se ausentar para assumir cadeiras no Parlamento, a presidência era gerida por interinos indicados pela Assembleia Provincial. E todos eram mineiros:

Quadro 9 – Presidentes e Vice-Presidentes de Província de Minas Gerais, 1851-1857

Cargo	Nome	Origem	Tempo de Gestão
Vice-presidente	Luiz Antônio Barbosa	Sabará	04.04.1851 a 13.01.1852
Presidente	Luiz Antônio Barbosa	Sabará	13.01.1852 a 12.05.1852
Vice-presidente	José Lopes da Silva Viana	Sabará	13.05.1852 a 24.09.1852
Presidente	Luiz Antônio Barbosa	Sabará	25.09.1852 a 11.04.1853
Vice-presidente	José Lopes da Silva Viana	Sabará	19.04.1853 a 22.10.1853
Presidente	Francisco Diogo Pereira Vasconcelos	Ouro Preto	22.10.1853 a 01.05.1854
Vice-presidente	José Lopes da Silva Viana	Sabará	01.05.1854 a 06.11.1854
Presidente	Francisco Diogo Pereira Vasconcelos	Ouro Preto	06.11.1854 a 02.02.1856
Presidente	Herculano Ferreira Penna	Diamantina	02.02.1856 a 01.06.1857

Fonte: Javari (1979, p. 302-446)

A definição das cabeças dos 20 círculos — ou seja, das vilas onde ocorreriam as eleições secundárias — poderia influenciar os resultados dos pleitos. A distância do eleitor em relação ao local de votação poderia dificultar o exercício do voto. Além disso, não se pode descartar a possibilidade de interferência do político local nos pleitos. Na qualificação de votantes de janeiro de 1856, Francisco Diogo Pereira de Vasconcellos era presidente de Minas, mas fora nomeado para gerir São Paulo[321]. Fato que gerou a indignação da folha liberal *O Correio da Tarde*, que questionava a "irregularidade de continuar em uma presidência o indivíduo nomeado para outra"[322]. É bem provável que Vasconcellos tenha optado por adiar sua saída, com o intuito de acompanhar a qualificação de votantes realizada naquele mês. Sua partida para São Paulo era também providencial, pois tornava compatível sua candidatura a deputado por Minas.

Só em fevereiro, é que entregou o governo ao mineiro e senador pelo Amazonas, Herculano Ferreira Penna. Portanto, Herculano esteve à frente do governo mineiro à ocasião das eleições primárias e secundárias de 1856. Herculano foi o político que administrou o maior número de províncias no Império. Professor do Liceu em Ouro Preto, por quase 10 anos (1835-1844), ocupou a função de secretário do governo provincial. Conhecia como poucos o governo mineiro. Além disso, por décadas, tornou-se uma espécie de "presidente provincial profissional"[323], ao dirigir Minas (1842), Espírito Santo (1845), Pará (1846 e 1848), Pernambuco (1848), Maranhão (1849) e Amazonas (1853 e 1857). Quando presidia o Amazonas em 1853, foi eleito senador por essa província. Em 1856, foi escolhido administrador de Minas, sendo o responsável pela organização das eleições de 1856. Permaneceu no cargo até 1857[324]. O fato de o governo mineiro ser dirigido por senador mineiro com larga experiência na secretaria de governo, indiciava haver uma espécie de pacto entre a Coroa e a elite regional 'conciliada'. E para fortalecer esse pacto, a secretaria de governo foi confiada a um deputado provincial liberal — Olímpio Catão. Ter Catão como seu braço direito era, sem dúvida, um aceno aos liberais.

Minas Gerais possuía 20 assentos no Parlamento. Portanto, era a província com maior representatividade. É preciso indagar a respeito do

---

[321] VEIGA, 1897, p. 102-197.
[322] RIO, 25 de janeiro. *O Correio da Tarde*. Rio de Janeiro: Correio da Tarde, n. 21, p. 1-4, 25 jan. 1856.
[323] JAVARI, 1979, p. 318.
[324] *REVISTA DO APM*, 1896, p. 11-13; *REVISTA DO APM*, 1908, p. 323; *ALMANAK DE MINAS GERAIS*, 1864, p. 43; JAVARI, 1979, p. 301-449; BLAKE, 1970, p. 236; *ALMANACK LAEMMERT*, 1855, p. 164; *ALMANACK LAEMMERT*, 1856, p. 176.

modo como o governo provincial — influenciado por suas relações com as elites regionais — organizou a divisão dos 20 círculos eleitorais. Quais critérios foram adotados para essa divisão? Como e por que tais vilas foram selecionadas? O presidente tinha às mãos a divisão civil, judiciária e eclesiástica, assim como a estatística do eleitorado de 1855, para embasar suas escolhas. A própria distribuição do eleitorado era atribuição do gestor, que o dividia de acordo com o número de votantes da última qualificação por freguesia. Com base nisso, foi possível observar em que medida tais dados guiaram o governo nessa tarefa.

O parágrafo 5º do artigo 1 da *Lei de 1855* atribuía ao governo provincial a designação das sedes dos círculos eleitorais. Porém a lei apenas definia de forma muito genérica que "O Governo designará para cabeça de cada Distrito Eleitoral a Cidade ou Villa mais central", onde se reuniriam todos os eleitores do distrito. Essa indefinição dava amplos poderes ao presidente na execução desse trabalho. É certo que os interesses políticos interferiam, mas o administrador precisava justificar suas escolhas por critérios minimamente racionais. E nesse aspecto, dados oficiais sobre eleitores e votantes por localidades não poderiam ser desprezados. Além disso, as comarcas e vilas existentes não poderiam ser excluídas, sem receber críticas quando as atenções estavam todas voltadas a esse processo. Logo, o primeiro passo para entender como se desenrolaram as eleições de 1856 em Minas é analisar a divisão dos distritos: regiões e localidades foram mais beneficiadas do que outras? Houve críticas ao trabalho do governo?

Em 1856, Minas Gerais possuía 52 vilas (17 cidades), 237 freguesias e 18 comarcas. Apenas 20 vilas/cidades sediariam um círculo, que elegeria um deputado cada. Para além da disputa partidária que envolvia o tema da representação das minorias, o plano de 'recortar' Minas em 20 distritos desencadeou a disputa entre as vilas para "encabeçar" tais distritos. A tabela a seguir traz um comparativo da participação do eleitorado por vila, com destaque para aquelas selecionadas pelo governo provincial:

Tabela 1 – Estatística de Eleitores/Votantes por Vilas/Comarcas Mineiras, 1855

Comarca	Vila	Ano/Vila	Ano/Cidade	Nº Votantes	Nº Eleitores
Ouro Preto	**Ouro Preto**	1711	1823	2.802	64
	Queluz	1790	-	1.342	30
	Piranga	1841	-	1.939	45
Rio das Velhas	**Sabará**	1711	1838	3.697	82
	Curvelo	1831	-	1.439	34
	Caeté	1714 e 1840	-	982	29
Piracicaba	**Mariana**	1711	1745	4.516	96
	Itabira	1833	1848	2.111	50
	Santa Barbara	1839	-	1.571	39
Rio Indaiá	**Pitangui**	1715	1855	2.708	53
	Dores do Indaiá	1850	-	1.503	15
	Bomfim	1839	-	1.655	36
Rio das Mortes	**São João del-Rei**	1713	1838	1.355	37
	São José del-Rei	1718 e 1849	-	1.054	24
	Oliveira	1832	-	1.566	34
Serro Frio	**Serro**	1714	1838	2.919	73
	Diamantina	1831	1838	3.712	77
	Conceição	1840	1851	2.075	38
Jequitinhonha	**Minas Novas**	1730	1840	3.730	97
	Rio Pardo	1846	-	1.122	23
	Grão Mogol	1849	-	1.647	39
São Francisco	**Montes Claros**	1831	-	2.635	57
	São Romão	1831	-	386	15
	Januária	1833	-	1.023	21
Paracatu	**Paracatu**	1798	1840	4.455	56
Paranaíba	Araxá	1831	-	879	26
	Patrocínio	1842	-	2.102	53

Comarca	Vila	Ano/Vila	Ano/Cidade	Nº Votantes	Nº Eleitores
Paraná	**Uberaba**	1836	-	911	26
	Desemboque	1850	-	608	10
	Prata	1854	-	621	14
Rio Grande	**Formiga**	1839	-	1.249	28
	Tamanduá	1789	-	1.834	44
	Piumhi	1841	-	637	17
Rio Sapucaí	**Caldas**	1813	-	2.801	62
	Passos	1848	-	1.562	32
	Jacuí	1814	-	950	18
Rio Jaguari	**Pouso Alegre**	1832	1848	2.832	66
	Jaguari	1840	-	681	15
	Itajubá	1848	-	1.446	35
Rio Verde	**Campanha**	1798	1840	1.927	42
	Três Pontas	1841	-	1.200	26
	Lavras	1831	-	742	19
Baependi	**Baependi**	1814	-	1.230	31
	Aiuruoca	1834	-	1.278	27
	Cristina	1850	-	809	20
Muriaé	**Ubá**	1853	-	3.433	62
	Leopoldina	1854	-	1.478	38
	Muriaé*	1855	-	–	–
	Mar de Hespanha	1815 e 1851	-	1.545	35
Paraibuna	**Barbacena**	1791	1840	1.729	26
	Santo Antônio do Paraibuna	1850	-	2.573	78
	Pomba	1831 e 1850	-	-	-
TOTAL				88.523	2.014

Fonte: MINAS GERAIS. *Relatorio que à Assemblea Provincial...* Ouro Preto, MG: Bom Senso, 25 mar. 1855. 259 p.

* Elevada à vila em 1855, ainda não havia feito qualificação de votantes

Como se vê, a estatística do eleitorado de 1855 detalhou o número de eleitores e votantes por vilas. Infelizmente, o relatório apresentado por Herculano em 1857 não seguiu esse modelo e não apresentou os votantes/eleitores por vilas, mas por círculos, inviabilizando conferir se houve alterações significativas entre os dois períodos. Todavia, entre as qualificações de 1855 e 1856, houve um acréscimo de apenas 142 eleitores. Isto mostra que os dados ainda são úteis para formar certa perspectiva da distribuição regional do eleitorado, pois não houve grandes oscilações de um ano a outro.

Cumpria à presidência designar com antecedência o número de eleitores de cada freguesia, levando em conta as divisões civil, judiciária e eclesiástica vigentes. Por sua vez, o número de votantes era definido nos alistamentos realizados anualmente nas 237 paróquias. O número de eleitores/votantes nem sempre se relacionava com o fato de a região ser mais ou menos populosa. A análise da participação da população mineira nas eleições também é reveladora dos contextos econômicos locais, pois era preciso comprovar renda para ter direito ao exercício do voto. Portanto, era comum que uma vila de economia mais pujante possuísse mais eleitores/votantes que outra mais populosa, a exemplo de Santo Antônio do Paraibuna, com altos níveis de participação política, em 1855. Sendo assim, analisar a distribuição espacial do eleitorado é especialmente útil para se pensar a distribuição regional da riqueza e do poder, às vésperas da inédita eleição distrital que prometia diversificar a representação provincial.

Como cada uma das 18 comarcas possuía duas ou três vilas, é razoável supor que grande parte dos círculos seria recortado neste universo das 18 comarcas e suas respectivas cabeças. Nesse sentido, no que tange à participação do eleitorado por comarcas, é possível considerar que uma vila com maior eleitorado poderia justificar a escolha para sediar um círculo em sua comarca. Além disso, as vilas mais tradicionais possuíam estrutura administrativa consolidada, pois sediavam comarcas e/ou possuíam o status de cidade. Portanto, outro critério a ser observado é se a povoação escolhida era 'cabeça' de comarca ou possuía o título de cidade. Nesse sentido, as escolhas dos círculos foram apreciadas por comarca, suas respectivas vilas, cidades e eleitorado.

Era óbvia a escolha da capital — comarca de Ouro Preto — para sediar o 1º círculo de Minas. E na comarca do Rio das Velhas, embora Caeté fosse tão antiga quanto Sabará, um processo de retração populacional e de enfraquecimento da mineração de fins do século XVIII a deixava em posição ruim[325]. A vila chegou a ser extinta e recriada em 1840 e a cidade de Sabará possuía o maior eleitorado da comarca. Logo, era notória a escolha de Sabará. Na comarca de Piracicava, duas vilas foram escolhidas para sede: Mariana e Itabira. Mariana era a primeira vila mineira e Itabira possuía população significativa. E nesse caso, chama atenção a proximidade do presidente com um importante líder local, por ser Herculano genro do Barão de Itabira, Freire de Andrade.

Como se vê, duas vilas da mesma comarca foram escolhidas para sediar um círculo eleitoral. Por isso, é preciso cotejar essas vilas às de outras comarcas, para observar quais foram os critérios utilizados, uma vez que os de distância geográfica não foram os primeiros a serem considerados. E, nesse sentido, a razão da escolha de Itabira como "cabeça de círculo" parece obscura, quando se observa a preterição de outras vilas com eleitorado maior. É o caso da recém-criada comarca de Paranaíba, não contemplada com nenhum círculo, apesar de Patrocínio possuir eleitorado mais expressivo. Os eleitores dessa comarca compuseram o círculo de Paracatu, cuja sede era tão distante, que foi preciso formar dois colégios eleitorais. No Rio das Mortes, como esperado, a cabeça da comarca sediaria um círculo, apesar de Oliveira possuir mais votantes.

Na nova comarca de Indaiá, Pitangui foi escolhida sede de círculo, certamente por ser uma cidade antiga da província e sua crescente importância regional. E na vizinha comarca de Rio Grande, a escolha de Formiga desbancou a tradicional Tamanduá, sede dessa comarca. A comarca de Paraná e seu vasto território teve apenas um círculo sediado em Uberaba. As comarcas do norte possuíam eleitorado significativo e territórios vastíssimos, justificando a escolha de mais de um círculo, para facilitar o deslocamento dos eleitores. Todavia, as comarcas do Jequitinhonha, São Francisco e Paracatu ficaram com apenas um círculo em suas sedes: Minas Novas, Montes Claros e Paracatu. Na comarca do Serro, as vilas de Serro e Diamantina eram bem próximas. Além disso, Conceição também possuía eleitorado significativo e foi preterida, tendo sido a única vila com status de cidade a não sediar um círculo. A esse respeito, Diamantina era a terra natal do presidente, que parece ter seguido critérios pouco racionais, se observada a proximidade entre Serro e Diamantina.

Do mesmo modo, a comarca de Muriaé foi agraciada com dois círculos sediados nas novas vilas de Ubá (1853) e Leopoldina (1854). Curiosamente,

---

[325] CUNHA, 2007, p. 168.

a vila mais antiga da comarca — Mar de Espanha — fundada em 1815, foi preterida. Além disso, Mar de Espanha possuía mais votantes que Leopoldina, mas esta possuía maior eleitorado. E lembrando que, para ser eleitor, é preciso comprovar renda maior do que a do votante. Acresce-se que a influência de Antônio José Monteiro de Barros, um dos responsáveis pela fundação de Leopoldina, deputado geral e candidato por esse círculo, talvez explique a seleção. Por sua vez, a vila de Ubá possuía o maior eleitorado da comarca. Por outro lado, chama atenção que a vila de Piranga, pertencente ao termo de Ouro Preto, não fora incorporada ao distrito da capital, mas ajudou a compor o círculo de Ubá. Logo, parte significativa do eleitorado desse círculo provinha de Piranga. Ademais, o deputado geral Francisco de Paula Cândido era piranguense e concorreria às eleições nesse distrito, sendo possível supor que tal círculo tenha sido montado a pedido desse nome influente na Corte. Apesar de possuir o maior eleitorado da comarca do Paraibuna, a recém-criada vila de Santo Antônio do Paraibuna foi preterida para sediar um distrito, sendo inserida no círculo de Barbacena, uma das cidades mais antigas de Minas. Já as sedes das comarcas do Sapucaí (Caldas), Jaguari (Pouso Alegre), Rio Verde (Campanha) e Baependi (Baependi) foram selecionadas para encabeçar os quatro círculos.

Em síntese, a comarca de Paranaíba não encabeçou nenhum círculo, ao passo que as de Piracicaba, Serro e Muriaé concentraram dois distritos cada uma. Em parte, isto se justifica pelo fato de que o eixo centro-sul concentrava grande parte do eleitorado, garantindo maior participação política, tendo sido mais beneficiadas na distribuição dos círculos. Porém a análise da estatística do eleitorado por comarcas revela que a recém-criada comarca de Paranaíba possuía mais eleitores do que as de Rio Grande, Paraná e Paracatu. Além disso, Minas possuía 18 comarcas e se dividiria em 20 círculos, chamando atenção que uma comarca inteira não tenha sediado sequer um círculo. E na Mata, as novas vilas de Leopoldina e Ubá foram beneficiadas, em detrimento de Santo Antônio do Paraibuna. As escolhas de Diamantina e Serro (no Serro) e de Itabira (no Piracicava) parecem motivadas por interesses pessoais do presidente. E chama atenção que Tamanduá tenha sido preterida à Formiga, com menor eleitorado.

No quadro a seguir, segue um demonstrativo das vilas escolhidas (ou não) e suas respectivas comarcas. Repare que, das 31 vilas não selecionadas, apenas Jacuí (1814) era tão antiga quanto a povoação designada. Embora criadas no período colonial, Caeté (1714), São José del-Rei (1718) e Mar de

Espanha (1815) foram extintas e recriadas respectivamente em 1840, 1849 e 1851. As demais foram fundadas mais recentemente em relação às vilas escolhidas, exceto Tamanduá. As vilas mais novas foram desmembradas de termos antigos, à exceção de São Romão e Montes Claros, ambas criadas em 1831, fato que pode ter motivado a insatisfação que a escolha de Montes Claros gerou em São Romão. Caso semelhante aconteceu na comarca de Jacuí, onde moradores de Jacuí (1813) enviaram petições ao governo provincial, refutando a escolha de Caldas (1814).

Quadro 10 – Vilas escolhidas e não escolhidas para sediar círculos mineiros, 1856

Comarca	Sede de círculo	Vilas não escolhidas para sede
Ouro Preto	Ouro Preto (1711)	Piranga (1841); Queluz (1841)
Rio das Velhas	Sabará (1711)	Curvelo (1831); Caeté (1714; 1840)
Piracicaba	Mariana (1711); Itabira (1833)	Santa Bárbara (1839)
Rio Indaiá	Pitangui (1715)	Dores do Indaiá (1850); Bonfim (1839)
Rio das Mortes	São João del-Rei (1713)	São José del-Rei (1718; 1849); Oliveira (1832)
Serro Frio	Serro (1714); Diamantina (1831)	Conceição (1840)
Jequitinhonha	Minas Novas (1730)	Rio Pardo (1846); Grão Mogol (1849)
São Francisco	Montes Claros (1831)	São Romão (1831); Januária (1833)
Paracatu	Paracatu (1798)	-
Paranaíba	-	Araxá (1831); Patrocínio (1842)
Paraná	Uberaba (1836)	Desemboque (1850); Prata (1854)
Rio Grande	Formiga (1839)	Tamanduá (1789); Piumhi (1841)
Rio Sapucaí	Caldas (1813)	Passos (1848); Jacuí (1814)
Rio Jaguari	Pouso Alegre (1832)	Jaguari (1840); Itajubá (1848)
Rio Verde	Campanha (1798)	Três Pontas (1841); Lavras (1831)

Comarca	Sede de círculo	Vilas não escolhidas para sede
Baependi	Baependi (1814)	Aiuruoca (1834); Cristina (1850)
Muriaé	Ubá (1853); Leopoldina (1854)	Muriaé (1855); Mar de Espanha (1815; 1851)
Paraibuna	Barbacena (1791)	Paraibuna (1850); Pomba (1831)

Fonte: MINAS GERAIS. *Relatorio que à Assemblea Provincial...* Ouro Preto, MG: Bom Senso, 25 mar. 1855. 259 p.[326]
* A vila de Muriaé foi criada em 1855 e não possuía votantes qualificados

A divisão dos distritos mineiros foi divulgada em agosto. De modo geral, Ferreira Penna seguiu a divisão judiciária existente, ao transformar as sedes de 16 comarcas em sedes de círculos. Ficou de fora Paranaíba, ao passo que outras quatro foram privilegiadas com dois distritos cada: Piracicaba, Serro, Rio Grande e Muriaé. Quatro vilas designadas não eram sedes de comarcas:

Quadro 11 – Divisão dos Círculos Eleitorais em Minas Gerais, 1856

Nº do círculo	Círculo Eleitoral	Eleitorado	Comarca	Sede de Comarca
1º	Ouro Preto	106	Ouro Preto	X
2º	Pitangui	96	Indaiá	X
3º	Sabará	114	Rio das Velhas	X
4º	Itabira	96	Piracicaba	
5º	Serro	125	Serro	X
6º	Diamantina	111	Serro	

---

[326] Em relatório de 1857, Herculano Ferreira Penna afirmou que o número total de eleitores teria subido para 2.156 com a última qualificação realizada para as eleições de 1856. Pelo total de eleitores apresentado no relatório de 1855, nota-se que o aumento foi pequeno entre a estatística apresentada em março de 1855 e a qualificação de eleitores realizada em 1856 e utilizada nas eleições daquele ano: um acréscimo de 142 eleitores. Contudo o próprio presidente Vasconcelos já apontava que o número do relatório de 1855 era inferior ao real, pois algumas freguesias deixaram de qualificar os votantes em 1855. MINAS GERAIS. *Relatorio que à Assemblea Provincial...* Ouro Preto, MG: Provincial, 28 abr. 1857a. 138 p.

Nº do círculo	Círculo Eleitoral	Eleitorado	Comarca	Sede de Comarca
7º	Minas Novas	114	Jequitinhonha	X
8º	Montes Claros	140	São Francisco	X
9º	Paracatu	151	Paracatu	X
10º	Uberaba	96	Paraná	X
11º	Caldas	111	Sapucaí	X
12º	Pouso Alegre	105	Jaguari	X
13º	Baependi	98	Baependi	X
14º	Campanha	112	Rio Verde	X
15º	Formiga	95	Rio Grande	
16º	São João del-Rei	91	Rio das Mortes	X
17º	Barbacena	114	Paraibuna	X
18º	Leopoldina	78	Muriaé	
19ª	Ubá	95	Muriaé	X
20º	Mariana	100	Piracicava	X
Total		2.148		

Fonte: BRASIL. Decreto n. 1.081, de 7 de agosto de 1856

Do ponto de vista da distribuição espacial, houve uma concentração de círculos no eixo centro-sul, porção mineira com maior eleitorado. Apenas seis círculos se situavam fora do eixo centro-sul. Já do ponto de vista da ancianidade de criação dessas vilas escolhidas para encabeçarem distritos, onze foram criadas no período colonial, quatro foram criadas entre 1831 e 1834, uma criada na região oeste em 1836, duas fundadas em 1839 na área central de Minas e duas instaladas nos anos 1850 na Zona da Mata.

Figura 10 – Divisão dos Círculos Eleitorais Mineiros e Comarcas, 1856

Fonte: a autora. BRASIL. Decreto nº 1.081, de 7 de agosto de 1856.

Das 20 povoações designadas, cinco não possuíam o status de cidade: Montes Claros, Formiga, Caldas, Ubá e Leopoldina. No caso destas últimas, vale notar que a vizinha Santo Antônio do Paraibuna acabara de se tornar cidade e foi esquecida. Conceição também foi preterida, por força da influência do Serro, a que anteriormente pertencia e cuja sede lhe era muito próxima. Em 1857, Ferreira Penna relatou que a divisão eleitoral foi bem recebida pelos mineiros:

> Contra essa divisão dos distritos, muito poucas são as reclamações de que tenho notícia, mas ainda assim não desconheço que algumas haverá dignas da consideração do Poder, a quem compete hoje corrigir as imperfeições de um trabalho, para o qual não foi possível coligir e apurar todos os elementos, que deveriam servir-lhe de base, quando as circunstâncias exigiam que fosse concluído sem a menor perda de tempo[327].

[327] MINAS GERAIS. *Relatorio que à Assemblea Provincial...* Ouro Preto, MG: Provincial, 28 abr. 1857a. p. 4.

Além de reclamações pontuais já apontadas, em janeiro de 1856, *O Correio da Tarde* publicou um artigo com críticas genéricas à confecção dos círculos, também apontando para a existência de um plano, meses antes de saber a configuração oficial dos círculos mineiros. Curiosamente, no período, o presidente era Francisco Diogo Pereira de Vasconcellos, que aparentemente organizou um plano de divisão distrital, antes de Herculano assumir: "Temos em mão o plano da organização dos círculos em Minas, não resumido, como já o publicamos mais detalhadamente, e por ele vê-se que as verdadeiras conveniências dos povos foram preteridas pelas dos candidatos"[328]. Em outubro, o mesmo jornal *O Correio da Tarde* lamentou não ter se enganado em relação às suas previsões acerca da divisão dos círculos, exemplificando com o caso mineiro:

> [...] não resta dúvida, que há distritos tão irregulares, tão disparatados, que só podem ter sido pautados com o fim de fortalecerem candidaturas duvidosas. Em Minas, disse já um nosso correspondente muito conceituado e insuspeito, a divisão de mais de um distrito deu resultado tais, que os eleitores terão de cruzar-se, quando houverem de concorrer aos respectivos colégios; uns irão para o norte e outros para o sul, estes para o nascente, aqueles para o poente!
>
> Ainda mais. Freguesias próximas foram desanexadas de distritos que lhes eram naturais, para serem anexadas a outros, cujos colégios têm assento a distâncias de 30, 40 e mais léguas, como acontece na Bahia e mais em outras províncias[329].

Em dezembro, *O Correio da Tarde* publicou carta do liberal José Jorge da Silva, candidato derrotado em São João del-Rei, que disse ter questionado a demarcação desse círculo, desde a divulgação do decreto. Segundo ele, a divisão desse círculo lhe inspirou "sérios receios, senão desalento". José Jorge disse incompreender as razões que aconselharam o governo provincial a:

> [...] arrancar-se da comarca do Rio das Mortes as freguesias de Prados e Lagoa Dourada, 4 ou 5 léguas da cidade de S. João del Rei, para incorporá-las ao círculo de Barbacena. Será porque naquelas duas freguesias predominam as crenças liberais, e atirá-las para o círculo de Barbacena, eivado do mesmo mal, é mais uma gota d'água no Oceano? Não me animo a asseverá-lo; entretanto parece-me que esta explicação não seria absurda[330].

---

[328] A ATUALIDADE. *O Correio da Tarde*. Rio de Janeiro: Correio da Tarde, n. 20, p. 1, 24 jan. 1856.
[329] O GOVERNO e as eleições... *O Correio da Tarde*. Rio de Janeiro: Correio da Tarde, n. 231, p. 1, 6 out. 1856.
[330] AS ELEIÇÕES pelo círculo... *O Correio da Tarde*. Rio de Janeiro: Correio da Tarde, n. 301, p. 2, 31 dez. 1856.

Outra reclamação surgiu em uma carta do correspondente de *O Correio da Tarde* em Baependi, que noticiava os resultados desse distrito. Segundo a carta, a divisão desse círculo foi traçada de acordo com as informações prestadas por Ribeiro da Luz. Ou seja, acusou o presidente de demarcar tal círculo para beneficiar a candidatura de Ribeiro da Luz:

> [...] divisão para a qual o Sr. Dr. Joaquim Delfino Ribeiro da Luz, com a mesma sem cerimônia com que Alexandre VI dividiu as Índias Ocidentais pelos habitantes da Península Ibérica, forneceu ao Sr. Ferreira Penna as bases, tendo em vistas acomodar-se ao círculo como seu representante, passava como infalível que ele seria o escolhido do povo[331].

Em relação à outras províncias, também surgiram algumas queixas referentes às freguesias deslocadas de seus termos, para compor outros círculos. Essas críticas viriam a aparecer nas sessões de 1857, em relação à província da Bahia, por exemplo, em que um deputado alegou que algumas "paróquias que deviam pertencer a lugares que por natureza estavam unidos, passaram a pertencer a outros que não deviam"[332].

Além dessas queixas, a imprensa liberal da Corte repercutiu a divisão dos círculos em todo o país, de modo geral. Em maio, *O Correio da Tarde* denunciou que a partilha dos distritos era "a isca" que o governo usava para conservar os deputados "nessa triste dependência e humilhação". Segundo a folha, o governo "ajeita como convém ao ministério os futuros distritos eleitorais pelos seus amigos e parciais, e até, segundo a voz constante, pelos seus parentes"[333]. O jornal reclamou de os pleitos provinciais de fins de 1855 terem sido feitos conforme a lei revogada de 1846, resultando no fortalecimento dos conservadores, que passariam a ter na Assembleia Provincial, um "um forte ponto de apoio" para as eleições gerais de 1856:

> As qualificações serão, como as assembleias conformes à lei revogada; e proporcionarão novo elemento de força aos conservadores; e os círculos serão ajeitados com as mesmas vistas... Não há pressa, as coisas irão lentamente...[334].

---

[331] AS ELEIÇÕES pelo círculo... *O Correio da Tarde*. Rio de Janeiro: Correio da Tarde, n. 301, p. 2, 31 dez. 1856.
[332] ACD, 24 jul. 1857, p. 91.
[333] CÂMARAS Legislativas. *O Correio da Tarde*. Rio de Janeiro: Correio da Tarde, n. 119, p. 2, 24 maio 1856.
[334] RIO, 28 de Janeiro. *O Correio da Tarde*. Rio de Janeiro: Correio da Tarde, n. 23, p. 1, 28 jan. 1856.

O periódico lamentou ainda a morosidade na publicação das instruções e na divisão dos distritos, alegando haver intencionalidade nessa demora.

Em agosto, o jornal noticiou a fala de um deputado de que a demora na publicação da divisão dos círculos se relacionava ao fato de que o Marquês aguardava seu filho chegar da Europa, para lançá-lo candidato em Campanha. Noticiou que Paraná teria escrito uma carta endereçada a uma "influência da Campanha em Minas" meses antes da divisão dos distritos, recomendando a candidatura de seu filho. A esse respeito, o deputado teria dito: "Se a eleição de seu filho para deputado por Minas, e a de seu genro pelo Rio de Janeiro tanto atraem os seus esforços, não menos fará ele por seus amigos do peito". A folha acusou Paraná de "sondar o terreno", procurando "conhecer como é que melhor se formará o distrito, se mais circular, ou triangular, ou quadrado etc., para que a candidatura surta bem efeito"[335].

Pouco depois, foi divulgado o *Decreto nº 1801, de 7 de agosto de 1856*, com os círculos mineiros. Após publicação, cabia aos candidatos se lançarem à disputa, com pouco tempo para as campanhas. Em seguida, o governo publicou o *Decreto nº 1.812, de 23 de agosto de 1856*, contendo as instruções da nova lei. Em setembro, pouco antes de se executar a reforma, faleceu Paraná e a presidência foi assumida pelo Marquês de Caxias. As eleições para vereadores, juízes de paz e de eleitores ocorreram em seguida. Para além da ideia da responsabilidade do governo na definição dos distritos, o processo eleitoral se realizava no âmbito local. Portanto, o presidente da província não se envolvia diretamente na operacionalização dos pleitos nas freguesias, mas indicava o subdelegado que compunha a Junta Eleitoral, ao lado do juiz de paz e do pároco.

A paróquia/freguesia era a unidade fundamental da vida política do Império. Cada termo de vila/cidade era formado por pelo menos uma paróquia. Cada uma das paróquias era atendida por quatro juízes de paz eleitos para um mandato de quatro anos[336]. O juiz de paz era responsável por amplas atribuições locais, sendo a maior delas a de principal gestor das eleições. Era ele quem gerenciava a qualificação anual de votantes/eleitores e presidia as eleições primárias e secundárias. A Junta de Qualificação era formada pelo juiz de paz (presidente), o pároco e o subdelegado (fiscal). Estes

---

[335] CÂMARAS Legislativas. *Correio de Tarde*, Rio de Janeiro, n. 178, p. 2, 2 ago. 1856.

[336] As eleições de juiz de paz e vereadores eram realizadas no mesmo dia. Cada eleitor entregava duas cédulas: uma com nomes para vereador e outra com quatro nomes para juízes de paz. Os vereadores eram eleitos com votos de todas as freguesias do município. E os juízes de paz, apenas com votos da paróquia. Fonte: NICOLAU, 2012, p. 22.

dois últimos poderiam ser substituídos por eleitores. Como presidente da Junta, o juiz de paz controlava o processo anual de qualificação e as eleições de membros da Junta e de vereadores, deputados provinciais, deputados gerais e senadores[337]. Portanto, as eleições de juízes de paz de 1856 possuíam importância capital. Além disso, no mesmo dia, ocorreram as eleições de vereadores e de eleitores. Portanto, as eleições primárias consistiam em etapa decisiva das eleições: ali, decidia-se os juízes de paz a presidir as mesas paroquiais e os eleitores que votariam nas eleições secundárias. Assim, era possível prever algo em relação à votação final, a ponto de alguns políticos desistirem de candidaturas em determinados círculos, após a apuração das eleições primárias.

Após as eleições paroquiais na Corte, *O Correio da Tarde* declarou que o governo provava que queria manter a liberdade de voto, "arredando das urnas a interferência oficial da polícia". Mas a julgar pelo papel central das mesas paroquiais, o risco de cabala ainda existia: "Nas eleições, segundo a opinião em voga como líquida, as mesas são tudo"[338]. Porém houve alguns vícios em algumas freguesias da Corte, "porque as qualificações estavam defeituosas"[339]. Em outubro, ainda não era conhecida a divisão de algumas províncias e esse periódico censurou o Ministério pela demora e associou isto à uma manobra intencional de "combinação de interesses individuais, agitando-se os distritos às candidaturas protegidas"[340].

O Correio da Tarde observou que as bases territoriais de alguns círculos do Rio de Janeiro, Bahia e Minas foram feitas para atender a "melhores probabilidades de vitória" de protegidos do governo. No caso da Bahia, a folha considerou que a proposta de divisão dos círculos elaborada pelo presidente Tibério era "injusta" e que o Ministério deveria consultar o mapa da província, ao invés de endossar cegamente as informações da presidência[341]. O correspondente desse jornal na Bahia considerou o eleitorado do litoral baiano mais "ilustrado" que o dos "sertões incultos". Isto serviu para justificar a ideia da concentração dos distritos nas vilas litorâneas, revelando a expectativa de proeminência de eleitorado liberal nessas áreas, ao contrário das vilas do sertão: "caberá no espírito

---

[337] Os vereadores eram eleitos para um mandato de quatro anos pelo voto direto dos qualificados e o mais votado presidia a Câmara. As Câmaras eram compostas por nove vereadores nas vilas e 11 nas cidades. Por sua vez, os deputados provinciais eram eleitos para mandatos de dois anos e os deputados gerais para mandatos de quatro anos. Os senadores possuíam mandatos vitalícios. Fonte: *Ibidem*, p. 20-22.

[338] ESPELHO. *O Correio da Tarde*. Rio de Janeiro: Correio da Tarde, n. 208, p. 2, 9 set. 1856.

[339] O VOTO livre. *O Correio da Tarde*. Rio de Janeiro: Correio da Tarde, n. 228, p. 1, 2 out. 1856.

[340] O GOVERNO e as eleições... *O Correio da Tarde*. Rio de Janeiro: Correio da Tarde, n. 231, p. 1, 6 out. 1856.

[341] BAHIA. *O Correio da Tarde*. Rio de Janeiro: Correio da Tarde, n. 85, p. 2, 12 abr. 1856.

do governo equiparar a categoria dos círculos do sertão pelo número de eleitores, pela extensão, pelos seus elementos, à dos círculos do litoral da província da Bahia, onde a ilustração, a riqueza, são mais difundidas"[342]. Esse argumento revelava que os liberais contavam ter maior apoio no litoral e revelava a tentativa de reduzir o domínio do senador conservador Wanderley (ministro da Fazenda e natural de Barra do Rio Grande, no vale do São Francisco)[343]. Após os pleitos, a folha lastimou o poderio de Wanderley e do santoamarense Francisco Gonçalves Martins na Bahia. Apesar da gestão do liberal Cansansão de Sinimbú — que assumiu "pouco antes das eleições" —, os conservadores saíram vitoriosos: Wanderley dispôs de seis distritos para "presentear seus amigos" e Gonçalves Martins se apossou dos demais[344].

Em relatório do Ministério do Império de 1857, o ministro mencionou possíveis queixas à divisão dos círculos, mas não especificou quais seriam essas reclamações:

> Atendendo-se à conveniência de rever-se a divisão eleitoral do Império, feita em execução da lei n. 842 de 19 de setembro de 1855, e contra a qual tem aparecido algumas reclamações, alegando-se que podia ter sido mais bem combinada a respeito de diferentes localidades, esclarecimentos e dados positivos sobre este objeto, a fim de habilitar-se para propor ao poder legislativo as alterações aconselhadas pela experiência[345].

Em relação a Minas, nas sessões de 1857, surgiram algumas solicitações de subdivisão de círculos, por meio da criação de colégios eleitorais, a fim de resolver o problema da distância entre o local de votação e o eleitor. O próprio presidente Herculano se referiu ao embaraço vivido por "alguns distritos" em que eleitores não compareceram à votação por dificuldades nas viagens "próprias das estações chuvosas", justificando as abstenções registradas em alguns distritos[346]. Assim, as câmaras de Jacuí e Passos (círculo de Caldas) e de Uberaba (círculo de Uberaba) enviaram petições ao Parlamento brasileiro, solicitando a divisão desses círculos em dois colégios eleitorais[347]. O distrito de Caldas apresentou a mais elevada taxa

---

[342] INTERIOR – Bahia. *O Correio da Tarde*. Rio de Janeiro: Correio da Tarde, n. 129, p. 2, 5 jun. 1856.
[343] INTERIOR – Bahia (24 de julho). *O Correio da Tarde*. Rio de Janeiro: Correio da Tarde, n. 178, p. 2, 2 ago. 1856.
[344] COMUNICADOS. Quantos escândalos, meu Deus! *O Correio da Tarde*. Rio de Janeiro: Correio da Tarde, n. 268, p. 3, 19 nov. 1856.
[345] BRASIL. *Relatorio do ano de 1857 apresentado à Assemblea Geral Legislativa na 2ª Sessão da décima legislatura pelo Ministro e Secretario d'Estado dos Negocios do Império, Marquez de Olinda*. Rio de Janeiro: Laemmert, 1858. p. 2.
[346] MINAS GERAIS. *Relatorio que à Assemblea Provincial...* Ouro Preto, MG: Provincial, 28 abr. 1857a. p. 4.
[347] ACD, 21 abr. 1857, p. 35.

de abstenção nas eleições secundárias (31,53%) e seus moradores alegavam que a solicitação facilitaria o trânsito dos eleitores. Uberaba fez o mesmo pedido, com justificativas semelhantes[348].

Além dessas solicitações, o conservador mineiro Luiz Carlos da Fonseca propôs a instauração de mais um colégio no círculo de Montes Claros, alegando que a vasta extensão desse distrito dificultou a locomoção dos votantes, rumo aos três colégios existentes. O liberal Martinho Campos se opôs à medida, por considerá-la um desvirtuamento da *Lei dos Círculos*. O parlamentar receava que a lei perdesse suas principais características que garantiam a representação das minorias, sem que viesse a beneficiar interesses localistas. Para ele, o voto distrital contribuiu para a integridade do Império, ao acabar com as "deputações de províncias". E com a subdivisão dos distritos, "damos garrote à eleição por círculo, se faz com que a eleição se efetue fora do campo em que uma eleição pode debater-se com utilidade para o país". Martinho Campos lembrou que o voto distrital foi um favor feito às províncias pequenas, "por ser o único terreno em que nós, os representantes das aldeias, poderemos ter interesses comuns e nos entendermos para assegurar a integridade do Império". Logo, reiterou o argumento recorrente em 1855, de que a nova lei acabaria com a coesão das "grandes deputações" e cada legislador não seria refém dos interesses comuns da sua bancada. Martinho Campos também assegurou não poder votar em prol de novos colégios, pois teria que fazer o mesmo a todas as paróquias que reivindicassem tal pedido. E o efeito disso seria o comprometimento da liberdade de voto nesses colégios pequenos. Em réplica, Luiz Carlos afirmou que apenas quis atender a pedidos do seu eleitorado, citando a câmara de São Romão, que enviou petição à Casa clamando por tal medida[349]. E afirmou existir colégios com menos de 15 eleitores no Maranhão e Ceará[350].

Além disso, grandes distâncias dificultavam o comparecimento na votação. Nas últimas eleições geral, provincial e na de senadores, o deputado explicou que metade dos eleitores daquele círculo não compareceu aos locais de votação: "Pretender, senhores, que os eleitores resistam, e por tantos dias, aos cuidados de família e aos da gestão de seus misteres diários, é o mesmo que privá-los do exercício do voto, é pretender-se justamente o oposto do que se deseja"[351]. Ao fim, o projeto foi aprovado. A principal justificativa para a aprovação desse tipo de medida era a distância do eleitorado em relação aos

---

[348] *ACD*, 20 jul. 1857, p. 30.
[349] *ACD*, 15 maio 1858, p. 151-156.
[350] *Ibidem*, p. 154.
[351] *Ibidem*, p. 155.

locais de votação, nas eleições de segundo grau. Os dados a seguir demonstram a ausência e comparecimento dos eleitores mineiros em 1856:

Quadro 12 – Taxa de abstenção do eleitorado nas eleições secundárias em Minas Gerais (1856)

Distrito Eleitoral	Nº. Eleitores	Nº. Presentes	% Abstenção
Ouro Preto	106	100	5,66%
Pitangui	96	95	1,04%
Sabará	114	110	3,51%
Itabira	96	93	3,13%
Serro	125	121	3,20%
Diamantina	111	105	5,41%
Minas Novas*	114	102	10,53%
Montes Claros*	140	126	10%
Paracatu*	151	126	16,56%
Uberaba	96	93	3,13%
Caldas*	111	76	31,53%
Pouso Alegre	105	102	2,86%
Baependi	98	98	0%
Campanha	112	102	8,93%
Formiga	95	92	3,16%
São João del-Rei	91	91	0%
Barbacena	110	106	3,64%
Leopoldina	78	72	7,69%
Ubá	95	91	4,21%
Mariana	100	97	3%

Fonte: *CORREIO OFFICIAL DE MINAS*, n. 6, Ouro Preto, MG: Provincial, 26 jan. 1857
* Distritos com maior abstenção

Como se vê, os círculos de Minas Novas (10,53%), Montes Claros (10%) e Paracatu (16,56%) registraram altas taxas de abstenção, pois a vastidão de seus territórios dificultou a mobilidade dos eleitores. Vale notar que estes são também os únicos círculos mineiros que possuem mais de um colégio. Logo, são os únicos em que as eleições secundárias não ocorreram apenas nas sedes dos círculos. A configuração dos colégios nesses distritos era a seguinte: Minas Novas (dois — Minas Novas e Rio Pardo); Montes Claros (três — Montes Claros, Grão Mogol e Januária); Paracatu (dois — Paracatu e Patrocínio). No distrito de Montes Claros, São Romão foi a única vila que não possuía um colégio eleitoral, o que explica a demanda dessa municipalidade. Já a abstenção elevada em Paracatu se explica pelo fato desse círculo ser formado pelo imenso território de duas comarcas (Paracatu e Paranaíba). Curiosamente, alguns distritos que apresentaram as maiores taxas de abstenção foram justamente aqueles que reelegeram deputados, como será pontuado no próximo capítulo. Além dos círculos supracitados, Caldas registrou a taxa de abstenção (31,53%) mais elevada da província. E Uberaba, que solicitou a criação de mais um colégio eleitoral, quase não registrou abstenção. Apesar da significativa abstenção em quatro distritos, a maioria dos círculos mineiros apresentou uma presença expressiva do eleitorado nas eleições secundárias. Em São João del-Rei e Baependi, por exemplo, todos os eleitores compareceram à votação.

***

A análise da distribuição espacial da participação política e da criação de instalação de vilas e comarcas, que se traduziram em processos de hierarquização social e formação de elites atuantes nas câmaras municipais, sedes de comarcas e Assembleia Provincial, propiciou um entendimento da complexa configuração do poder local mineiro de meados do século XIX.

A partir daí, foi possível compreender como e quais elites locais e regionais se lançaram à disputa por cadeiras no Parlamento, no advento do voto distrital. Ademais, o estudo da divisão dos círculos mineiros realizada pelo governo provincial revelou que, de modo geral, o presidente Herculano Penna baseou-se nos dados oficiais acerca de divisão civil, judiciária e eclesiástica da província. Contudo, em alguns momentos, o presidente parece ter se guiado por critérios pouco racionais. De todo modo, para além da interferência do poder executivo provincial na divisão dos distritos eleitorais e sua intenção em favorecer amigos e correligionários, no próximo capítulo, veremos que o voto distrital trouxe maior potencial de imprevisibilidade às eleições, de modo que seus resultados podiam sair do controle dos agentes envolvidos.

CAPÍTULO 3

MINAS E A REPRESENTAÇÃO DOS CÍRCULOS, 1857-1860

3.1. Da tribuna às urnas, das urnas à tribuna

Como já foi dito, a reforma de 1855 pretendia alterar profundamente o perfil da representação provincial a partir de duas ideias centrais: o voto distrital e as incompatibilidades eleitorais. A proposta visava permitir o ingresso de minorias partidárias e políticos locais. Acreditava-se que a medida acabaria com as famigeradas "câmaras unânimes" e reduziria a eleição de magistrados e membros do Executivo. Qual o impacto da *Lei dos Círculos* nas eleições na província de Minas Gerais? Qual o perfil do representante mineiro eleito antes e após a adoção do novo sistema de recrutamento parlamentar?

Neste capítulo, busco responder a tais questões, a partir da identificação e comparação dos perfis das bancadas mineiras eleitas em 1852 e 1856, a partir de extenso levantamento prosopográfico a respeito das filiações partidárias, trajetórias de ocupação de cargos públicos nos poderes Executivo e Legislativo em diferentes esferas (local, provincial, nacional), bem como relações entre os eleitos e seus locais de origem, através de possíveis vínculos a atividades econômicas locais, laços de parentesco etc. A investigação exigiu o recurso a fontes de natureza diversa, como almanaques de Minas, relatórios presidenciais, periódicos de Minas e da Corte, debates parlamentares, publicações da revista do Arquivo Público Mineiro (APM) (1896-1914), obras genealógicas, biográficas e efemérides[352]. Por fim, teço algumas considerações sobre os trabalhos da Comissão de Verificação de Poderes, nas sessões preparatórias de 1857, que avaliaram e votaram a respeito de possíveis irregularidades eleitorais e reconhecimento dos diplomas dos eleitos.

---

[352] Uma primeira versão de parte deste capítulo foi publicada no dossiê "Elites Políticas e Sociais" da *Revista Estudos Históricos*: FREITAS, A. P. R. Eleições em dois tempos: o impacto da Lei dos Círculos na representação mineira da Câmara dos Deputados (1852 e 1856). *Estudos Históricos*, Rio de Janeiro, v. 37, n. 81, p. 1-27, 2024.

3.2. Das urnas à Tribuna: origem e ocupação da bancada mineira em dois tempos

Uma confluência de elementos poderia influenciar nas eleições para deputados, tais como a formação de alianças nos mais diferentes níveis (locais, provinciais e interprovinciais), disputas partidárias e intrapartidárias, conflitos relacionados a políticas públicas voltadas a determinados setores econômicos, além da disputa por ocupação de cargos públicos etc. Além desses elementos, mudanças nas regras do jogo eleitoral poderiam alterar os desenlaces. Minas Gerais era uma província imensa, marcada por enorme complexidade regional e o fato de possuir muitas cadeiras na Câmara poderia dar o tom da diversidade na composição da sua representação. Por outro lado, cabe investigar se procede a asserção de que o voto provincial favorecia a formação de uma bancada uníssona, com a anulação do poder das elites locais, como se alegava nos debates de 1855.

A tabela a seguir estabelece uma visão panorâmica da origem da representação mineira eleita em 1852 e da origem de suas famílias, na disputa em que vigorou o sistema de voto provincial:

Tabela 2 – Origem e núcleo familiar dos deputados gerais mineiros, 1853-1856

Deputados	Naturalidade	Comarca	Origem/ pai	Origem/ mãe
Luiz Antônio Barbosa	Sabará	Rio das Velhas	Sabará	Ouro Preto
Francisco Diogo Pereira de Vasconcellos	Ouro Preto	Ouro Preto	Portugal	Mariana
Manuel Teixeira de Souza	Ouro Preto	Ouro Preto	Ouro Preto	Cachoeira do Campo
Firmino Rodrigues Silva	Niterói-RJ	-		
Antônio Gabriel de Paula Fonseca	Diamantina	Serro		
Antônio Cândido da Cruz Machado	Serro	Serro	Serro	
Francisco de Paula Cândido	Piranga	Ouro Preto	Mariana	Piranga
Joaquim Delfino Ribeiro da Luz	Cristina	Baependi	Campanha	Campanha

Deputados	Naturalidade	Comarca	Origem/ pai	Origem/ mãe
Antônio José Monteiro de Barros	Congonhas do Campo	Ouro Preto	Congonhas	Rio de Janeiro
José Agostinho Vieira de Matos	Bonfim de Montes Claros	São Francisco	Montes Claros	Diamantina
Herculano Ferreira Penna	Diamantina	Serro		
Francisco de Paula Santos	Ouro Preto	Ouro Preto	Portugal	
Carlos José Versiani	Bonfim de Montes Claros	São Francisco	Diamantina	Diamantina
Agostinho José Ferreira Bretas	Ouro Preto	Ouro Preto	Cachoeira do Campo	Ouro Preto
Antônio José da Silva	Uberaba	Paraná		
Caetano Alves Rodrigues Horta	Mariana	Piracicava	Ouro Preto	Pitangui
Bernardo Belizário Soares de Sousa	Paracatu	Paracatu	Portugal	Sabará
Luiz Carlos da Fonseca	Ouro Preto	Ouro Preto	Ouro Preto	Cachoeira do Campo
Justiniano José da Rocha	Rio de Janeiro	-	Pernambuco	Rio de Janeiro
Luiz Soares de Gouvêa Horta	Campanha	Rio Verde		
SUPLENTES:				
Francisco Soares Bernardes Gouvêa	Paracatu	Paracatu		
José Joaquim Lima e Silva Sobrinho	Rio de Janeiro	-		
Manuel de Mello Franco	Paracatu	Paracatu		
José Pedro Dias de Carvalho	Mariana	Piracicava		

Fonte: VEIGA, 1897; *REVISTA DO APM*, 1895, p. 23-95; *ALMANAK DE MINAS GERAIS*. Ouro Preto, MG: Minas Gerais, 1864; *ALMANAK DE MINAS GERAIS*. Ouro Preto, MG:

J. F. de Paula Castro, 1874; MINAS GERAIS. *Anais da Assembleia Legislativa Provincial de Minas Gerais*. Ouro Preto, MG: Echo de Minas; Correio de Minas, 1835-1857; JAVARI, 1979, p. 111-318; MINAS GERAIS. *Relatórios e Falas dos Presidentes da Província de Minas Gerais*. Ouro Preto, MG: Correio de Minas; Soares; Bom Senso; Social; Provincial, 1840-1857

De 20 parlamentares mineiros da 9ª legislatura, nove (45%) eram oriundos da antiga região mineradora onde se localiza a capital da província. Entre 11 restantes, sete (35%) eram provenientes de comarcas do norte mineiro, dois (10%) nascidos na porção sul mineira, um (5%) residente nas fronteiras do Pontal do Triângulo e outros dois (10%) fluminenses. Estes dados revelam que não havia equilíbrio regional na composição da bancada e a elite encastelada na zona central ocupava o maior número de assentos. No mapa a seguir, é possível visualizar a distribuição da representação espacial da bancada eleita em 1852:

Figura 11 – Naturalidade dos deputados gerais da bancada mineira eleita em 1852

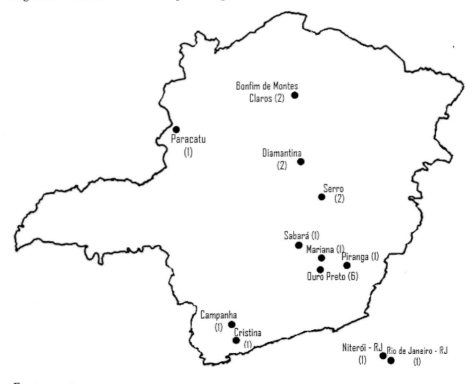

Fonte: a autora

Pode-se dizer que a bancada mineira eleita em 1852 era majoritariamente composta por políticos com maior influência na capital de Minas e/ou na Corte. E embora a maioria fosse natural de Minas, muitos residiam na Corte e possuíam laços mais fluidos com a província. A exemplo dos três mineiros que eram médicos e professores da Faculdade de Medicina do Rio de Janeiro: Paula Cândido, Paula Fonseca e Luiz Carlos. Também é caso dos fluminenses Rodrigues Silva e Justiniano, cujo assento entre os mineiros dependeu das alianças estabelecidas com os saquaremas da Corte. Embora o desembargador Belizário fosse natural de Paracatu, por ser filho do guarda-mor das Minas do Paracatu à época, fixou raízes na Corte. Belizário era tio do Visconde do Uruguai, um dos mais importantes estadistas do Império. À exceção do magistrado campanhense Gouvêa Horta, é significativa a escolha de nomes que não se traduziram em representantes das diversas regiões mineiras, tendo a eleição de 1852 favorecido funcionários públicos residentes em Ouro Preto ou na Corte.

No sistema em vigor até 1855, o eleitor votava em uma lista de candidatos e grande parte desses nomes eram nomes impostos por grandes líderes partidários e governo provincial. A principal crítica ao voto provincial era a de que esse sistema favorecia a eleição de representantes desconhecidos das regiões que os elegeram, o que de fato ocorreu nas eleições de 1852. Isto ajuda a explicar o fato de que, apesar de a região norte mineira possuir representantes na Câmara dos Deputados, seus habitantes se mostravam frequentemente insatisfeitos, ao reivindicar a criação de uma província naquele território, sob as alegações de abandono do governo provincial. Já no caso das comarcas do sul, que também se queixavam de não terem suas necessidades supridas pelo governo provincial, sua representação na Câmara era menor e as queixas maiores. Vale lembrar que a porção sul mineira era uma das mais prósperas e populosas de Minas, com eleitorado expressivo. Porém possuía apenas dois representantes.

O voto distrital alterou esse cenário, do ponto de vista da representação regional? O quadro a seguir aponta que sim. Houve uma diversificação maior dos parlamentares mineiros eleitos em 1856, quando cotejados aos do pleito anterior. A bancada mineira da 10ª legislatura elevou a nível nacional, figuras políticas nascidas em vilas que anteriormente não possuíam representação: Barbacena, Formiga, Minas Novas, Itabira e Pitangui. Além destas, Campanha passou a ter dois representantes e o número de deputados gerais oriundos de Serro elevou-se para três. Por sua vez, houve uma redução de parlamentares ouro-pretanos:

Quadro 13 – Origem dos deputados gerais mineiros, 1857-1860

Distritos Eleitorais	Deputados	Naturalidade	Comarca
Ouro Preto	Francisco Diogo Pereira Vasconcelos	Ouro Preto	Ouro Preto
Pitangui	Francisco Álvares da Silva Campos	Pitangui	Indaiá
Sabará	Luiz Antônio Barbosa	Sabará	Rio das Velhas
Itabira	José Felicíssimo do Nascimento	Itabira	Piracicaba
Serro	Antônio Cândido da Cruz Machado	Serro	Serro Frio
Diamantina	Pedro de Alcântara Machado	Serro	Serro Frio
Minas Novas	Antônio Joaquim César	Minas Novas	Minas Novas
Montes Claros	Luiz Carlos da Fonseca	Ouro Preto	Ouro Preto
Paracatu	Bernardo B. Soares de Sousa	Paracatu	Paracatu
Uberaba	Hermógenes C. de A. Brunswick	Serro	Serro
Caldas	Agostinho José Ferreira Bretas	Ouro Preto	Ouro Preto
Pouso Alegre	João Dias Ferraz da Luz	Campanha	Sul-Central
Baependi	Domingos Teodoro Azevedo Paiva	Oliveira	Rio das Mortes
Campanha	Antônio Filipe de Araújo	Campanha	Rio Verde
Formiga	Francisco Cirilo Ribeiro e Sousa	Formiga	Indaiá
São João del-Rei	João das Chagas de Andrade	Carrancas	Rio das Mortes
Barbacena	Pedro de Alcântara Cerqueira Leite	Barbacena	Paraibuna
Leopoldina	Antônio José Monteiro de Barros	Congonhas	Ouro Preto
Ubá	Francisco de Assis Athayde	Ouro Preto	Ouro Preto
Mariana	Francisco de Paula da Silveira Lobo	Mamanguape	Paraíba

Fonte: VEIGA, 1897; *REVISTA DO APM*, 1896, p. 314, p. 317; MARINHO, 1977; *ALMANAK DE MINAS GERAIS,* Ouro Preto, MG: Minas Gerais, 1864

Do ponto de vista da localização geográfica, o eixo central manteve domínio, com o êxito de candidaturas oriundas de Congonhas do Campo (termo de Ouro Preto), Carrancas (termo de São João del-Rei), Itabira e Sabará. A região intermediária entre o centro, o oeste e sul elegeu dois nomes de Pitangui e Formiga. As vilas norte-mineiras de Serro, Paracatu e Minas Novas mantiveram número significativo de cadeiras. A região Sul continuou a ter dois deputados e a Mata, que não possuía representação, elegeu um barbacenense. Apesar de os dois fluminenses não conseguirem a reeleição, o nome eleito por Mariana era paraibano, embora casado com a filha do senador marianense, o Barão de Pontal.

Figura 12 – Naturalidade dos deputados gerais da bancada mineira eleita em 1856

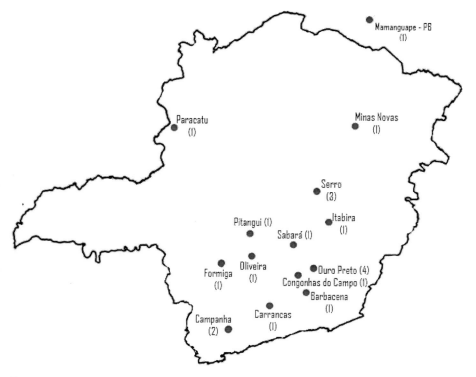

Fonte: a autora

No que se refere à ocupação profissional, os dados revelam que pelo menos 10 (50%) eleitos por Minas em 1852 eram funcionários públicos, sendo seis magistrados e três médicos/professores da Faculdade de Medicina do Rio de Janeiro. O levantamento também revelou que nove (45%) deputados gerais mineiros eleitos em 1852 iniciaram suas carreiras em seus locais de nascimento. Assim, cinco (25%) exerceram mandatos em Câmaras Municipais e sete (35%) foram juízes de paz, juiz municipal e/ou de órfãos.

Quadro 14 – Deputados eleitos em 1852 que ocuparam cargos públicos/mandatos a nível local

Deputado	Câmara Municipal	Executivo, Judiciário, polícia	Outros
Luiz Antônio Barbosa	–	Juiz municipal e de órfãos – Sabará (1837)	
Francisco Diogo Pereira de Vasconcelos	Ouro Preto	Juiz de órfãos – Ouro Preto	
Manoel Teixeira de Souza	Ouro Preto (1853-1856)		
Antônio Cândido da Cruz Machado	–	Juiz de paz e promotor – Serro (1842)	
Joaquim Delfino Ribeiro da Luz	–	Juiz de órfãos – Itajubá	
Antônio José Monteiro de Barros	São João Nepomuceno – presidente (1842); Pomba (1839-1840)	Juiz municipal: Nepomuceno (1844); subdelegado: Leopoldina (1846)	
Carlos José Versiani	Montes Claros – presidente (1853-1868)	Juiz municipal – Montes Claros	
Antônio José da Silva	Uberaba – presidente (1841-1845; 1851-1854)		Cônego
Luiz Soares de Gouveia Horta	–	Juiz de órfãos – Campanha	

Fonte: *ALMANACH SUL-MINEIRO...* Campanha, MG: Monitor Sul-Mineiro, 1874; *ALMANAK DE MINAS GERAIS*, Ouro Preto-MG: Minas Gerais, 1864; *ALMANAK DE MINAS GERAIS*, Ouro Preto, MG: J. P. de Paula Castro, 1874; *CORREIO OFFICIAL DE MINAS*, Ouro Preto, MG: Provincial, 26 jan. 1857; *REVISTA DO APM*, 1895-1914

Qual o impacto da reforma de 1855 no modo prático das eleições? Segundo José Murilo de Carvalho, houve grande renovação: aumentou o número de padres, médicos e lideranças locais. Para o pesquisador, essa eleição teria marcado o início da queda no número de funcionários públicos e do aumento de profissionais liberais no Parlamento, com o "real progresso em distinguir as funções do governo" e a redução do "peso do Executivo no Parlamento", ainda que isto não impedisse o governo de continuar a eleger partidários seus[353]. Contudo o pesquisador traz dados genéricos e não se aprofunda na composição das bancadas provinciais. É preciso maiores estudos sobre a repercussão e as consequências da nova legislação no âmbito das diferentes províncias, para que se tenha uma visão mais acurada do que significou a adoção do voto distrital às elites regionais. Além disso, a análise de uma perspectiva regional pode ajudar a elucidar a totalidade mais ampla da política imperial.

No caso da bancada mineira eleita em 1856, os dados revelaram um aumento no número de políticos com atuação em cargos públicos locais e atuantes nas câmaras municipais, revelando que líderes locais não apenas se lançaram à disputa, como saíram vitoriosos. Ao analisar os dados disponíveis nos quadros 3 e 4, nota-se que 14 (70%) eleitos em 1852 pertenciam à elite de suas vilas de origem: neste rol, dez (50%) exerceram mandatos em Câmaras Municipais, sendo quatro presidentes de tais Casas. Além disso, dez (50%) foram subdelegados, delegados, juiz de paz, juiz municipal e/ou de órfãos. Destes, apenas Vasconcelos e Monteiro de Barros foram eleitos em 1852 e 1856.

Quadro 15 – Deputados eleitos em 1856 que ocuparam cargos públicos/mandatos a nível local

Deputado	Câmara Municipal	Executivo, Judiciário, polícia	Outros
Francisco Diogo Pereira de Vasconcelos	Ouro Preto		
Antônio José Monteiro de Barros	Nepomuceno – presidente (1842); Pomba (1839-1840)	Juiz Municipal – Nepomuceno (1844); Subdelegado: Leopoldina (1846)	
José Felicíssimo do Nascimento	Itabira – presidente (1837-1844, 1845-1848)		Cônego

---

[353] CARVALHO, 2010, p. 402.

Deputado	Câmara Municipal	Executivo, Judiciário, polícia	Outros
Hermógenes Casimiro Araújo Brunswick		curador geral de órfãos; tenente-coronel – Guarda Nacional	Cônego
João Dias Ferraz da Luz	Pouso Alegre – presidente (1853-1854)	Juiz municipal substituto	
Francisco Cirilo		Juiz municipal substituto; subdelegado	
Pedro de Alcântara Machado	Diamantina (1850)		
Antônio Joaquim César	Minas Novas (1845-1848)	Subdelegado, promotor, juiz de paz; coronel – Guarda Nacional	
João das Chagas Andrade		Juiz municipal substituto; delegado (1854); desembargador de polícia (1854)	
Pedro de Alcântara Cerqueira Leite		Juiz de órfãos; juiz municipal	
Francisco de Assis Athayde	Presídio (1839-1840); Ubá – presidente (1853)	Juiz municipal substituto; juiz de paz (1837-1840); promotor; coronel – Guarda Nacional	
Domingos Teodoro Azevedo e Paiva	Aiuruoca (1835)	Juiz municipal – Aiuruoca (1835-1840); Juiz de direito interino (1836)	
Francisco de Paula da Silveira Lobo	Mariana/1853-60	Juiz de órfãos – Mariana (1850); juiz municipal substituto	
Antônio Felipe de Araújo	Campanha		Cônego

Fonte: *ALMANACH SUL-MINEIRO...* Campanha, MG: Monitor Sul-Mineiro, 1874; *ALMANAK DE MINAS GERAIS*, Ouro Preto, MG: Minas Gerais, 1864; *ALMANAK DE MINAS GERAIS*, Ouro Preto, MG: J. P. de Paula Castro, 1874; *CORREIO OFFICIAL DE MINAS*, Ouro Preto, MG: Provincial, 1857; *REVISTA DO APM*, 1895-1914

A respeito de outras ocupações dos eleitos de 1852, havia seis (30%) médicos, três (15%) jornalistas, dois (10%) advogados e o mais importante credor e negociante de Ouro Preto: Francisco de Paula Santos. Além disso, a maioria desenvolvia atividades ligadas à agropecuária.

Quadro 16 – Outras ocupações dos deputados gerais da bancada mineira eleita em 1852

Deputado	Nascimento e morte	Outras ocupações
Luiz Antônio Barbosa	1814-1860	Fazendeiro
Francisco Diogo Pereira de Vasconcelos	1812-1863	Fazendeiro
Manuel Teixeira de Souza	1811-1878	Fazendeiro
Firmino Rodrigues Silva	1815-1879	Jornalista
Antônio Gabriel Paula Fonseca	1821-1875	Médico
Antônio Cândido Cruz Machado	1820-1905	Fazendeiro
Francisco de Paula Cândido	1804-1864	Médico
Joaquim Delfino Ribeiro da Luz	1824-1903	Fazendeiro
Antônio José Monteiro de Barros	1799-1861	Fazendeiro
José Agostinho Vieira de Matos	1809-1875	Médico
Herculano Ferreira Pena	1811-1867	Jornalista
Francisco de Paula Santos	?-1881	Negociante; credor; minerador; fazendeiro
Carlos José Versiani	1819-1906	Médico
Agostinho José Ferreira Bretas	1812-1905	Médico
cônego Antônio José da Silva	?-1858	–
Caetano Alves Rodrigues Horta		Advogado; fazendeiro
Bernardo Belizário Soares de Sousa	1798-1861	Fazendeiro

173

Deputado	Nascimento e morte	Outras ocupações
Luiz Carlos da Fonseca	1808-1887	Médico
Justiniano José da Rocha	1812-1862	Jornalista
Luiz Soares de Gouveia Horta	1818-1860	Fazendeiro

Fonte: *ALMANACH SUL-MINEIRO*... Campanha, MG: Monitor Sul-Mineiro, 1874; *ALMANAK DE MINAS GERAIS*, Ouro Preto, MG: Minas Gerais, 1864; *ALMANAK DE MINAS GERAIS*, Ouro Preto, MG: J. P. de Paula Castro, 1874; *CORREIO OFFICIAL DE MINAS*, Ouro Preto, MG: Provincial, 1857; *REVISTA DO APM*, 1895-1914

Este quadro não sofreu significativa diversificação com a eleição de 1856, ao contrário do que pontua José Murilo de Carvalho, ao referir-se a todo o Parlamento. Nenhum jornalista se elegeu em 1856 — antes possuía três — e o número de médicos caiu de seis para cinco. O número de padres passou de um para três e dois negociantes foram eleitos.

Quadro 17 – Outras ocupações dos deputados gerais da bancada mineira eleita em 1856

Deputado	Nascimento e morte	Outras ocupações
Luiz Antônio Barbosa	1814-1860	Fazendeiro
Francisco Diogo Pereira de Vasconcelos	1812-1863	Fazendeiro
Antônio Cândido Cruz Machado	1820-1905	Fazendeiro
Antônio José Monteiro de Barros	1799-1861	Fazendeiro
Agostinho José Ferreira Bretas	1812-1905	Médico
Bernardo Belizário Soares de Sousa	1798-1861	Fazendeiro
Luiz Carlos da Fonseca	1808-1887	Médico
Francisco Álvares da Silva Campos	1820-1861	Fazendeiro
José Felicíssimo do Nascimento	?-1884	-
Pedro de Alcântara Machado	1808-	Negociante
Antônio Joaquim César	?-1884	Advogado; fazendeiro

Deputado	Nascimento e morte	Outras ocupações
Hermógenes Caetano Araújo Brunswick	1783-1861	Fazendeiro; negociante
João Dias Ferraz da Luz	?-1879	Médico; fazendeiro; boticário
Domingos Theodoro de Azevedo e Paiva	-	Fazendeiro; negociante
Antônio Filipe de Araújo	?-1857	-
Francisco Cirilo Ribeiro e Souza	1814-1890	Médico
João das Chagas Andrade	-	Médico
Pedro de Alcântara Cerqueira Leite	1807-1883	Fazendeiro
Francisco de Assis Athayde	?-1860	Fazendeiro
Francisco de Paula da Silveira Lobo	1826-1886	Advogado; fazendeiro

Fonte: *ALMANACH SUL-MINEIRO...* Campanha, MG: Monitor Sul-Mineiro, 1874; *ALMANAK DE MINAS GERAIS*, Ouro Preto, MG: Minas Gerais, 1864; *ALMANAK DE MINAS GERAIS*, Ouro Preto, MG: J. P. de Paula Castro, 1874; *CORREIO OFFICIAL DE MINAS*, Ouro Preto, MG: Provincial, 1857; *REVISTA DO APM*, 1895-1914

A respeito da atuação no poder executivo provincial, nove (45%) membros da bancada mineira da 9ª legislatura ocuparam cargos nesta instância, no período anterior à eleição de 1852.

Quadro 18 – Deputados eleitos em 1852 que tiveram cargos a nível provincial

Deputados	Cargos
Luiz Antônio Barbosa	Vice-presidente (1851); chefe de polícia (1849)
Francisco Diogo Pereira de Vasconcelos	Chefe de polícia (1842-1844, 1849)
Manuel Teixeira de Souza	Inspetor interino da Tesouraria Provincial (1833); inspetor da Tesouraria Provincial (1841-1845); secretário do governo provincial (1848-1849); diretor de filial Banco do Brasil em Minas Gerais

Firmino Rodrigues Silva	Chefe de polícia (1842)
Joaquim Delfino Ribeiro da Luz	Inspetor Tesouraria Provincial
Herculano Ferreira Pena	Secretário do governo provincial (1835-1844); vice-presidente de Minas Gerais (1842) e do Espírito Santo (1845)
Francisco de Paula Santos	Coletor de imposto provincial; diretor filial Banco do Brasil em Minas Gerais
Bernardo Belizário Soares de Sousa	Juiz de fora – Campanha (1826)
Antônio José Monteiro de Barros	Juiz de fora – Mariana (1826-1829)

Fonte: *ALMANACH SUL-MINEIRO...* Campanha, MG: Monitor Sul-Mineiro, 1874; *ALMANAK DE MINAS GERAIS*, Ouro Preto, MG: Minas Gerais, 1864; *ALMANAK DE MINAS GERAIS*, Ouro Preto, MG: J. P. de Paula Castro, 1874; *CORREIO OFICIAL DE MINAS*, Ouro Preto, MG: Provincial, 1857; *REVISTA DO APM*, 1895-1914

Por sua vez, entre os mineiros eleitos para a 10ª legislatura, poucos ocuparam anteriormente esse tipo de cargo, com o percentual caindo de 45% (9) para 15% (3). Destes, dois já pertenciam à bancada anteriormente eleita.

Quadro 19 – Deputados eleitos em 1856 que tiveram cargos a nível provincial

Deputados Gerais	Executivo provincial
Luiz Antônio Barbosa	Vice-presidente de Minas Gerais (1851); chefe de polícia (1849)
Francisco Diogo Pereira de Vasconcelos	Chefe de polícia (1842-1844, 1849)
Hermógenes Casimiro Araújo Brunswick	Administrador de recebedoria

Fonte: *REVISTA DO APM*, 1895-1914; VEIGA, 1897

Não houve mudança expressiva no número de eleitos que ocuparam cargos a nível nacional. Apenas Monteiro de Barros não foi reeleito e Ferreira Pena ascendeu ao Senado. Já entre os cinco eleitos de 1856 com esse perfil, apenas Cerqueira Leite não era novato.

Quadro 20 – Deputados eleitos em 1852 que tiveram cargos públicos a nível nacional ou na Corte

Deputado	Ministério	Presidente provincial	Polícia e Judiciário
Luiz Antônio Barbosa	Justiça (1853)	Minas Gerais (1851-1853); Rio de Janeiro (1853-1857)	
Francisco Diogo Pereira de Vasconcelos	Justiça (1857-1858)	Minas Gerais (1853-1855)	Chefe de polícia da Corte (1850-1853)
Antônio Cândido da Cruz Machado	Ministro – Montevidéu (1843)		Chefe de polícia da Corte (1848)
Herculano Ferreira Pena		Espírito Santo (1845); Pará (1846-1848); Pernambuco (1848); Amazonas (1853)	
Bernardo Belizário Soares de Souza			Juiz de órfãos da Corte (1835); desembargador – Tribunal da Relação
Antônio José Monteiro de Barros			Juiz dos feitos – Fazenda Nacional (1830); ouvidor geral – Diamantina (1830-1831) e Ouro Preto (1832-1833)

Fonte: JAVARI, 1979, p. 111-318; MINAS GERAIS. *Relatórios e Falas dos Presidentes da Província de Minas Gerais*. Ouro Preto, MG: Correio de Minas; Soares; Bom Senso; Social; Provincial, 1840-1857; VEIGA, 1897

Quadro 21 – Deputados eleitos em 1856 que tiveram cargos públicos a nível nacional ou na Corte

Deputado	Ministério	Presidência provincial	Polícia e Judiciário
Luiz Antônio Barbosa	Justiça (1842)	Minas Gerais (1851-1853); Rio de Janeiro (1853-1857)	Juiz de fora - Mariana (1826)
Francisco Diogo Pereira de Vasconcelos	Justiça (1857-1858)	Minas Gerais (1853-1855) e São Paulo (1856-1857)	Chefe de polícia da Corte (1850-1853)'
Antônio Cândido da Cruz Machado	Ministro – Montevidéu (1843)	Goiás (1854-1856); Maranhão (1855-1857)	Chefe de polícia da Corte (1848, 1853-1855)
Bernardo Belizário Soares de Souza			Juiz de fora – Campanha (1826); juiz de órfãos – Corte (1835); desembargador Relação da Corte (1854)
Pedro de Alcântara Cerqueira Leite			Desembargador – Relação (PE) (1854)

Fonte: JAVARI, 1979, p. 111-318; MINAS GERAIS. *Relatórios e Falas dos Presidentes da Província de Minas Gerais*. Ouro Preto, MG: Correio de Minas; Soares; Bom Senso; Social; Provincial, 1840-1857; VEIGA, 1897

3.3. E as inelegibilidades relativas? Magistrados e reeleitos

Na 9ª legislatura, pelo menos 50% da bancada mineira era formada por funcionários públicos e destes, 35% eram juízes de direito. Chama atenção que, em 1856, o número de servidores públicos eleitos deputados gerais em Minas saltou de 10 para 16. A bancada mineira permaneceu com sete magistrados (35%), demonstrando que as inelegibilidades da nova lei não afetaram a entrada de juízes de direito de Minas no Parlamento, ainda que dois deles tenham sido derrotados pelo voto distrital.

Quadro 22 – Magistrados eleitos para a bancada mineira nas 9ª e 10ª legislaturas

1853-1856	1857-1860
Francisco Diogo Pereira de Vasconcelos	Francisco Diogo Pereira de Vasconcelos (1º círculo/Ouro Preto)
Luiz Antônio Barbosa	Luiz Antônio Barbosa (3º círculo/Sabará)
Antônio Cândido da Cruz Machado	Antônio Cândido da Cruz Machado (5º círculo/Serro)
Bernardo Belizário Soares de Sousa	Bernardo Belizário Soares de Sousa (9º círculo/Paracatu)
Antônio José Monteiro de Barros	Antônio José Monteiro de Barros (18º círculo/Leopoldina)
Firmino Rodrigues Silva*	Francisco Álvares da Silva Campos (2º círculo/Pitangui)
Luiz Soares de Gouvêa Horta*	Pedro de Alcântara Cerqueira Leite (17º círculo/Barbacena)

Fonte: MINAS GERAIS. *Relatórios e Falas dos Presidentes da Província de Minas Gerais.* Ouro Preto, MG: Correio de Minas; Soares; Bom Senso; Social; Provincial, 1840-1857; VEIGA, 1897, 1897; *ALMANAK DE MINAS GERAIS.* Ouro Preto, MG: Minas Gerais, 1864; *ALMANAK DE MINAS GERAIS.* Ouro Preto, MG: J. P. de Paula Castro, 1874; *ALMANACK LAEMMERT*, Rio de Janeiro: Laemmert, 1843-1885
*magistrados não reeleitos em 1856

Como se vê, apesar da celeuma levantada em torno da questão da incompatibilidade, não houve redução na entrada de magistrados na bancada mineira, na vigência da *Lei de Círculos*. Apenas dois deputados magistrados não conseguiram a reeleição: Rodrigues Silva e Ribeiro da Luz. Em contrapartida, dois juízes liberais ingressaram na Casa — Cerqueira Leite e Francisco Campos — sendo este último estreante na Casa. Importante frisar que o princípio das inelegibilidades aprovado em 1855 apenas impedia a candidatura do magistrado no círculo em que exercia jurisdição. Assim, muitos juízes buscaram outro distrito para lançar suas candidaturas, o que permitiu a vitória de sete magistrados mineiros em 1856. Nesse rol, cinco foram reeleitos.

3.4. Cadeiras conservadas: novos círculos, velhos mandatos?

Dentre os parlamentares mineiros que ocuparam cadeiras na 9ª legislatura, apenas três não se candidataram à reeleição: Justiniano José da Rocha, Caetano Alves Rodrigues Horta e Herculano Ferreira Penna, eleito senador em 1853. À exceção destes, toda a bancada mineira eleita em 1852 tentou se reeleger em 1856. Apenas sete saíram vitoriosos nas duas eleições, sendo cinco magistrados e dois médicos.

Quadro 23 – Círculos eleitorais mineiros com deputados reeleitos, 1857-1860

Distrito	Comarca	Deputado	Ocupação	Partido
Ouro Preto	Ouro Preto	Francisco Diogo Pereira de Vasconcelos	Magistrado	Conservador
Sabará	Rio das Velhas	Luiz Antônio Barbosa	Magistrado	Conservador
Serro	Serro	Antônio Cândido da Cruz Machado	Magistrado	Conservador
Montes Claros	São Francisco	Luiz Carlos da Fonseca	Médico	Conservador
Paracatu	Paracatu	Bernardo Belizário Soares de Souza	Magistrado	Conservador
Caldas	Sapucaí	Agostinho José Ferreira Bretas	Médico	Conservador
Leopoldina	Muriaé	Antônio José Monteiro de Barros	Magistrado	Conservador

Fonte: Veiga (1897) e Javari (1979, p. 324-325)

Todos os deputados gerais mineiros reeleitos eram conservadores e grande parte se candidatou em distritos situados em antigas áreas mineradoras (Ouro Preto, Rio das Velhas, Serro e Paracatu). Outros três foram reeleitos em Montes Claros, Leopoldina e Caldas.

Figura 13 – Círculos eleitorais com conservadores reeleitos para a bancada mineira em 1856

Fonte: a autora

O círculo da capital de Minas Gerais — Ouro Preto — e que abrangia os termos de Queluz e Bonfim, presenciou a disputa entre três conservadores que votaram a favor da Reforma Eleitoral de 1855 e pleiteavam a reeleição. Francisco Diogo Pereira de Vasconcelos venceu por considerável margem de votos (61) Manuel Teixeira de Souza (39). Por sua vez, Francisco de Paula Santos foi eleito suplente com 75 votos[354]. Outros candidatos obtiveram poucos votos para suplente: Marçal José dos Santos, irmão de Paula Santos eleito em 1842, 1844 e 1856 para a Assembleia Provincial. Marçal dos Santos era vereador, curador geral de órfãos e presidente da Caixa Filial do Banco do Brasil na capital mineira[355]; o major e comendador Lucas Antônio Monteiro de Castro (futuro 2º Barão de Congonhas) era vereador, subdelegado na freguesia de Congonhas do Campo, em Ouro Preto e dono

---

[354] ELEIÇÕES. *Correio Oficial de Minas*. Ouro Preto, MG: Provincial, n. 6, p. 2, 26 jan. 1857.
[355] *REVISTA DO APM*, 1896, p. 58-69; *ALMANAK DE MINAS GERAIS*, 1864. p. 72-3.

de uma fábrica de ferro[356]; e o tenente-coronel e vereador em Ouro Preto José Basílio da Gama Villas Boas[357]. Em suma, a disputa concentrou-se em Vasconcelos e Teixeira de Souza, que optaram por lançar suas candidaturas na cidade natal, onde possuíam relações políticas.

O ouro-pretano Manuel Teixeira de Souza (futuro barão de Camargos) era filho do sargento-mor, contador da Repartição da Fazenda Real e ex-presidente provincial Manuel Teixeira de Souza. Seu cunhado e sogro Luís Machado de Magalhães era fazendeiro em Camargos (Mariana), e foi membro da Junta Governativa de Minas. Advogado, Manuel Teixeira de Souza fez carreira como funcionário da Tesouraria Provincial: ingressou aos 18 anos, assumiu interinamente sua gestão após a Sedição de 1833 e, de 1841 a 1845, efetivou-se como Inspetor da Tesouraria. Foi presidente da Caixa Filial do Banco do Brasil e secretário do governo provincial (1848-1849). Em 1840 e 1848, foi eleito deputado provincial. De 1853 a 1856, comandava a Guarda Nacional de Ouro Preto e foi correspondente do *Jornal do Comércio* em Ouro Preto[358]. Era deputado geral e vereador na capital, quando se candidatou a deputado geral em 1856. Portanto, atuou em cargos e mandatos importantes no Executivo e Legislativo provincial. Já o comendador ouro-pretano Paula Santos era filho do português e médico da Corte Joaquim José dos Santos. Foi juiz de paz na capital, deputado provincial de 1840 a 1847 e deputado geral eleito em 1850 e 1853. Paula Santos era o negociante mais importante da capital, envolvido em negócios de mineração, escravos e crédito. Foi coletor de impostos e diretor da caixa filial do Banco do Brasil em Ouro Preto[359]. Apesar de todos esses predicados, apenas se elegeu suplente.

Francisco Diogo Pereira de Vasconcelos era filho do português Diogo Pereira Ribeiro de Vasconcelos, bacharel em direito em Coimbra e que exerceu os mais importantes cargos na antiga Vila Rica: vereador e presidente do senado da Câmara, juiz ordinário e de órfãos, procurador da Real Fazenda e inspetor do Selo da Capitania de Minas. Dezessete anos mais novo do que o irmão Bernardo Pereira de Vasconcelos, sua história

---

[356] *Ibidem*, p. 73, p. 96.
[357] *Ibidem*, p. 7.
[358] *ALMANAK DE MINAS GERAIS*, 1864, p. 44-227; VEIGA, 1897, p. 183-268, p. 57-61; JAVARI, 1979, p. 314-439; *ALMANACK LAEMMERT*, 1873, p. 57; TRINDADE, 1943, s/p; HOT, A. D. *Cartas à Viscondessa*. Dissertação (Mestrado em História) – Universidade Federal de Ouro Preto, Ouro Preto, MG, 2010. p. 22-24; p. 27-50; HORTA, 1956.
[359] *ALMANAK DE MINAS GERAIS*, 1864, p. 50-182; VEIGA, 1897, p. 165-166; *REVISTA DO APM*, 1896, p. 56-59; JAVARI, 1979, p. 314-345; *ALMANACK LAEMMERT*, 1852, p. 380.

familiar contribuiu para a entrada na política no início dos anos 1840, quando o irmão já era senador. Francisco Diogo formou-se em direito em 1835 e atuou como juiz municipal de órfãos de Ouro Preto, juiz de direito substituto na comarca do Paraibuna e em 1839, foi nomeado magistrado em Rio das Mortes[360]. Foi eleito deputado provincial (1840, 1844 e 1848) e deputado geral (1843, 1853). Foi vice-presidente de Minas (1843) e juiz de direito em Belém do Pará (1844), chefe de polícia de Minas (1842-1844 e 1849) e chefe de polícia da Corte (1850-1853). A sua trajetória denota sua influência nas três esferas de poder: local, provincial e nacional. Foi presidente de Minas de 1853 a janeiro de 1856. Portanto, ocupava o cargo mais importante da província, às vésperas das eleições. Estava à frente do governo provincial no período da qualificação de votantes e da eleição de deputados provinciais. Em 1856, geriu a província paulista, ausentando-se do governo mineiro para poder se candidatar a deputado. O fato de presidir duas províncias importantes no período salienta seus laços na Corte. Embora eleito deputado, foi nomeado senador em 1857 e o suplente Paula Santos acabou assumindo a cadeira do 1º círculo mineiro. Já Teixeira de Souza ficou um tempo afastado do poder legislativo, tendo sido escolhido senador em 1859, em lista tríplice encabeçada pelo liberal Teófilo Ottoni e o conservador Rodrigues Silva.

Ainda na região central mineradora, na comarca do Rio das Velhas, no círculo de Sabará — que abrangia os termos de Sabará e Caeté —, o conservador Luiz Antônio Barbosa foi reeleito por pequena margem de votos (58) contra 52 do seu opositor Anastácio Sinfrônio Gonçalves de Abreu[361]. Todos os candidatos eram sabarenses. A vila de Caeté não apresentou candidato local. O médico, fazendeiro e juiz municipal substituto Modestino Carlos da Rocha Franco — chefe do partido liberal local — foi eleito suplente. Rocha Franco era filho do capitão-mor Quintiliano Rodrigues da Rocha Franco (2º barão de Santa Luzia em 1847), eleito deputado provincial em 1838[362]. Anastácio Sinfrônio era neto do capitão José Gonçalves de Abreu, inspetor geral da Intendência, juiz substituto de órfãos e presidia a Câmara de Sabará em 1855. Anastácio era médico formado na Alemanha e se casou com a neta de Luiz Antônio Barbosa e filha do coronel Pedro Gomes Nogueira da Gama, proprietário do jornal local *O Vigilante* (1832-35), magistrado,

---

[360] ALMANACK LAEMMERT, 1853, p. 91; VEIGA, 1897, p. 57-210; JAVARI, 1979, p. 301-448; REVISTA DO APM, 1896, p. 13-65; ALMANAK DE MINAS GERAIS, 1864, p. 190; SISSON, 1999, p. 397-399; BRANCO, 2010.
[361] ELEIÇÕES. *Correio Oficial de Minas*. Ouro Preto, MG: Provincial, n. 6, p. 2, 26 jan. 1857.
[362] REVISTA DO APM, 1896, p. 55-79; ALMANAK DE MINAS GERAIS, 1864, p. 190-229; VEIGA, 1897, p. 330-440.

juiz de fora e ex-presidente da câmara municipal (1829-1836). Anástacio foi juiz de paz em Raposos e, em 1856, presidia a câmara municipal de Sabará. Em 1857, era dono do periódico *O Progressista*[363].

Logo, o conselheiro Barbosa enfrentou a oposição do marido da sua neta. Nascido em Sabará, Barbosa era filho do coronel sabarense Francisco de Paula Barbosa da Silva e da ouro-pretana Isabel Maria de Ávila Lobo Leite. Formado em direito em São Paulo, era genro do capitão ouro-pretano José Caetano Rodrigues Horta e cunhado do deputado da 9ª legislatura, José Caetano Rodrigues Horta[364]. No início de sua carreira, foi juiz municipal, de órfãos em Sabará e juiz de direito nas comarcas de Sabará, Rio das Mortes, Ouro Preto, Serro, Diamantina e do Jequitinhonha. Foi chefe de polícia de Minas (1849), deputado provincial (1842-1845) e deputado geral eleito em 1843, 1850, 1853 e 1857. Foi vice-presidente (1851) e presidente de Minas (1852-1853), ministro da Justiça (1853) e presidente fluminense (1854)[365]. Logo, possuía uma carreira política consolidada na Corte.

Os distritos de Serro, Montes Claros e Paracatu também reelegeram conservadores. No Serro, Antônio Cândido da Cruz Machado obteve 83 votos, contra os 39 de Bento Alves Gondim. O cunhado de Cruz Machado — Simão da Cunha Pereira — derrotou o liberal Joaquim Ferreira Carneiro, na eleição de suplente[366]. Eleito deputado provincial em 1854 e 1856, Carneiro só teve um voto para deputado geral. Nesse círculo, também não tiveram sucesso os candidatos liberais: o magistrado Antônio Thomaz de Godoi foi deputado provincial (1842) e deputado geral eleito em 1845; por sua vez, o médico serrano Bento Gondim foi presidente da câmara do Serro (1849-1851), diretor da Fábrica de Tecidos da Cana do Reino (1851) e era deputado provincial (1852-1857), tendo atuado nessa função por três biênios seguidos[367].

A vitória de Cruz Machado foi atribuída ao domínio da sua família no Serro. Segundo o liberal *A atualidade*, desde que Cruz Machado subiu ao

---

[363] SANTOS, M. L. Educação, assistência e sociabilidade. O governo dos pobres em Sabará/MG (1832-1860). *In*: VAGO, T. M.; OLIVEIRA, B. J. (org.). *Histórias de práticas educativas*. 1. ed. Belo Horizonte: Editora da UFMG, 2008; *REVISTA DO APM*, 1901, p. 107; *ALMANAK DE MINAS GERAIS*, 1864, p. 212.

[364] *REVISTA DO APM*, 1908, p. 306, p. 313-314.

[365] JAVARI, 1979, p. 302-446; p. 57-386; *REVISTA DO APM*, 1896, p. 34-58; *REVISTA DO APM*, 1908, p. 314, p. 317, p. 330; *ALMANACK LAEMMERT*, 1854, p. 60; *ALMANACK LAEMMERT*, 1856, p. 69-77; TRINDADE, 1943, s/p; SILVA, 1937, p. 59-99; FERREIRA, 2003, p. 51.

[366] ELEIÇÕES, *Correio Official de Minas*. Ouro Preto, MG: Provincial, n. 6, p. 2, 26 jan. 1857.

[367] *REVISTA DO APM*, 1896, p. 62-64; *REVISTA DO APM*, 1909, p. 593.

poder, todas as eleições daquela cidade eram feitas "segundo seu bel-prazer". O delegado de polícia do Serro era seu tio e toda a polícia e guarda nacional era ocupada por pessoas de sua confiança. Com efeito,

> Desde que se pôs em execução a lei dos círculos, o lugar de deputado geral, o de suplente, assim como os dois de deputados provinciais foram distribuídos entre os membros dessa família. Ao Sr. Cruz Machado coube em partilha a deputação geral, a seu concunhado Dr. Simão da Cunha a suplência e a deputação provincial. O Sr. Thomaz Teixeira de Gouvêa que também é ligado à família, teve o segundo lugar de deputado provincial. Por vontade do Sr. Cruz Machado, a ninguém era dado pretender um desses lugares que estavam distribuídos pelos membros da família. Quaisquer que fossem os títulos do candidato, de nada lhe valiam, se sua pretensão não fosse apoiada pelos senhores da situação[368].

Apesar disso, Cruz Machado sofreu derrota na eleição para a Assembleia Provincial, quando seu candidato Rabelo perdeu para o vereador liberal Thomaz Teixeira de Gouvêa, candidato apoiado pelo Barão de Diamantina. Apesar desse revés, fato é que Cruz Machado saiu duplamente vitorioso em 1856, garantindo a vaga de suplente ao seu cunhado Simão da Cunha Pereira que seria eleito deputado provincial em 1858[369]. O serrano Cruz Machado foi eleito juiz de paz, vereador, promotor, coronel da guarda nacional e seguiu carreira na magistratura. O conselheiro Cruz Machado — futuro Visconde do Serro Frio — era filho do coronel Antônio da Cruz Cândido e de Maria José Velasco. Em 1843, casou-se com a filha do diamantinense comendador José Ferreira Carneiro, que residia no Serro, assim como seus cunhados: o tenente José Ferreira Carneiro Júnior, o desembargador Joaquim Ferreira Carneiro e o comendador Justino Ferreira Carneiro. A partir de 1843, Cruz Machado passou a ocupar cargos e mandatos a nível nacional: ministro residente em Montevidéu (1843), magistrado em Cantagalo (RJ) (1846), chefe de polícia da Corte (1848; 1853-1856), deputado geral eleito em 1850, 1853 e 1857, presidente de Goiás (1854-1855) e Maranhão (1855-1857)[370]. Logo, geria o Maranhão à época das eleições de 1856. No período, o jornal liberal *O Correio da Tarde* o acusou de interferir nos

---

[368] MINAS GERAIS. *A Atualidade*: Jornal Politico, Literário e Noticioso. Rio de Janeiro: Americana de J. S. de Pinho, n. 65, p. 1, 7 jan. 1860.
[369] *REVISTA DO APM*, 1896, p. 66-67.
[370] *ALMANAK DE MINAS GERAIS*, 1864, p. 198; JAVARI, 1979, p. 313-449; BLAKE, 1970, p. 123.

pleitos e se revelar "apaixonado demais" para ser "bom administrador"[371]. Cruz Machado mandou prender eleitores e anulou pleitos que resultaram na derrota de saquaremas[372]. O periódico acusou-o de agir de "má fé, por mentir a respeito da adesão à conciliação e marchar por outra senda"[373].

No círculo de Paracatu (que abrangia os termos de Paracatu e Patrocínio), Bernardo Belizário Soares de Sousa (90 votos) derrotou os liberais Bernardo de Melo Franco (77), Melchior Carneiro de Mendonça Franco (74), Teófilo Ottoni (26), padre Modesto Luiz Caldeira (15), Joaquim Pedro de Melo (15) e Joaquim Antão Fernandes Leão (5)[374]. O padre Caldeira atuava na freguesia de Piumhi e foi juiz municipal em Bagagem[375]. Joaquim Pedro de Melo foi juiz municipal substituto, juiz de paz e delegado em Santo Antônio da Manga (termo de Paracatu) e deputado provincial eleito em 1850, 1852 e 1854[376]. Bernardo Belizário nasceu em Paracatu, filho do português Antônio Carlos Soares de Souza — guarda-mor das Minas de Paracatu — e irmão de José Antônio Soares de Souza, pai do Visconde de Uruguai. Formado em direito em Coimbra, Belizário foi juiz municipal e de órfãos em Campanha, no sul mineiro. Nos anos 1840, tornou-se desembargador da Relação da Corte. De 1847 a 1853, aparece no *Almanaque Laemmert* como fazendeiro de café em Araruama (RJ) e Saquarema (RJ) e eleitor na Corte. Era genro do comendador Francisco Alvares de Azevedo Macedo, comandante da Guarda Nacional de Itaboraí (RJ). Foi o político que mais exerceu mandatos na Câmara dos Deputados, sendo eleito sete vezes em 30 anos: 1830, 1834, 1838, 1843, 1850, 1853 e 1857[377]. Já o médico liberal e paracatuense Bernardo de Melo Franco era irmão de Manuel de Melo Franco, deputado atuante nos debates de 1855. Ambos eram filhos do padre Joaquim de Melo Franco. Bernardo foi juiz de paz e vereador em Paracatu. Em 1856, foi eleito suplente[378].

Como exposto, quase todos os reeleitos lançaram suas candidaturas nas vilas onde nasceram: Vasconcelos (Ouro Preto), Barbosa (Sabará), Cruz Machado (Serro) e Bernardo Belizário (Paracatu). Em outros dois distritos, Agostinho José Ferreira Bretas e Antônio José Monteiro de Barros foram reeleitos em

---

[371] RIO, 12 de Novembro de 1856. *O Correio da Tarde*. Rio de Janeiro: Correio da Tarde, n. 262, p. 3, 12 nov. 1856.
[372] INTERIOR. Ceará. *O Correio da Tarde*. Rio de Janeiro: Correio da Tarde, n. 294, p. 2, 22 dez. 1856.
[373] INTERIOR. Alagoas. *O Correio da Tarde*. Rio de Janeiro: Correio da Tarde, n. 295, p. 1, 23 dez. 1856.
[374] ELEIÇÕES. *Correio Oficial de Minas*. Ouro Preto, MG: Provincial, n. 6, p. 2, 26 jan. 1857.
[375] *ALMANAK DE MINAS GERAIS*, 1864, p. 394; *REVISTA DO APM*, 1896, p. 67.
[376] *ALMANAK DE MINAS GERAIS*, 1864, p. 245-318; *REVISTA DO APM*, 1896, p. 61-63; JAVARI, 1979, p. 352.
[377] JAVARI, 1979, p. 287-324; *ALMANACK LAEMMERT*, 1853, p. 75-133; *ALMANACK LAEMMERT*, 1855, p. 234.
[378] JAVARI, 1979, p. 306-345; *ALMANAK DE MINAS GERAIS*, 1864, p. 318.

áreas onde se fixaram. Em Caldas (termos de Caldas, Jacuí e Passos), o médico conservador Agostinho Bretas (63 votos) venceu a oposição de Roque de Souza Dias (9), Vicente Ferreira Carvalhais (2), José Joaquim Fernandes de Paula (1) e João Dias de Quadros Aranha (1)[379]. Atuante na Assembleia Mineira desde 1852, José Afonso Dias de Souza ficou com a suplência (62)[380].

Natural de Santo Antônio do Machado (termo de Caldas), o liberal Roque de Souza Dias era formado em direito. Foi juiz de paz e vereador nessa freguesia e deputado provincial (1842-1847). Seu pai — o capitão-mor Custódio José Dias — era um dos maiores criadores de gado de Caldas, envolvido no abastecimento da Corte. Roque era sobrinho do finado senador liberal — o padre José Custódio Dias, também criador de gado[381]. Para além das atividades econômicas da família, o pai de Roque foi membro do 2º governo provisório de Minas (1823) e deputado geral na 1ª legislatura, ao lado do irmão padre. Roque de Souza Dias foi vereador em seu termo e eleito deputado provincial em 1840, 1842 e 1846[382]. Em 1856, não obteve a mesma sorte nas eleições gerais. Apesar de ser ouro-pretano, o candidato vitorioso — Agostinho Bretas — vivia em Caldas e foi também responsável pela derrota de Roque Dias nas três últimas eleições provinciais. Certamente, sua atuação dos últimos oito anos na Assembleia Mineira o favoreceu, nas eleições de 1856. Vale lembrar que a taxa de abstenção desse círculo foi alta: 35 eleitores ausentes. Outros nomes ali derrotados foram: Vicente Ferreira Carvalhais — negociante, juiz municipal, subdelegado e inspetor paroquial em Jacuí[383]; coronel José Joaquim Fernandes de Paula — vereador e fazendeiro em Passos[384]; João Dias de Quadros Aranha — deputado geral (1834-1837), padre em Pouso Alegre, negociante e juiz de paz na freguesia de Perdões[385].

Natural de Cachoeira do Campo (Ouro Preto), o médico Agostinho José Ferreira Bretas era filho do português Domingos José Ferreira Bretas.

---

[379] ELEIÇÕES. *Correio Official de Minas*. Ouro Preto, MG: Provincial, n. 6, p. 2, 26 jan. 1857.

[380] *REVISTA DO APM*, 1896, p. 62-65.

[381] MACIEL, A. F. Observações sobre o constitucionalismo brasileiro antes do advento da república. *Revista de Informação Legislativa*, Brasília, v. 39, n. 156, out./dez. 2002. p. 20.

[382] PASCOAL, I. José Bento Leite Ferreira de Melo, padre e político. O liberalismo moderado no extremo sul de Minas Gerais. *Varia História*, Belo Horizonte, v. 23, n. 37, p. 208-222, jan./jun. 2007; OLIVEIRA, C. E. F., 2014; *REVISTA DO APM*, 1896, p. 57-60; *ALMANAK DE MINAS GERAIS*, 1864, p. 329-330; *ALMANACH SUL-MINEIRO*... 1874, p. 148-149; p. 362; p. 443-444.

[383] *ALMANAK DE MINAS GERAIS*, 1864, p. 379, p. 381.

[384] *ALMANAK DE MINAS GERAIS*, 1873, p. 394.

[385] JAVARI, 1979, p. 291; *ALMANAK DE MINAS GERAIS*, 1864, p. 308-491.

Bretas residiu em várias cidades dos eixos sul e sudeste: Jaguari, Mar de Espanha, São João Nepomuceno, Caldas e Poços de Caldas. Foi eleito deputado provincial em 1848, 1850, 1852 e 1854. Ou seja, por quatro legislaturas consecutivas. Além disso, foi deputado geral na 9ª legislatura[386].

Na Zona da Mata, o círculo de Leopoldina (termos de Leopoldina, Muriaé e Mar de Espanha) elegeu Antônio José Monteiro de Barros (56 votos). Os liberais Custódio Ferreira Leite (barão de Aiuruoca) e Teófilo Ottoni tiveram apenas 11 e três votos, respectivamente. O deputado provincial Domiciano Monteiro de Castro e o comendador Manoel José Monteiro de Castro tiveram um voto cada. José Joaquim Monteiro de Barros foi eleito suplente (60)[387].

Antônio José Monteiro de Barros nasceu em Congonhas do Campo (Ouro Preto). Era filho do barão de Paraopeba — Romualdo José Monteiro de Barros —, sendo este membro do 2º governo provisório de Minas (1823), do Conselho de Governo (1825-1829 e 1830-1833) e vice-presidente de Minas (1850). Proprietário de rica lavra de ouro em Congonhas, o Barão também fundou a primeira fábrica de ferro da província. Antônio José era sobrinho e genro do Visconde de Congonhas do Campo (Lucas Antônio Monteiro de Barros) e do comendador Manoel José Monteiro de Barros (deputado provincial em 1840). O tio visconde foi juiz de fora nas Ilhas dos Açores (1819), ouvidor de Vila Rica (1808), desembargador da Relação da Bahia (1808-1812), deputado às Cortes de Lisboa (1821), presidente provincial, senador, ministro e presidente do Supremo Tribunal de Justiça. Possuía extensas fazendas em diversas regiões mineiras: Congonhas (centro), Queluz e Belo Vale (centro), Frutal (oeste), Leopoldina (mata) e São Gonçalo do Sapucaí (sul). Antônio José também era cunhado do senador Miranda Ribeiro, o Visconde de Uberaba. Em suma, a família Monteiro de Barros compreendia uma extensa rede de homens de prestígio na Corte, detentores de títulos de nobreza, de altos cargos e de vastas porções de terras. Após formar-se em direito em Olinda, Antônio José estabeleceu-se em Leopoldina. Foi eleito deputado provincial (1840) e deputado geral (1843, 1850, 1853)[388]. Antônio José ajudou a fundar a vila de Leopoldina e exerceu o cargo de vereador nesse município.

---

[386] *ALMANAK DE MINAS GERAIS*, 1864, p. 383; *REVISTA DO APM*, 1896, p. 60-63; JAVARI, 1979, p. 318-363; BARATA, C. E. A.; BUENO, A. H. C. *Dicionário das Famílias Brasileiras*. Brasília: MEC/Ibero América, 2000; TRINDADE, 1943, s/p.

[387] ELEIÇÕES, *Correio Official de Minas*. Ouro Preto, MG: Provincial, n. 6, p. 1, 26 jan. 1857.

[388] *REVISTA DO APM*, 1896, p. 12-56; JAVARI, 1979, p. 302-325; BROTERO, F. B. *A família Monteiro de Barros*. São Paulo: [s. n.], 1951; HORTA, 1956, s/p; TRINDADE, 1943, s/p; BLAKE, 1970, p. 115.

O seu principal oponente, o liberal Custódio Ferreira Leite (barão de Aiuruoca), estabeleceu-se na região há muitos anos, tornando-se um importante cafeicultor da Zona da Mata. O barão residia na fazenda Barra do Louriçal, em Mar de Espanha. Natural de Conceição da Barra (termo de São João del-Rei), Ferreira Leite era filho do sargento-mor José Leite Ribeiro. O barão foi agraciado com 17 sesmarias na região de Mar de Espanha e uma em Resende (RJ). Era tio do futuro Barão de Vassouras e de Domiciano Leite Ribeiro — futuro Visconde de Araxá. Por anos, residiu em suas fazendas no Rio de Janeiro. Em 1835, fixou-se definitivamente em Mar de Espanha, quando se dedicou à construção de estradas nas áreas entre a Corte, o Vale do Paraíba, Mata e sul de Minas[389].

Entre os sete círculos eleitorais que reelegeram deputados, apenas Montes Claros (termos de Montes Claros, Grão Mogol e Januária) reelegeu um candidato que parecia não ter vínculo com o círculo ao qual se candidatou. Ali, com 82 votos, o médico Luiz Carlos da Fonseca derrotou toda a oposição liberal: o cônego e deputado provincial Antônio Gonçalves Chaves (66), o padre Domingos Pereira de Oliveira (31), o deputado provincial Joaquim Felício dos Santos (2) e o deputado geral José Pedro Dias de Carvalho (1)[390]. O deputado geral conservador Carlos José Versiani foi eleito suplente. Versiani era dono de engenho e vereador em Montes Claros[391]. O diamantinense Joaquim Felício dos Santos era filho do serrano Antônio José dos Santos — funcionário da Real Fundição. Em Diamantina, Felício fundou a Fábrica de Tecidos de Biribiri, ao lado dos seus irmãos: João Antônio dos Santos (1º bispo de Diamantina), o major Antônio Felício dos Santos (vereador e médico), Maria Josefina dos Santos (baronesa de Guaicuí) e o negociante Felício Amador do Santos. Destacou-se na política como dono e redator do liberal *O Jequitinhonha* em Diamantina. Era professor e dono do Ateneu São Vicente de Paulo, em sociedade com o cunhado Pedro de Alcântara Machado, deputado eleito pelo círculo de Diamantina[392].

---

[389] *REVISTA DO APM*, 1910, p. 429-437; SILVA, M. F. D. *Diccionario biográfico de brasileiros celebres nas letras, artes, política*. Rio de Janeiro: Laemmert, 1871. p. 33-34; LENHARO, 1993, p. 67-68.

[390] 126 eleitores presentes. ver: ELEIÇÕES. *Correio Official de Minas*. Ouro Preto, MG: Provincial, n. 6, p. 1, 26 jan. 1857.

[391] *ALMANAK DE MINAS GERAIS*, 1864, p. 300; *REVISTA DO APM*, 1896, p. 60-63; JAVARI, 1979, p. 318-363; MINAS GERAIS. *Relatorio que à Assemblea Provincial...* Ouro Preto, MG: Provincial, 25 mar. 1858. p. 7; *ALMANACK LAEMMERT*, 1855, p. 162.

[392] *ALMANAK DE MINAS GERAIS*, 1864, p. 217-261; MARTINS, M. L. Um arauto da modernização republicana nas Minas Gerais: o pensamento político de Joaquim Felício dos Santos. *In*: LOPES, M. A. (org.). *Grandes nomes da história intelectual*. São Paulo: Contexto, 2003. p. 465-480.

O conselheiro Luiz Carlos da Fonseca era natural de Ouro Preto e filho do escrivão do Almoxarifado da Real Fazenda, José Pedro Carlos da Fonseca. Luiz Carlos era médico da Imperial Câmara e professor das Faculdades de Medicina e de Belas Artes do Rio de Janeiro. Residia na Corte há muitos anos. No ano em que se casou com a filha de Joaquim José de Magalhães Coutinho (guarda-roupa de D. Maria I) e da condessa Mariana Carlota de Verna Magalhães (preceptora do príncipe D. Pedro II), foi eleito deputado geral pela primeira vez. Em seguida, foi eleito em 1853 e 1857[393]. Luiz Carlos era estabelecido na Corte há décadas e possuía relações muito próximas com a família real e os laços familiares conectavam-no mais a Ouro Preto, e não ao círculo que o elegera.

Por outro lado, o liberal Antônio Gonçalves Chaves era importante chefe regional. Seu pai (de mesmo nome) era natural de Minas Novas e fora ordenado padre de Montes Claros em 1834. Rapidamente Chaves (o pai) se inseriu na política local, sendo eleito vereador em 1836 e por 12 anos, presidiu a Câmara Municipal (1840-1853). Reconhecido como o primeiro chefe liberal local, Chaves (o pai) vivia em luta contra as famílias conservadoras Veloso e Versiani, participou do Movimento Liberal de 1842 e foi eleito deputado provincial em 1842, 1846 e 1848. Antônio Gonçalves Chaves (o filho) herdou o capital político do pai. Nascido em Montes Claros, formou-se em direito em São Paulo e foi juiz municipal em Montes Claros, onde organizou uma sociedade para a instalação de uma fábrica de fiação e tecidos[394]. Apesar do poderio de ambos e demais nomes liberais que concorreram àquele círculo, venceu um candidato que parecia não ter nenhum laço com políticos e famílias locais. A vitória de Luiz Carlos da Fonseca pode ser vista como a grande exceção na eleição regida pelo voto distrital em Minas e é possível que esteja associada à sua influência no governo. Luiz Carlos foi o único mineiro a concorrer e ser reeleito em um círculo que não tinha laços com as elites locais, derrotando os adversários mais influentes da região.

Sendo assim, os círculos mineiros que reelegeram conservadores no centro-sul foram (Ouro Preto, Sabará, Leopoldina, Caldas) e norte-mineiro

---

[393] *ALMANAK ADMINISTRATIVO, CIVIL E INDUSTRIAL DA PROVINCIA DE MINAS GERAIS (doravante: ALMANAK DE MINAS GERAIS)*. Organização e redação Antônio de Assis Martins. Rio de Janeiro: Diario do Rio de Janeiro, 1870. p. 29; VEIGA, 1897, p. 167-168; JAVARI, 1979, p. 302-410; LUSTOSA, 1983; *ALMANACK LAEMMERT*, 1856, p. 65; *ALMANACK LAEMMERT*, 1857, p. 71.

[394] FREITAS, A. P. R., 2009; HORTA, 1956, s/p; PORTO, C. H. Q. *Paternalismo, poder privado e violência*: o campo político norte-mineiro durante a Primeira República. Dissertação (Mestrado em História) – Universidade Federal de Minas Gerais, Belo Horizonte, MG, 2002; *REVISTA DO APM*, 1896, p. 57-59; *ALMANAK DE MINAS GERAIS*, 1864, p. 4-286.

(Serro, Paracatu e Montes Claros). A maioria dos reeleitos era natural ou residia no distrito em que se candidatou. A exceção foi Montes Claros. Além destes, outros três deputados gerais da 9ª legislatura foram eleitos suplentes[395].

3.5. De uma Casa à outra? Mandatos nas Assembleias Mineira e Geral

A atuação na Assembleia Legislativa Provincial Mineira foi um elemento essencial ao ingresso na Câmara dos Deputados, antes e após a reforma eleitoral de 1855? Ao cotejar a passagem de deputados mineiros das duas legislaturas que atuaram na Assembleia Mineira, buscou-se conhecer possíveis nuances entre as duas esferas legislativas do sistema imperial e indagar sobre a relevância da passagem pelo legislativo regional para uma possível projeção ao cenário nacional.

Nesse sentido, observou-se que 11 parlamentares não tiveram mandatos nessa instituição. Por sua vez, 45% possuíam experiência no legislativo provincial, indicando a existência de um significativo elo entre o recrutamento eleitoral nas duas Casas. Desse percentual, 25% atuaram em biênios espaçados e 20% exerceram mandatos por até quatro legislaturas seguidas, ocupando simultaneamente assentos nas duas Assembleias: Ribeiro da Luz, Versiani, Bretas e Rodrigues Horta:

Quadro 24 – Deputados gerais eleitos em 1852 que ocuparam assentos na Assembleia mineira

Deputado/Ano	1838	1840	1842	1844	1846	1848	1850	1852	1854
Vasconcelos		■		■		■			
Barbosa			■	■					
Teixeira de Souza		■		■		■			
Ribeiro da Luz							■	■	■
Vieira de Matos	■	■		■					
Paula Santos		■		■	■				
Versiani						■	■	■	■

---

[395] Foram eles: Paula Santos (1º distrito), Paula Fonseca (7º distrito) e Versiani (8º distrito).

Deputado/Ano	1838	1840	1842	1844	1846	1848	1850	1852	1854
Ferreira Bretas						■	■	■	■
Rodrigues Horta			■		■	■	■	■	

Fonte: *REVISTA DO APM* (1895, p. 53-95)

Com a adoção do voto distrital, o elo entre as Casas se intensificou: doze (60%) legisladores mineiros eleitos à Câmara dos Deputados em 1856 atuaram na Assembleia Provincial Mineira, sendo que seis (30%) ali atuaram por três ou quatro biênios consecutivos. Além disso, 25% (5) atuaram em 1854-1855 e 20% (4) eram deputados provinciais na ocasião das eleições de 1856. Ou seja, 20% da nova bancada eleita pelo voto distrital 'saiu' do legislativo provincial diretamente para a Câmara:

Quadro 25 – Deputados gerais eleitos em 1856 que ocuparam assentos na Assembleia mineira

Deputado/Ano	1836	1838	1840	1842	1844	1846	1848	1850	1852	1854	1856
Vasconcelos*		■		■		■					
Barbosa*				■	■						
Monteiro de Barros*				■							
Ferreira Bretas*							■	■	■	■	
Francisco Campos							■				
Felicíssimo				■	■	■					
Alcântara Machado					■		■				
Brunswick								■	■	■	■
Azevedo e Paiva	■	■									

Deputado/Ano	1836	1838	1840	1842	1844	1846	1848	1850	1852	1854	1856
Cirilo								■	■	■	■
Chagas Andrade											■
Cerqueira Leite	■	■									
Athayde								■	■	■	■
Cônego Araújo							■	■	■	■	■
Joaquim César							■				

Fonte: REVISTA DO APM (1895, p. 53-95)
* Eleitos em 1852 e 1856

Este levantamento permitiu concluir que o voto distrital intensificou o vínculo entre as duas instâncias legislativas, com a vitória de políticos com laços mais intrincados com setores regionais representados na Assembleia Provincial. Não é este o caso dos quatro deputados gerais reeleitos, em que três atuaram no legislativo mineiro no início dos anos 1840, quais sejam: Vasconcelos, Barbosa e Monteiro de Barros. Logo, eram figuras de prestígio na Corte em 1856 e já não atuavam na Assembleia Mineira há muito tempo, pois seu poder e influência vinham das relações com a Corte e, em muitos casos, da atuação em suas comarcas como magistrados.

Entretanto chama atenção que seis representantes eleitos para a bancada mineira da 10ª legislatura nunca exerceram mandatos ou cargos relevantes na política provincial, encaixando-se no perfil pejorativamente cunhado nos debates de 1855 como "notabilidades de aldeia". Portanto, é significativo o percentual de estreantes (30%) sem qualquer experiência na política provincial ou nacional. Essa renovação em Minas se coaduna com os cálculos demonstrados por Wanderley Guilherme dos Santos (2013) a respeito da taxa de renovação bruta das bancadas provinciais. Para esse autor, a taxa de renovação da eleição de 1856 foi de 81,7% em relação à taxa medida de 65% por legislatura em todo o período imperial.

Em síntese, a *Lei dos Círculos* permitiu o ingresso de um número significativo de políticos inexperientes na Casa. Líderes locais conseguiram ingressar na Câmara dos Deputados, alterando o perfil da representação nacional. Todavia, a adoção das inelegibilidades não teve o efeito esperado em Minas Gerais, pois o número de magistrados mineiros eleitos não caiu.

3.6. A dança das cadeiras: estreantes conservadores e liberais

A eleição de 1852 regida pela *Lei Eleitoral de 1846* resultou em uma "câmara unânime", com toda a Casa ocupada por conservadores. Esse perfil se diversificou um pouco quando liberais substituíram vagas deixadas por conservadores ao longo da legislatura. Logo, a formação original da bancada mineira se alterou em quatro assentos de 1853 a 1855, sendo dois ocupados por liberais[396].

O impacto da *Lei Eleitoral de 1855* sobre a representação imperial em contextos regionais é pouco explorado pela historiografia. Geralmente, os estudos sobre eleições costumam citar os dados levantados por José Murilo de Carvalho que aventa certa renovação partidária no cômputo geral do Parlamento, ao revelar a eleição de "uns 23" liberais num universo de 116 deputados[397]. A esse respeito, Sérgio Buarque de Holanda contabilizou em torno de "25 dos antigos luzias" e destacou uma composição parlamentar formada por muitos "novatos, de tendências ainda mal pronunciadas" e antigos deputados que "se achavam frequentemente divididos por despeitos e ressentimentos que agora vão subir à tona"[398].

Há poucos estudos sobre a composição das bancadas provinciais que permitam ter uma visão mais acurada do significado da adoção do voto distrital às elites regionais. Além disso, uma perspectiva regional pode ajudar a elucidar a totalidade mais ampla da política imperial. Para o caso de Pernambuco, Suzana Cavani Rosas demonstrou que o novo sistema não gerou grande reviravolta. Por outro lado, observou que o maior legado da nova lei em Pernambuco foi o retorno dos liberais à arena eleitoral[399]. Para a autora, alguns motivos atenuaram possíveis mudanças: a manutenção de grande parte

---

[396] Foram eles: Bernardes de Gouvêa ocupou o lugar deixado por Ferreira Pena, nomeado senador em 1853; Lima e Silva Sobrinho substituiu Cruz Machado, nomeado presidente do Maranhão; já os liberais Melo Franco e Dias de Carvalho substituíram Versiani e Vasconcelos. O último presidia Minas em 1855.

[397] CARVALHO, 2010, p. 4.

[398] HOLANDA, 1971, p. 59.

[399] ROSAS, 2011, p. 1-12.

das regras eleitorais referentes à qualificação de eleitores e eleições primárias; a restrição das inelegibilidades relativas permitiu a vitória de muitos magistrados; e a possibilidade de os candidatos disputarem eleições em mais de um círculo, contrariando o espírito da reforma. Além disso, destacou a influência do ministro da justiça Nabuco de Araújo e do líder conservador Barão de Camaragibe em Pernambuco: entre os eleitos, apenas um era liberal[400].

Por sua vez, Arthur Roberto Germano Santos dedicou-se às eleições na província do Maranhão e ali notou significativa renovação com as eleições distritais[401]. Segundo o autor, nessa província que passou de quatro a seis deputados em 1856, a *Lei dos Círculos* tirou certa influência dos presidentes de província, antes diretamente implicados nos resultados eleitorais.

Em Minas Gerais, o voto distrital fez com que oito liberais obtivessem êxito na competição. Em relação à distribuição territorial dos eleitos, diversas zonas contribuíram com a eleição de liberais. Dois círculos situados no sul mineiro, um ao norte, quatro na região central mineradora e um no oeste de Minas. Vale notar que a chamada de alguns deputados para presidir províncias ou a nomeação no Senado, possibilitou a entrada de suplentes liberais. Na bancada mineira, por exemplo, pelo menos três suplentes liberais tomaram assento nessa legislatura: Melo Franco, Dias de Carvalho e Alcântara Machado.

Em contrapartida, cinco distritos situados na zona central mineradora e no norte mineiro elegeram o maior número de conservadores reeleitos. E os distritos situados nas porções sul e oeste contribuíram com um deputado cada uma. O quadro a seguir mostra a diversidade partidária na bancada mineira eleita pela *Lei dos Círculos*:

Quadro 26 – Bancada mineira da 10ª legislatura (1857-1860) e filiação partidária

Distritos	Comarcas	Deputados	Partido
Ouro Preto	Ouro Preto	Francisco Diogo Pereira de Vasconcelos *	Conservador
Pitangui	Indaiá	Francisco Álvares da Silva Campos	Liberal

---

[400] Ibidem, p. 1-12.
[401] SANTOS, A. G. dos. As eleições no Brasil Império: notas historiográficas a partir de uma província do Norte. *Clio*: Revista de Pesquisa Histórica, v. 41, p. 103-145, jan.-jun. 2023; SANTOS, A. G. *Entre o nacional e o local*: eleições, organização e atuação das elites políticas na província do Maranhão (1842-1875). Tese (Doutorado em História) – Universidade Federal Rural do Rio de Janeiro: Seropédica, 2021.

Distritos	Comarcas	Deputados	Partido
Sabará	Rio das Velhas	Luiz Antônio Barbosa	Conservador
Itabira	Piracicava	José Felicíssimo do Nascimento	Liberal
Serro	Serro	Antônio Cândido da Cruz Machado	Conservador
Diamantina	Serro	Pedro de Alcântara Machado	Liberal
Minas Novas	Jequitinhonha	Antônio Joaquim César*	Conservador
Montes Claros	Rio São Francisco	Luiz Carlos da Fonseca*	Conservador
Paracatu	Paracatu	Bernardo Belizário Soares de Sousa	Conservador
Uberaba	Paraná	Hermógenes Casimiro de Araújo Brunswick	Conservador
Caldas	Sapucaí	Agostinho José Ferreira Bretas*	Conservador
Pouso Alegre	Jaguari	João Dias Ferraz da Luz	Conservador
Baependi	Baependi	Domingos Teodoro de Azevedo e Paiva	Liberal
Campanha	Rio Verde	Antônio Filipe de Araújo	Conservador
Formiga	Indaiá	Francisco Cirilo Ribeiro e Sousa	Liberal
São João del-Rei	Rio das Mortes	João das Chagas de Andrade	Liberal
Barbacena	Paraibuna	Pedro de Alcântara Cerqueira Leite	Liberal
Leopoldina	Muriaé	Antônio José Monteiro de Barros*	Conservador
Ubá	Muriaé	Francisco de Assis Athayde	Conservador
Mariana	Piracicava	Francisco de Paula da Silveira Lobo	Liberal

Fonte: VEIGA, 1897; *O CORREIO DA TARDE*. Rio de Janeiro: Correio da Tarde, 1857.

*Deputados da bancada mineira na nona legislatura (1853-56) reeleitos em 1856

Em suma, a *Lei dos Círculos* permitiu o retorno dos liberais à Casa, confirmando o principal temor dos seus adversários. Para seus defensores, a nova lei contribuía para uma melhor representação política, com uma relativa diversidade partidária. Quase metade da bancada mineira foi ocupada por liberais. Embora minoritária, a representação dos liberais eleitos na vigência do novo sistema rompia com o padrão das "câmaras unânimes", cumprindo o objetivo pelo qual a lei foi criada. E embora o partido conservador tenha saído numericamente vitorioso, era notório o clima de derrota diante da nova composição parlamentar. E, nesse sentido, Sergio Buarque de Holanda arriscou uma hipótese acerca dos planos de Paraná, quando apresentou a proposta de reforma eleitoral:

> Se Honório não queria uma grande maioria para o partido conservador que ele ajudou a formar e fortalecer, nada faz acreditar que tivesse desejado uma grande vitória luzia. Jogando uma cartada sumamente arriscada, o que pretendeu, e conseguiu, foi evitar a formação de uma Câmara unanimemente conservadora (ou unanimemente liberal), e isso lhe bastava[402].

Não é possível saber se, de fato, esta era a intenção de Paraná. Fato é que, na província mineira, de um total de 13 novos deputados, pelo menos oito eram liberais. O quadro abaixo demonstra os círculos mineiros com estreantes e seus respectivos partidos e a figura 14 situa os distritos que elegeram liberais e conservadores estreantes. O número de estreantes surpreendeu os contemporâneos que temiam a ineficácia do novo sistema e a continuidade da ingerência do Estado nas eleições.

Quadro 27 – Círculos eleitorais mineiros com estreantes eleitos, 1857-1860

Círculo	Comarca	Deputados	Ocupação	Partido
Diamantina	Serro	Pedro de Alcântara Machado	Negociante	Liberal
Minas Novas	Jequitinhonha	Antônio Joaquim César	Magistrado	Conservador
Itabira	Piracicaba	José Felicíssimo do Nascimento	Monsenhor	Liberal

---

[402] HOLANDA, 1971, p. 61.

Círculo	Comarca	Deputados	Ocupação	Partido
Mariana	Piracicaba	Francisco de Paula da Silveira Lobo	Magistrado	Liberal
Uberaba	Paraná	Hermógenes Casimiro Araújo Brunswick	Padre	Conservador
Formiga	Rio Grande	Francisco Cirilo Ribeiro e Sousa	Médico	Liberal
São João del-Rei	Rio das Mortes	João das Chagas de Andrade	Médico	Liberal
Pitangui	Indaiá	Francisco Álvares da Silva Campos	Magistrado	Liberal
Pouso Alegre	Jaguari	João Dias Ferraz da Luz	Médico	Conservador
Baependi	Baependi	Domingos Teodoro de Azevedo e Paiva	Magistrado	Liberal
Campanha	Rio Verde	Antônio Felipe de Araújo	Padre	Conservador
Ubá	Muriaé	Francisco de Assis Athayde	Coronel - GN	Conservador
Barbacena	Paraibuna	Pedro de Alcântara Cerqueira Leite	Magistrado	Liberal

Fonte: MARINHO, 1977; *ALMANAK DE MINAS GERAIS*. Ouro Preto, MG: Minas Gerais, 1864; *REVISTA DO APM*, 1910; *CORREIO OFFICIAL DE MINAS*. Ouro Preto, MG: Provincial, n. 6, p. 2, 26 jan. 1857

Figura 14 – Círculos eleitorais mineiros que elegeram deputados estreantes, 1856

Fonte: a autora

Oito círculos elegeram liberais. Destes, duas localizavam-se no antigo polo minerador: Mariana e São João del-Rei. Nas áreas limítrofes à essa região, estavam as vilas de Itabira (a leste), Diamantina (ao norte), Pitangui e Formiga (a oeste), Baependi (ao sul) e Barbacena (na Mata). Portanto, a vitória de liberais se concentrou nas áreas mais antigas de Minas, ligadas às atividades mineradoras e de abastecimento da região central e da Corte. De outro lado, os distritos de zonas mais longínquas que elegeram estreantes conservadores foram: Uberaba e Minas Novas. Além destes, Ubá, Campanha e Pouso Alegre também elegeram conservadores estreantes, apesar de presenciarem a disputa acirrada com governistas.

A eleição em cada círculo mineiro teve suas particularidades, fato que por si só já dá uma dimensão da complexidade que é analisar eleições na província com maior eleitorado do Império. Sem pretender esgotar a discussão sobre como esse processo se desenrolou, a seguir serão analisados alguns aspectos da eleição em cada um desses círculos.

O círculo de Diamantina presenciou a vitória do liberal Pedro de Alcântara Machado (61 votos) sobre o conservador José Agostinho Vieira de Mattos (44). Sessenta votos garantiram a suplência ao liberal Joaquim Mariano dos Santos[403]. Na imprensa, circulou relatos de que a candidatura do conservador Vieira de Mattos era sustentada pelo "saquarema vermelho", o Barão de Araçuaí, que comandava a polícia e a guarda nacional[404]. Natural do Serro, Alcântara Machado era filho do português Caetano Machado Curvelo e seus irmãos residiam no sul de Minas. Seu sogro, Antônio José dos Santos, era funcionário da Real Fundição e sua sogra era irmã do bispo de Diamantina Antônio Felício dos Santos e do jornalista diamantinense Joaquim Felício dos Santos. Ou seja, Pedro de Alcântara Machado possuía laços familiares com as elites serrana e diamantinense. Alcântara Machado era negociante em Diamantina, participou do Movimento Liberal de 1842, tendo sido eleito deputado provincial em 1842 e 1846 e era vereador na sua cidade natal, quando se candidatou em 1856[405].

Já o médico montes-clarense Agostinho vivia em Diamantina, tendo sido eleito por três vezes para a Assembleia Provincial (1838, 1840 e 1844). Nos anos 1850, passou a viver na Corte, ao ser eleito deputado geral por dois mandatos (1850 e 1853)[406]. Segundo *O Correio da Tarde*, sua candidatura era sustentada localmente por um "saquarema", o barão de Araçuaí. Já a candidatura de Alcântara Machado foi apoiada por liberais e conservadores que se aliaram, por entenderem que convinha acabar com as "antigas denominações de Saquaremas e Luzias, organizando-se um partido nacional de *progressistas regeneradores*". Tal aliança garantiu a derrota saquarema em Diamantina[407].

O círculo de Minas Novas presenciou uma disputa entre conservadores: com 75 votos dos 102 eleitores presentes nos colégios de Minas Novas e Rio Pardo, Antônio Joaquim César derrotou o deputado geral Paula Fonseca. Paula Fonseca foi eleito suplente com 57 votos, contra Antônio Ernesto da Costa (34), o deputado provincial Herculano Cezar de Miranda Ribeiro (22) e o ex-deputado provincial reverendo José Pacífico Peregrino

---

[403] O deputado provincial Vicente José de Figueiredo teve 42 votos para suplente, seguido de Silvério Lessa (1) e dois votos brancos. Fonte: ELEIÇÕES. *Correio Oficial de Minas*. Ouro Preto, MG: Provincial, n. 6, p. 1, 26 jan. 1857.
[404] MINAS – Diamantina. *O Correio da Tarde*. Rio de Janeiro: Correio da Tarde, n. 279, p. 2-3, 18 nov. 1856.
[405] REVISTA DO APM, 1896, p. 58, p. 60; JAVARI, 1979, p. 324; ALMANACK LAEMMERT, 1853, p. 412; *ALMANACK LAEMMERT*, 1858, p. 461; MARINHO, 1977; MARTINS, 2003, p. 465-480.
[406] VEIGA, 1897, p. 415-416; *REVISTA DO APM*, 1896, p. 55-58; JAVARI, 1979, p. 313-318; BLAKE, 1970, p. 269.
[407] PUBLICAÇÕES a pedido. Minas. *O Correio da Tarde*. Rio de Janeiro: Correio da Tarde, n. 279, p. 1, 18 nov. 1856. Grifo do original.

e Silva (16)[408]. Natural de Minas Novas, o bacharel em direito Antônio Joaquim César era coronel da Guarda Nacional, foi juiz de paz, promotor e vereador em Minas Novas. Uma liderança local que sequer foi deputado provincial. A vigência da *Lei dos Círculos* permitiu a sua estreia na Casa[409]. Por sua vez, o deputado geral diamantinense Paula Fonseca nunca ocupou cargo importante a nível local ou provincial e residia na Corte, onde era médico e professor da Faculdade de Medicina[410]. Portanto, dois círculos eleitorais ao norte da província elegeram estreantes em 1856, sendo que um deles já teria atuado no Legislativo Provincial.

A oeste da província, dois conservadores disputaram o distrito de Uberaba. O cônego Hermógenes Casimiro de Araújo Brunswick venceu o cônego e deputado geral Antônio José da Silva com larga margem de votos (78 a 16). Um eleitor votou em Antônio Gomes Nogueira Barbosa[411]. Na eleição de suplente, o deputado provincial José Tavares de Melo foi eleito com 56 votos contra 39 de Antônio Barbosa Gomes Nogueira. Tavares de Melo foi eleito deputado provincial em 1850, 1852, 1854 e 1856[412] e Nogueira Barbosa era magistrado em São João del-Rei, após mandato de deputado provincial em São Paulo (1852-1853)[413]. O cônego Hermógenes nasceu em Conceição do Mato Dentro (termo do Serro) e era filho do capitão Manoel Ferreira de Araújo. Em 1814, tornou-se cônego em Desemboque (termo de Uberaba), onde atuou até sua morte.

Para Marcus Caetano, Hermógenes era uma espécie de "vigário-potentado" do Triângulo, atuando em "todas as atividades sociais, políticas e econômicas que os potentados laicos exercem no seu tempo". Era grande proprietário de terras, advogado provisionado, vereador, curador de órfãos, ocupando vários cargos públicos na região. Inicialmente, Hermógenes lutou por sesmarias naquelas fronteiras agrícolas, bem como o controle sobre a mão de obra indígena aldeada[414]. No início do século XIX, a agropecuária do oeste mineiro despontou como fornecedora do mercado da Corte, via sul de Minas. Nesse contexto, o rival histórico de Hermógenes nessa região

---

[408] ELEIÇÕES. *Correio Official de Minas*. Ouro Preto, MG: Provincial, n. 6, p. 1, 26 jan. 1857.
[409] *ALMANAK DE MINAS GERAIS*, 1864, p. 280; JAVARI, 1979, p. 324-339.
[410] VEIGA, 1897, p. 42-409; JAVARI, 1979, p. 314-331; *ALMANACK LAEMMERT*, 1855, p. 68.
[411] Nogueira Barbosa obteve um voto. ELEIÇÕES. *Correio Official de Minas*. Ouro Preto, MG: Provincial, n. 6, 26 jan. 1857.
[412] *REVISTA DO APM*, 1896, p. 62-65.
[413] SÃO PAULO. *Anais da Assembleia Provincial Paulista*. São Paulo: Imprensa Oficial, 1852-1853.
[414] DOMINGOS, M. C. *Hermógenes e a eleição para as Cortes de Lisboa na Comarca de Paracatu e na província de Minas Gerais: 1821-1822*. Dissertação (Mestrado em História) – Universidade de São Paulo, São Paulo, 2007. p. 137.

era o major Antônio Eustáquio da Silva e Oliveira. Em 1820, a criação da freguesia de Uberaba transferiu a porção mais rica da jurisdição eclesiástica da freguesia do Desemboque às mãos do sobrinho do major Eustáquio, o vigário Antônio José da Silva. Essa rivalidade perdurou décadas e recrudesceu nas eleições de 1856: dois vigários de duas importantes vilas (Desemboque e Uberaba), disputavam um assento no Parlamento. Uberaba era sede do distrito, mas foi Desemboque que elegeu seu líder.

Antônio José da Silva era ouro-pretano e irmão do conservador coronel Carlos José da Silva, vereador e juiz municipal substituto em Uberaba. Estabeleceu-se em Uberaba em 1815, quando se tornou cônego e ali permaneceu até 1855. Por décadas, foi vereador, além de presidir a Câmara de 1841 a 1845 e de 1851 a 1854. Foi eleito deputado provincial em 1835 e 1840, onde atuou marcadamente em defesa da transferência da sede da vila de Desemboque para Uberaba, alegando o enfraquecimento econômico e populacional da antiga vila. Em 1850 e 1853, o cônego Silva foi eleito deputado geral, mas não foi reeleito em 1856[415]. Por sua vez, Hermógenes já era uma influência regional quando pleiteou uma cadeira na Câmara dos Deputados, pois fora eleito para a Assembleia Provincial em 1850, 1852 e 1854, atuando em três biênios seguidos[416].

Nos vales dos rios Piracicaba, Grande e Indaiá, o eleitorado de outros quatro círculos (Mariana, Itabira, Formiga e Pitangui) ajudou a ampliar a renovação da representação mineira, dessa vez, elegendo liberais. Em Mariana, o liberal Francisco de Paula da Silveira Lobo foi eleito por unanimidade com 63 votos. Na verdade, os pleitos locais foram marcados por protestos de 37 eleitores saquaremas, que não quiseram prestar seus votos, por discordarem do parecer da mesa a respeito da legalidade dos diplomas de eleitores[417]. Conforme consta em carta divulgada em *O Correio da Tarde*,

> [...] No dia 3 a mesa, ao exibir seu parecer acerca da legalidade dos diplomas dos eleitores, entre outros, aliás mui justos reclamos, protestou contra a predita mutilação, que, em seu número de eleitores, foi injustamente infligida pela presidência da província à Barra do Bacalhau, e contra o exorbitante aumento pela mesma concedido ao Anta, sendo de parecer que os três eleitores ultimamente aumentados a esta paróquia votassem em separado.

---

[415] O cônego era tio do escritor Bernardo Guimarães. Fonte: *REVISTA DO APM*, 1896, p. 54-56; JAVARI, 1979, p. 314-318; DOMINGOS, 2007, p. 146; *ALMANAK DE MINAS GERAIS*, 1864, p. 372.

[416] *REVISTA DO APM*, 1896, p. 61-64; JAVARI, 1979, p. 324; DOMINGOS, 2007, p. 36; LUZ, E. M. M. *Desemboque*: uma freguesia mineira nas primeiras décadas do século XIX. Franca: Editora do Autor, 2004. 51 p.; LUZ, 2008.

[417] ELEIÇÕES. *Correio Official de Minas*. Ouro Preto, MG: Provincial, n. 6, p. 2, 26 jan. 1857.

> Posta em discussão essa derradeira parte, o padre Elias, eleitor pelo Anta e pertencente à maioria do colégio, sem argumentos nem razões, bruscamente declarou que, se o colégio a aprovasse, ele e seus companheiros *se retirariam*, e tinham dinheiro para pagar a multa[418].

A votação foi adiada para o dia seguinte e Silveira saiu vencedor. O liberal José Pedro da Silva Benfica venceu a suplência (62 votos) e apenas um eleitor votou no coronel Francisco de Paula Ramos Horta[419]. O padre Benfica era vereador em Mariana[420]. E Ramos Horta era advogado na cidade e deputado provincial eleito quatro vezes seguidas, desde 1850[421]. Por sua vez, o paraibano Silveira Lobo era filho de Manuel Lobo de Miranda Henriques, ex-deputado e ex-presidente de Alagoas. Após formar-se em direito em Olinda, Silveira Lobo casou-se com a filha do senador liberal, o magistrado José Joaquim Fernandes Torres (futuro Visconde de Itaboraí), natural da freguesia de Barra Longa (termo de Mariana). Então, atuou como juiz municipal e juiz de órfãos e vereador nessa cidade. Eleito vereador em 1853, em 1856, havia acabado de se reeleger, com maior número de votos. Logo, ocupava um lugar importante na política local, certamente devido à influência do sogro[422].

O Correio da Tarde divulgou relatos de abusos cometidos por subdelegados das freguesias de Barra Longa, Paulo Moreira, Santa Cruz, Anta e Abre Campo. Um leitor criticou o presidente Herculano, que entendia que imparcialidade era deixar que a "máquina montada livremente funcionasse"[423]. Segundo o leitor, o presidente:

> Receou que os espoletas saquaremas tomassem ao sério qualquer manifestação da presidência nesse sentido; não quis prejudicar as pretensões de seus aliados. Também lhe tolhiam os descomedimentos, que começava a praticar e praticou para fazer triunfar, principalmente, as antipáticas candidaturas dos srs. Vasconcelos e Barbosa.

---

[418] PUBLICAÇÕES a pedido. Mariana. *O Correio da Tarde*. Rio de Janeiro: Correio da Tarde, n. 290, p. 2, 17 dez. 1856.

[419] *Ibidem*, p. 2.

[420] REVISTA DO APM, 1896, p. 66-67.

[421] ALMANAK DE MINAS GERAIS, 1864, p. 123; REVISTA DO APM, 1896, p. 61-64.

[422] ALMANAK DE MINAS GERAIS, 1864, p. 122-123; VEIGA, 1897, p. 48-181; JAVARI, 197, p. 142-447; ALMANACK LAEMMERT, 1854, p. 389; ALMANACK LAEMMERT, 1855, p. 427; ALMANACK LAEMMERT, 1856, p. 460; REVISTA DO APM, 1896. p. 319-321; TRINDADE, 1943, s/p; CÂMARA Municipal de Mariana. *O Correio da Tarde*. Rio de Janeiro: Correio da Tarde, n. 232, p. 2, 7 out. 1856.

[423] PUBLICAÇÕES a pedido. Mariana. *O Correio da Tarde*. Rio de Janeiro: Correio da Tarde, n. 290, p. 2, 17 dez. 1856.

Além de tudo isso, a presidência [...] aumentou, neste distrito, mais três ao já excessivo número de treze eleitores que havia marcado para a paróquia do Anta, a Sebastopol das forças saquaremas, e reduziu a quatro o número de oito eleitores que tinha designado para a patriótica paroquia da Barra do Bacalhau[424].

Afirmou, contudo, que os saquaremas confiaram demais nas "graças obtidas do governo provincial", propalando uma vitória que não chegou.

Em Itabira, a luta foi de tal maneira acirrada, que apenas um voto decidiu a eleição. Do rol de 93 eleitores presentes, 46 votaram no liberal José Felicíssimo do Nascimento e 45 votaram no conservador Jerônimo Máximo Nogueira Penido. Outros dois votos foram direcionados ao padre Joaquim José de Senna e Manuel de Barros de Araújo. Este último foi deputado provincial em 1850. O colégio reconheceu os 46 votos do monsenhor Felicíssimo como maioria absoluta e resolveu não proceder a segundo escrutínio[425]. Na eleição de suplente, Nogueira Penido recebeu 46 votos, seguido do padre Senna (36) e Antônio Olinto Pinto Coelho (8). Nogueira Penido era advogado em São Gonçalo do Bação e deputado provincial eleito em 1840, 1844, 1846 e 1858 e deputado geral eleito em 1843[426]. Natural de Itabira, Felicíssimo era vigário da localidade. Ali foi vereador e presidente da Câmara (1845-1848), participou do Movimento Liberal de 1842 e foi eleito deputado provincial em 1842, 1844 e 1846. Além disso, foi deputado geral eleito em 1848. Só em 1857 voltou a tomar assento na Câmara[427].

No distrito eleitoral de Formiga, no vale do Rio Grande, os liberais Francisco Cirilo Ribeiro e Souza obtiveram 58 votos e José Pedro Dias de Carvalho 36[428]. Para a suplência, foi eleito o reverendo da freguesia de Itapecerica — Francisco Guaritá Pitangui (94) e o reverendo Felipe José Correa de Melo teve apenas um voto[429]. O médico formiguense Francisco Cirilo foi juiz municipal substituto, juiz de paz e era capitão da Guarda Nacional. De 1850 a 1859, foi vereador em Formiga e deputado provincial[430]. Já o

---

[424] *Ibidem*, p. 2.
[425] ELEIÇÕES. *Correio Official de Minas*. Ouro Preto, MG: Provincial, n. 6, p. 1, 26 jan. 1857.
[426] *REVISTA DO APM*, 1896, p. 57-67; JAVARI, 1979, p. 302; *ALMANAK DE MINAS GERAIS*, 1864, p. 66, p. 72, p. 90.
[427] MARINHO, 1977; *ALMANAK DE MINAS GERAIS*, 1864, p. 145-191; VEIGA, 1897, p. 57-59; JAVARI, 1979, p. 309-324.
[428] ELEIÇÕES. *Correio Official de Minas*. Ouro Preto, MG: Provincial, n. 6, p. 2, 26 jan. 1857.
[429] *REVISTA DO APM*, 1896, p. 67; *ALMANAK DE MINAS GERAIS*, 1870, p. 59, p. 386.
[430] MINAS GERAIS. *Relatorio que à Assemblea Provincial...* Ouro Preto, MG: Bom Senso, 25 mar. 1855. 259 p.; MINAS GERAIS. *Relatorio que à Assemblea Provincial...* Ouro Preto, MG: Provincial, 25 mar. 1858. p. 7;

marianense Dias de Carvalho era advogado provisionado e jornalista. Um "doutor sem carta," como o retratou Xavier da Veiga. Ainda assim, ocupou altas posições na política imperial[431]. Desde 1836, atuou como dono e redator da folha ouro-pretana *O Universal*. Foi vereador na capital mineira, inspetor da Tesouraria da Fazenda Provincial, membro do Conselho Provincial de Minas, deputado provincial eleito em 1835, 1838 e 1842 e deputado geral eleito em 1834, 1838, 1842, 1845, 1848 e suplente nas 8ª e 9ª legislaturas. Presidiu Minas Gerais (1847-1848) e ocupou as pastas da Fazenda e do Império em 1848. Foi presidente do Banco do Brasil por muitos anos. Possuía fazendas de café na região de Sapucaia, no Rio de Janeiro. Apesar de todo o prestígio político, foi derrotado em 1856. Após a derrota, Dias de Carvalho foi eleito e nomeado senador em 1857[432]. Dias de Carvalho foi um dos grandes defensores da *Lei dos Círculos* e já no Senado, em 1860, foi um dos maiores opositores ao projeto que propunha reformas naquela lei. Mesmo após ter sido derrotado pelo voto distrital, continuou a defender os círculos uninominais em 1860. Dias de Carvalho candidatou-se em pelo menos três distritos, todos eles distantes da sua região de origem (Formiga, Montes Claros e Baependi) e sofreu uma tripla derrota, por enfrentar líderes locais importantes. A derrota de alguns liberais mineiros foi lamentada por periódicos liberais da Corte como *O Correio da Tarde*:

> Publicamos os resultados das eleições de mais alguns círculos. Os nomes de alguns distintos liberais [...] vão figurando entre os novos deputados eleitos. Sentimos bem que os nomes de outros liberais que eram candidatos não pudessem obter triunfo; mas ou foram vencidos, com muito pequena maioria de votos, por candidatos do mesmo credo, ou por conservadores moderados, como, segundo nos informam, é o Sr. Dr. Andrade, de S. João del Rei, onde naufragou, [...] a candidatura do distinto liberal Sr. Dr. José Jorge da Silva, cujos escritos a favor do adiantamento do país, tem honrado a imprensa. [...] Outro nome, que por ora está excluído, é o de Sr. Dr. Mello Franco, por ter o Sr. Desembargador Cerqueira Leite, também liberal, obtido mais 5 votos[433].

ALMANAK DE MINAS GERAIS, 1864, p. 360, p. 848; REVISTA DO APM, 1896, p. 61-66; JAVARI, 1979, p. 325; ALMANACK LAEMMERT, 1856, p. 186.
[431] REVISTA DO APM, 1898, p. 188-190.
[432] REVISTA DO APM, 1896, p. 54-57; JAVARI, 1979, p. 410-446.
[433] RIO, 9 de Dezembro. *O Correio da Tarde*. Rio de Janeiro: Correio da Tarde, n. 283, p. 3, 9 dez. 1856.

No círculo de Pitangui, o liberal Francisco Álvares da Silva Campos (58 votos) derrotou José Xavier da Silva Capanema (37)[434]. O padre liberal José Júlio de Araújo Viana foi eleito suplente (60 votos), seguido do reverendo Belchior Rodrigues Braga (32) e de Francisco Cordeiro de Campos Valadares (3)[435]. Irmão do senador Candido José de Araújo Viana — o Marquês de Sapucaí —, o sabarense Araújo Viana se fixou na vila de Curvelo em 1845, quando se tornou vigário. Ali, foi também vereador e vice-presidente da Câmara de 1853 a 1856[436]. Por sua vez, Belchior Rodrigues Braga foi padre em Pitangui, Dores do Indaiá e Patrocínio[437]. Já o pitanguense Francisco Álvares era filho do tenente-coronel Martinho Álvares da Silva, natural de Pará de Minas e residente em Pitangui. Francisco Álvares Campos era irmão do médico Martinho Álvares da Silva Campos, eleito deputado geral pelo Rio de Janeiro nessas eleições. Seu irmão residia em Paraíba do Sul e ali obteve diversos mandatos de vereador, até ser eleito deputado. Já o bacharel em direito Francisco Campos foi juiz de órfãos e procurador fiscal em Itabira e eleito deputado provincial em 1848. Apenas naquela legislatura, ocuparia uma vaga na Câmara. Seu cunhado Francisco Cordeiro de Campos Valadares era liderança liberal em Pitangui, onde atuou como juiz substituto e presidente da Câmara Municipal[438].

O círculo de São João del-Rei presenciou a vitória do conservador João das Chagas Andrade (55 votos) e derrota do liberal José Jorge da Silva (34) e do conservador Salathiel de Andrade Braga (2). Este último venceu a eleição de suplentes, com 57 votos, contra 30 votos de Gervásio Pinto Cândido, três de Balbino Cândido da Cunha e um do comendador Matheus Furtado de Mendonça[439]. O médico João das Chagas Andrade era natural e residente na vila de Oliveira, onde foi delegado (1854) e juiz municipal. Em 1856, também foi eleito deputado provincial[440]. Seu opositor, o liberal José Jorge da

---

[434] Foi promotor, juiz municipal, delegado de polícia e magistrado em Pitangui nos anos 1850. Fonte: *O CONSTITUCIONAL*, Rio de Janeiro, n. 109, 24 set. 1864.

[435] ELEIÇÕES. *Correio Official de Minas*. Ouro Preto, MG: Provincial, n. 6, p. 2, 26 jan. 1857.

[436] CARVALHO, A. (org.). *Dicionário do Poder Público Municipal de Curvelo*. Belo Horizonte: Armazém de Ideias, 1996.

[437] *ALMANAK DE MINAS GERAIS*, 1870, p. 56.

[438] *REVISTA DO APM*, 1896, p. 60; *REVISTA DO APM*, 1910, p. 543-544; JAVARI, 1979, p. 324; SILVA, P. G. *Capítulos de História da Paraíba do Sul*. Rio de Janeiro: Irmandade Nossa Senhora da Piedade, 1991. p. 164-168.

[439] ELEIÇÕES. *Correio Official de Minas*. Ouro Preto, MG: Provincial, n. 6, 26 jan. 1857.

[440] MINAS GERAIS. *Relatorio que à Assemblea Provincial...* Ouro Preto, MG: Bom Senso, 25 mar. 1855. 259 p.; MINAS GERAIS. *Relatorio que à Assemblea Provincial...* Ouro Preto, MG: Provincial, 25 mar. 1858. p. 7; *ALMANAK DE MINAS GERAIS*, 1864, p. 239-406; *REVISTA DO APM*, 1896, p. 64; JAVARI, 1979, p. 325.

Silva, foi deputado provincial (1835-1839) e vivia em Lavras[441]. E o médico sanjoanense Salathiel Andrade Braga foi juiz municipal, inspetor de círculo literário e cirurgião-mor do comando superior. Foi eleito deputado provincial em 1852, 1854 e 1856[442]. Por sua vez, o médico Gervásio Pinto Cândido vivia no distrito de Lage e era neto do capitão-mor Gervásio Pereira Alvim. Logo, pertencia à uma importante família do ramo do comércio com a Corte[443].

Após as eleições, *O Correio da Tarde* denunciou que o candidato liberal possuía maioria relativa naquele círculo, mas Chagas Andrade usou de má-fé, ao realizar um convênio que culminou em sua derrocada:

> Este senhor depois de repelido pelo Sr. Dr. Salathiel e seus amigos, a quem procurou pessoalmente em fins de outubro do corrente ano, para convencionar-se, foi depois ter-se com os amigos do Sr. Dr. José Jorge não só desta cidade como de fora dela, com quem entabulou o dito *convênio*; partiu imediatamente para a vila da Oliveira, onde reside, e de lá escreveu em data de 10 de novembro ao Sr. Dr. Jorge no mesmo sentido, e por um próprio seu mandado de propósito à vila de Lavras, lugar de morada do Sr. Dr. Jorge; essa carta tem de ser brevemente publicada, e então ver-se-há a verdade de tudo quanto aqui narramos; depois se encontraram ambos e entre si concordaram na dita vila de Oliveira nos compromissos feitos, os quais seriam ratificados nesta cidade nas vésperas da eleição, em presença de seus amigos e dos eleitores, a quem era de dever ouvir[444].

José Jorge da Silva chegou a publicar uma carta nesse jornal, afirmando que Chagas teria dito almejar um convênio com ele e que teria rejeitado combinações eleitorais vindas de Salathiel. Contudo acusou Chagas de pactuar com o liberal e, ao mesmo tempo, com Salathiel, que só aceitou um acordo "por escrito"[445]. Em outro número, a folha lamentou que essa candidatura liberal tenha naufragado "por manejos desleais" do seu opositor[446].

---

[441] REVISTA DO APM, 1896, p. 54-55.

[442] Ibidem, p. 63-66; ALMANAK DE MINAS GERAIS, 1864, p. 226-404; MINAS GERAIS. *Relatorio que à Assemblea Provincial...* Ouro Preto, MG: Bom Senso, 25 mar. 1855. 259 p.; JAVARI, 1979, p. 325-358.

[443] TEIXEIRA, P. C. *Negócios entre mineiros e cariocas: família, estratégias e redes mercantis no caso Gervásio Pereira Alvim (1850-80).* Dissertação (Mestrado em História) – Universidade Federal Fluminense, Niterói, RJ, 2009. p. 56, p. 61, p. 79, p. 84; ALMANAK DE MINAS GERAIS, 1864, p. 418.

[444] RIO, 9 de Dezembro. *O Correio da Tarde.* Rio de Janeiro: Correio da Tarde, n. 283, p. 2, 9 dez. 1856. Grifo do original.

[445] PUBLICAÇÕES a pedido. Minas Gerais. *O Correio da Tarde.* Rio de Janeiro: Correio da Tarde, n. 285, p. 3, 12 dez. 1856.

[446] RIO, 9 de Dezembro. *O Correio da Tarde.* Rio de Janeiro: Correio da Tarde, n. 283, p. 2, 9 dez. 1856.

No distrito de Ubá — na Zona da Mata —, o conservador Francisco de Assis Athayde derrotou o pleiteante à reeleição Francisco de Paula Cândido, por 49 votos a 42. Na eleição de suplente, o major Francisco Peixoto de Melo (56 votos) venceu os reverendos Felício de Abreu e Silva (3) e Camillo Martins Pereira de Andrade (1). As eleições em Ubá foram tão disputadas que, sentindo o receio da derrota, o conselheiro liberal Joaquim Antão Fernandes Leão e o saquarema Firmino Rodrigues Silva retiraram suas candidaturas logo após as eleições primárias[447]. O coronel ouro-pretano Francisco de Assis Athayde residia desde os anos 1830 na freguesia dos Arrepiados (termo de Ubá). Em 1839, foi vereador na vila do Presídio (atual Visconde do Rio Branco) e, de 1837 a 1840, foi juiz de paz em Arrepiados (atual Araponga). Nos anos 1850, foi juiz municipal em Ubá e promotor na comarca de Muriaé. Presidiu a Câmara de Ubá em 1853 e ocupou assento na Assembleia Provincial por cinco legislaturas consecutivas (1850-1858). Apesar de sua força regional, nas sessões preparatórias de 1857, o saquarema Athayde foi classificado como uma "notabilidade de aldeia", quando então se discutia o recurso do candidato Paula Cândido, que perdeu por apenas sete votos[448].

Ainda na Mata mineira, Barbacena demonstrou ser ainda um reduto liberal. O que não surpreende, se lembrarmos que a vila foi sede do Governo Revolucionário de Minas em 1842. Os votos de 110 eleitores foram disputados pelos liberais Pedro de Alcântara Cerqueira Leite, Manuel de Melo Franco e Teófilo Benedito Ottoni. Cerqueira Leite obteve 60 votos, Melo Franco ficou em segundo lugar (47) e Teófilo Ottoni obteve apenas três votos[449]. Nas eleições para suplente, o deputado provincial liberal José Rodrigues de Lima Duarte[450] obteve 80 votos, seguido do vigário Joaquim Camilo de Brito[451] (22), Manuel de Melo Franco (6), padre José Joaquim Correia de Almeida (1) e Pedro Maria Halfeld (1)[452]. Camilo de Brito foi eleito deputado provincial em 1846 e Manuel de Melo Franco em 1842. Natural de Barbacena, Pedro de Alcântara Cerqueira Leite (futuro Barão de

---

[447] O major Francisco Peixoto de Mello foi eleito suplente com 56 votos a 3 do reverendo Felício de Abreu e Silva. Fonte: ELEIÇÕES. *Correio Official de Minas.* Ouro Preto, MG: Provincial, n. 6, p. 2, 26 jan. 1857.

[448] MINAS GERAIS. *Relatorio que à Assemblea Provincial...* Ouro Preto, MG: Bom Senso, 25 mar. 1855. 259 p.; MINAS GERAIS. *Relatorio que à Assemblea Provincial...* Ouro Preto, MG: Provincial, 25 mar. 1858. p. 7; *REVISTA DO APM*, 1896, p. 61-65; JAVARI, 1979, p. 325; *ALMANACK LAEMMERT*, 1856, p. 186.

[449] *REVISTA DO APM*, 1896, p. 55-58.

[450] *Ibidem*, p. 63-67.

[451] *Ibidem*, p. 59.

[452] ELEIÇÕES, *Correio Official de Minas.* Ouro Preto, MG: Provincial, n. 6, p. 2, 26 jan. 1857.

São João Nepomuceno) era filho do capitão José de Cerqueira Leite[453]. Um de seus 12 irmãos, Francisco de Paula Cerqueira Leite, era desembargador, ministro do Supremo Tribunal de Justiça e deputado geral em 1838. Formado em direito em 1833, Pedro de Alcântara foi juiz de direito em Sabará e Barbacena e desembargador da Relação de Pernambuco (1854). Pedro de Alcântara era genro do capitão-mor Manoel do Vale Amado. Dois dos seus cunhados eram vereadores em Juiz de Fora: Manoel do Vale Amado (o filho) e José Maria Cerqueira Vale. Pedro de Alcântara fundou a Estrada de Ferro União Mineira, que ligava Petrópolis à Mata. Foi eleito deputado provincial (1836 e 1838) e deputado geral (1838, 1842, 1845, 1848 e 1856). Participou do Movimento Liberal de 1842. Em 1853, foi magistrado em Barbacena e se licenciou ou foi transferido para outra comarca, para escapar das inelegibilidades em 1856. Afastado da Câmara dos Deputados desde 1848, o voto distrital favoreceu seu retorno e de outros liberais à Casa[454].

O Correio da Tarde considerou Barbacena como o "baluarte das ideias liberais em Minas". Primeira vila a se rebelar em 1842, havia um simbolismo liberal em relação àquela cidade. Em carta divulgada nesse jornal, um leitor local denunciou que a derrota de Melo Franco foi causada por irregularidade em duas freguesias: em Chapéu d'Uvas, a eleição foi adiada, até a chegada do delegado de polícia e que: "depois que os de outra chapa retiraram para suas casas e fazendas vizinhas, sem precedência de novo edital, instalou-se a mesa quase à noite, e fizeram-se todas as chamadas dos votantes a três". E em Juiz de Fora, houve um aumento "de 12 eleitores sobre 5 que dava"[455].

Três dos quatro distritos do sul de Minas (Baependi, Pouso Alegre e Campanha) elegeram um liberal e dois conservadores, todos estreantes. A exceção à regra foi o círculo de Caldas. Em Baependi, o liberal Domingos Teodoro de Azevedo e Paiva (51 votos) venceu o candidato à reeleição Joaquim Delfino Ribeiro da Luz (34), bem como Carlos Theodoro de Bustamante (10), o liberal marianense Dias de Carvalho (1) e o vigário José d'Abreu e Silva (1)[456]. Com 54 votos, José da Costa Machado Souza

---

[453] Dono das fazendas Rocinha Negra, Constituição, Cambuci e Rocinha do Lima (atual Simão Pereira) e Várzea, Porto do Athayde, Gruta (atuais municípios de Santana do Deserto, Soledade e Matias Barbosa).

[454] *ALMANAK DE MINAS GERAIS*, 1864, p. 29; *REVISTA DO APM*, 1896, p. 55-56; JAVARI, 1979, p. 295-447; *REVISTA DO APM*, 1896. p. 305; *ALMANACK LAEMMERT*, 1857, p. 71. RESENDE, I. N. Um estudo de caso: a história do Barão de Pontal. Mineiros da Zona da Mata na construção do Estado Nacional (1821-1841). *Lócus*, Juiz de Fora, v. 15, n. 2, p. 85-98, 2009.

[455] COMUNICADO. Minas Gerais. *O Correio da Tarde*. Rio de Janeiro: Correio da Tarde, n. 283, p. 2, 9 dez. 1856.

[456] ELEIÇÕES. *Correio Oficial de Minas*. Ouro Preto, MG: Provincial, n. 6, p. 2, 26 jan. 1857.

Ribeiro[457] foi eleito suplente, em detrimento do vigário saquarema e deputado provincial Antônio Caetano Ribeiro[458]. Souza Ribeiro e Bustamante eram fazendeiros e advogados residentes, respectivamente, nas freguesias de Passa Vinte e Caxambu. O saquarema Bustamante era genro do Barão de Pouso Alto e José d'Abreu era vigário em Aiuruoca.

Natural de Cristina, o conservador Ribeiro da Luz era filho do capitão campanhense Bento Ribeiro da Silva. Formado em direito, Delfino foi juiz de órfãos em Itajubá, juiz municipal e vereador em Cristina. Foi eleito deputado provincial em 1850, 1852 e 1854 e deputado geral em 1853. Residia em sua fazenda em Cristina. Um dos seus irmãos, Antônio Máximo Ribeiro da Luz, foi magistrado em Baependi e Campanha[459]. *O Correio da Tarde* publicou uma carta de um liberal, pedindo aos eleitores do círculo que não elegessem um saquarema, referindo-se a Ribeiro da Luz:

> Sabeis o que é um saquarema no nosso círculo? É um ente, que antes quererá morrer, do que dar-vos um voto para o mais insignificante emprego; é um ente que vos julga imbecis; um ente que não duvidará entregar a execução das leis ao menos digno dos seus correligionários, preterindo o mais ilustrado e virtuoso dos liberais a despeito dos princípios de conciliação. Do que agora escrevo tenho eu, e vós as tendes, bem amargas provas[460].

A carta comentava que após os resultados das eleições primárias favorecerem os liberais, Ribeiro da Luz vinha tentando 'aliciar' os eleitores: "Para que pleitearmos a eleição primária com o fim de termos eleitores nossos, quando estes vão votar em nossos inimigos?"[461]. Segundo a carta, a esperança de Delfino se desfez com a chegada de Olímpio Catão a Baependi, às vésperas da eleição. O jornal alegou que a candidatura de Catão ao círculo de Baependi sempre foi certa e "a imprensa o proclamou candidato natural" do lugar. Logo que se apurou a eleição primária, os liberais pronunciaram o nome de Catão. Porém sua demissão da secretaria de governo não saiu a tempo e Catão teve que desistir da candidatura: "Catão é moralmente o deputado pelo círculo de Baependy, ainda que a sua voz poderosa e eloquente não puder ser ouvida

---

[457] Eleito deputado provincial em 1862. *REVISTA DO APM*, 1896, p. 68; *ALMANACH SUL-MINEIRO...*, 1874, p. 449.

[458] Eleito deputado provincial em 1854, 1856 e 1858. *REVISTA DO APM*, 1896. p. 63-65.

[459] BLAKE, 1970, p. 122; MINAS GERAIS. *Relatorio que à Assemblea Provincial...* Ouro Preto, MG: Soares, 22 out. 1853b. p. 34-36; *ALMANAK DE MINAS GERAIS*, 1864, p. 8-107; *REVISTA DO APM*, 1896, p. 61-63; *REVISTA DO APM*, 1908, p. 314-319; *ALMANACK LAEMMERT*, 1855, p. 165; JAVARI, 1979, p. 318-352; *ALMANACH SUL-MINEIRO...*, 1874, p. 115-117.

[460] SENHORES eleitores liberais... *O Correio da Tarde*. Rio de Janeiro: Correio da Tarde, n. 259, p. 3, 8 nov. 1856.

[461] *Ibidem*, p. 3.

da tribuna da câmara". Ao fim, transcreveu circular de Catão aos eleitores, apresentando a candidatura de Domingos Theodoro e retirando a sua, em carta assinada por 51 eleitores, em apoio à decisão[462]. Natural de Carrancas (São João del-Rei), o liberal Domingos Teodoro de Azevedo e Paiva era filho do português Francisco Machado de Azevedo. Azevedo e Paiva foi eleito deputado provincial em 1835 e 1838. Apenas conseguiu se eleger deputado geral em 1856. Azevedo e Paiva era cunhado do capitão Gervásio Pereira do Carmo Alvim e de Antônio Cândido de Resende Alvim, famosos atravessadores de escravos da Corte para São João del-Rei nos anos 1820 e 1830[463].

No círculo de Pouso Alegre, a maioria dos candidatos que disputou a eleição era conservadora. O conservador João Dias Ferraz da Luz (59 votos) derrotou os deputados gerais Luiz Soares de Gouvêa Horta (19), Firmino Rodrigues Silva (12) e Manuel de Melo Franco (11). Ou seja, os dois opositores derrotados eram candidatos à reeleição. Rodrigues Silva opôs-se à reforma eleitoral, ao passo que o conservador Gouvêa Horta a apoiou. Gouvêa Horta vivia em Campanha, onde era juiz municipal (1854 a 1856) e juiz de órfãos (1847 a 1858)[464]. Na eleição de suplentes, o conservador Antônio Simplício de Sales foi eleito (77 votos), contra Domiciano da Costa Moreira (14), José Antônio Freitas Lisboa (9) e do cônego José Carlos Martins (2)[465]. Ao lado do deputado provincial Antônio Dias Ferraz da Luz e do jornalista Lourenço Xavier da Veiga, o advogado Antônio Simplício de Sales se envolveu na defesa do projeto de provincialização do sul de Minas, em 1854. O campanhense Sales foi secretário de polícia de Minas e Domiciano era médico e fazendeiro em Itajubá[466]. Por sua vez, o deputado eleito João Dias Ferraz da Luz era natural de Campanha e irmão do médico Antônio Dias Ferraz da Luz, eleito deputado provincial em 1848, 1850 e 1852. João Dias também era médico e foi juiz municipal em Pouso Alegre. Não foi deputado provincial como seu irmão, sendo eleito deputado geral apenas em 1856[467]. Apenas dois candidatos desse círculo foram deputados provinciais: Rodrigues Silva (1844) e Melo Franco (1842).

---

[462] COMUNICADO. A eleição de Baependi. *O Correio da Tarde*. Rio de Janeiro: Correio da Tarde, n. 300, p. 1, 30 dez. 1856.

[463] *REVISTA DO APM*, 1896, p. 54-55; *REVISTA DO APM*, 1910, p. 611; JAVARI, 1979, p. 325; TEIXEIRA, 2009, p. 56, p. 61, p. 79, p. 84.

[464] *ALMANACH SUL-MINEIRO...*, 1874, p. 76-81; MINAS GERAIS. *Relatorio que à Assemblea Provincial...* Ouro Preto, MG: Bom Senso, 25 mar. 1855. 259 p.; MINAS GERAIS. *Relatorio que à Assemblea Provincial...* Ouro Preto, MG: Provincial, 12 nov. 1857b. p. 4; JAVARI, 1979, p. 314-318; *ALMANACK LAEMMERT*, 1855, p. 167.

[465] ELEIÇÕES. *Correio Official de Minas*. Ouro Preto, MG: Provincial, n. 6, 26 jan. 1857.

[466] *ALMANACH SUL-MINEIRO...*, 1874, p. 60-459.

[467] João Dias faleceu em Itu (São Paulo), em 1879. *REVISTA DO APM*, 1896, p. 60-62; *ALMANACH SUL-MINEIRO...*, 1874, p. 60-71; JAVARI, 1979, p. 325; BLAKE, 1970, p. 150; *ALMANACK LAEMMERT*, 1856, p. 187.

Mas foi o resultado do círculo de Campanha que mais repercutiu na imprensa. Ali, o próprio filho do marquês de Paraná — chefe do Gabinete responsável por apresentar a reforma eleitoral de 1855 — foi derrotado por um padre. A candidatura do filho de Paraná fora ostensivamente recomendada em circular firmada por todos os ministros, apesar de ser um jovem recém-chegado da Europa. Com esse feito, o cônego Antônio Felipe de Araújo adquiriu notoriedade, por ter desbancado a candidatura "oficial", contrariando todas as previsões. Antes da eleição, em julho de 1856, *O Correio da Tarde* noticiou as censuras do deputado Francisco ao Marquês de Paraná, por ter emitido uma carta a um político de Campanha, recomendando o nome de seu filho, recém-chegado da Europa e desconhecido nas terras mineiras:

> Recomenda o Sr. Marquês da candidatura de seu filho, que naquela data estava a chegar da Europa. O orador diz que essa carta suscita-lhe três observações capitais: [...] o Sr. Barão dedicado amigo como se diz o que é, do que a de seu filho, moço há pouco formado, e ainda não conhecido pelo que vale. Se a eleição de seu filho para deputado por Minas, e a de seu genro pelo Rio de Janeiro tanto atraem os seus esforços, não menos fará ele por seus amigos do peito. [...] serve isto de desenganar aos que ainda acreditavam na lealdade do governo, e na liberdade das eleições; porquanto montado oficialmente o país como se acha, desde que um homem de posição importante do sr. Presidente do conselho, e de vontade tão absoluta, interessa-se nas eleições, desaparece toda a liberdade do voto, porque há coação[468].

Apesar de tais previsões e, para surpresa de muitos, reunidos 102 eleitores no círculo de Campanha, o cônego Araújo obteve 56 votos, seguido de Honório Hermeto Carneiro Leão (36), do deputado provincial José Feliciano Dias de Gouvêa[469] (6), Roque de Souza Dias[470] (2) e Quintiliano José da Silva[471] (2). Antônio Dias Ferraz da Luz foi eleito suplente (56), derrotando José Feliciano Dias de Gouvêa (41) e José Feliciano Pinto Coelho da Cunha (1)[472]. O caso é emblemático, pois como observou Francisco de

---

[468] ESPELHO. Câmaras Legislativas. *O Correio da Tarde*. Rio de Janeiro: Correio da Tarde, n. 178, p. 2, 2 ago. 1856.
[469] *REVISTA DO APM*, 1896, p. 63-66.
[470] Foi deputado provincial de 1838 a 1847. *Ibidem*, p. 56-60.
[471] Foi deputado provincial (1846-1847). Nasceu em Machado (Alfenas). Formado em Direito em 1836. Era magistrado em Ouro Preto. *Ibidem*, p. 60; *ALMANACH SUL-MINEIRO...*, 1874, p. 135-149; *ALMANAK DE MINAS GERAIS*, 1864, p. 66-71.
[472] ELEIÇÕES. *Correio Oficial de Minas*. Ouro Preto, MG: Provincial, n. 6, p. 2, 26 jan. 1857.

Paula Ferreira de Rezende, o cônego Araújo enfrentou desde a oposição do Gabinete Caxias até os chefes locais dos dois partidos que se coligaram contra ele[473]. Lembrando o caso de Campanha e outros, Cid Rebello Horta destacou o impacto dessas eleições no perfil da representação mineira:

> Se fosse vivo, ao executar-se a sua lei eleitoral, Paraná teria visto o seu filho derrotado na Campanha por um sacerdote que, no dizer de Ferreira de Rezende, era uma acabada notabilidade de aldeia. Paula Cândido, cientista famoso, preceptor e médico da família Imperial, seria derrotado por um rábula em Ubá. No distrito de Sabará, o Conselheiro Luiz Antônio Barbosa por pouco perderia o pleito para outro rábula[474].

Sem desconsiderar o feito do campanhense, fato é que esses autores parecem desconhecer que o cônego Araújo era deputado provincial por quatro legislaturas seguidas de 1848 a 1854, não sendo ele apenas uma liderança local desconhecida. Antônio Felipe de Araújo era cônego em Campanha desde o início da década de 1840 e, ao longo dos anos, foi conquistando seu espaço na política provincial, como importante representante dos interesses sul-mineiros. Além do filho de Paraná, Araújo disputou a eleição com dois ex-deputados provinciais e um colega da atual legislatura provincial: Dias de Gouvêa era deputado provincial — eleito em 1854; Souza Dias foi deputado de 1838 a 1847; e Quintiliano Silva foi juiz dos feitos do Contencioso da Fazenda Provincial e eleito deputado provincial em 1846. O campanhense Antônio Felipe era filho do farmacêutico português estabelecido em Campanha Miguel Lopes da Silva Araújo. Seu pai nunca se casou, mas o reconheceu em testamento como herdeiro universal. Apesar da proeza eleitoral, o cônego não conseguiu assumir a vaga, pois faleceu em junho de 1857[475].

Sua morte gerou uma indefinição. O deputado liberal Eduardo Ferreira França, reeleito na Bahia, também faleceu meses antes das eleições e suas cadeiras ficaram vagas durante muito tempo até que a Câmara decidisse a respeito. Havia uma divergência em relação à interpretação da nova lei: alguns defendiam que o suplente deveria assumir e outros afirmavam que novas eleições deveriam ser realizadas. Muitos defendiam a realização de novas eleições nesses distritos. Estranhamente, durante toda a legislatura, não foi encontrado nenhum indício de que essa pendência tenha sido resolvida.

---
[473] REZENDE, F. P. F. *Minhas Recordações*. Belo Horizonte: Itatiaia, 1988. p. 306-312.
[474] HORTA, 1956, p. 12.
[475] *ALMANACH SUL-MINEIRO...* Campanha, MG: Monitor Sul-Mineiro, 1874. p. 52-55; *REVISTA DO APM*, 1896, p. 60-64.

A decisão definitiva só veio com a adoção da *Lei de 1860*, que previa em seu parágrafo 5º, que não haveria mais suplentes de deputados e, em caso de morte de deputado ou opção por outro distrito ou qualquer outro motivo, deveria ser realizada nova eleição no distrito em questão[476]. Além disso, o fato de o filho de Paraná ter ficado em segundo, mas ter sido derrotado na eleição de suplente, talvez ajude a explicar o imbróglio. É provável que sua influência tenha interferido na questão, pois o suplente existia exatamente para ocupar esse tipo de ausência. E nesse sentido, certamente o suplente eleito Antônio Dias Ferraz da Luz não conseguiu fazer valer seus interesses na Casa.

3.7. A Verificação de Poderes e os relatos de irregularidades eleitorais

Na ausência de uma justiça eleitoral para fiscalizar os pleitos, uma das atribuições da Câmara dos Deputados era a de apurar a legalidade do processo eleitoral, aprovando — ou não — o diploma dos eleitos. Assim, o processo só findou após os trabalhos da Comissão de Verificação de Poderes, realizado nas sessões preparatórias de 1857. Esses trabalhos consistiam na análise das atas eleitorais e análise das ocorrências por parte da comissão, que apresentava pareceres à Casa. Em seguida, prosseguia-se ao debate e votação sobre os pareceres de todos os distritos do Império.

Investigar o processo de reconhecimento de diplomas dos nomes vitoriosos faz-se necessário por duas razões: em primeiro lugar, porque os defensores da lei afirmavam que a eleição por círculo tornaria mais eficaz a verificação de poderes, uma vez que a eventual anulação de uma eleição não se abateria sobre toda a província, mas apenas nos distritos onde fossem constatadas irregularidades. Isto daria mais liberdade de ação para a comissão, que poderia dar parecer favorável à anulação e à realização de novas eleições apenas naquele círculo que apresentou problemas; em segundo lugar, porque permite coletar informações sobre como se deram os pleitos nos diversos círculos e identificar possíveis conflitos, dentre eles, a disputa entre candidatos com carreira política consagrada e nomes que estreavam na política nacional. Em sessão de maio de 1857, o liberal mineiro eleito pelo Rio de Janeiro Martinho Campos[477] ressaltou a importância de punir qualquer irregularidade, para preservar a credibilidade da nova lei:

---

[476] BRASIL. Decreto nº 2.636, de 5 de setembro de 1860. In: *Colleção das Leis do Imperio do Brasil de 1860*. Rio de Janeiro: Nacional, 1860. t. XXIII, pt. 2. p. 397.

[477] Martinho era irmão do deputado por Minas Francisco Campos. Fonte: SILVA, P. G., 1991, p. 164-168.

> Primeiros eleitos em consequência de uma reforma eleitoral importantíssima, pesemos devidamente os nossos atos. A reforma eleitoral inaugurada tem necessariamente deslocado a antiga influência política, de trazer à administração e à política do nosso país uma completa transformação. Reflitam os nobres deputados na importância desta situação. Não convém, meus senhores, que percamos, ainda na questão a mais insignificante, um grão sequer de força moral; não deve ser lícito nem suspeitar da verdade, da ingenuidade da representação do país, do voto nacional nesta quadra. Substituindo, nós outros, na maior parte homens novos no parlamento, a cidadãos ilustrados por longos anos de serviço, a nossa situação é melindrosa[478].

Chamava, assim, atenção à responsabilidade de todos os parlamentares em dar credibilidade à lei que trouxe a almejada renovação à Casa, visto que todos ali lutavam com certa prevenção da opinião pública. Observou que o novo sistema dificultou o trabalho de verificação de poderes, que deveria julgar separadamente a eleição de cada círculo do país. E defendeu que o voto distrital permitiria uma fiscalização dos poderes mais rigorosa do que a do sistema anterior:

> O deputado que uma vez for repelido pela câmara, se tiver a maioria legítima do seu círculo, não tem que recear quanto à sua volta à câmara; a exclusão é um mal remediável. [...] a eleição por distritos, por isso mesmo que, restringindo o campo do combate, deu mais força aos recursos e considerações pessoais, deve da parte da câmara dos Srs. deputados encontrar muito mais severidade na verificação dos poderes. O crédito desta eleição, o crédito da câmara [...] exigem que a não comprometamos com uma indulgente verificação de poderes[479].

Assim, mesmo um defensor da *Lei de 1855* admitia que o voto distrital estreitava os limites da luta política, tornando-a mais pessoal e conflituosa. Porém alegava que a violência seria mais facilmente identificada e rigorosamente punida na verificação de poderes. Isto porque o nome vitorioso que tivesse sua eleição anulada não deveria temer sua exclusão da Casa, pois uma nova eleição referendaria sua vitória. Martinho Campos realçou que dificilmente uma eleição por voto provincial era anulada, pois isto implicava

---

[478] *ACD*, 7 maio 1857, p. 202.
[479] *Ibidem*, p. 202.

na anulação da eleição de toda a província. Logo, o voto distrital possuía grande vantagem. O liberal mineiro Francisco Campos reiterou tais considerações, alegando que toda irregularidade deveria ser punida nessa eleição, visto que a luta foi muito mais "apaixonada" e que os candidatos deveriam ser coibidos pelo temor e "e certeza de que a câmara dos Srs. Deputados há de afinal levantar barreira contra os meios extremos e descomedidos"[480].

Assim, os irmãos Campos defenderam o trabalho rigoroso da Comissão de Verificação de Poderes, sugerindo anulação de alguns pleitos. A defesa da anulação de resultados provavelmente estava associada à disputa por círculos em que candidatos derrotados recorreram à Casa. O tema mais polêmico debatido foi o das "eleições em duplicatas" que ocorreram em 10 círculos do Império: nestes, dois colégios eleitorais se reuniram onde se deveria reunir apenas um, resultando em dois eleitos. Esse tipo de ocorrência não era uma novidade: casos idênticos foram reportados nos pleitos regidos pelo voto provincial. Em 1849, por exemplo, o piauiense Antônio Borges Castelo Branco reclamou: "é preciso acabar com esse sistema imoral das duplicatas"[481]. Aparentemente, esse tipo de irregularidade se ampliou em 1856. Como a eleição secundária ocorria nos distantes colégios e não mais na capital da província, alguns candidatos foram acusados do uso desse recurso para delegar a decisão à Câmara.

Logo à primeira sessão preparatória, o conservador mineiro Cruz Machado alertou que dois eleitos em locais com registro de duplicatas estavam presentes e declarou que ambos não deveriam tomar parte no reconhecimento de diplomas, alegando que sua representação ali seria "ilegítima"[482]. Diante disso, ofereceu uma moção para que estes não pudessem votar e só pudessem debater as eleições dos seus círculos:

> [...] assentados promiscuamente entre nós, muitas vezes, levantando-se alguns na ocasião das votações com os deputados únicos ou singelos, poderão constituir aparentemente uma maioria, mas sendo na realidade senão minoria[483].

Os dois liberais "eleitos por duplicatas" — João Batista Monteiro (SE) e Joaquim José Pacheco (SP) — refutaram a moção. Para o liberal Pacheco, a indicação privaria um deputado do direito de participar dos trabalhos preparatórios, a pretexto da suspeita de vícios em sua eleição. Mas a moção

---

[480] *ACD*, 9 maio 1857, p. 220.
[481] *ACD*, 21 dez. 1849, p. 15.
[482] *ACD*, 15 abr. 1857, p. 4-8.
[483] *ACD*, 16 abr. 1857, p. 10.

foi aceita e os "duplicados" apenas poderiam tomar parte nos debates. A adoção da moção mostrava a disputa que se apresentava já na primeira sessão preparatória, pois as votações poderiam mudar a feição da Casa. A imprensa liberal rapidamente notou o perigo e *O Correio da Tarde* alegou que a moção contrariava o regimento, por ter sido votada por apenas 36 eleitos. Temia-se que os inexperientes estreantes se deixassem "enredar nos sofismas parlamentares" e destacou:

> [...] a medida proposta não podia ser por um representante qualquer, estando na casa o ex-presidente do Maranhão; que nos arroubos de sua eloquência, em aparte, às arrizadas reflexões do Sr. Pacheco, respondeu - para tais excessos só um *golpe de estado*. [...] Neste regime a luta é entre o poder e a oposição[484].

A folha acusou o governo de saber de antemão os círculos com os quais podia contar em todo o Império e lastimou a dispersão da oposição. O Gabinete foi acusado de agir para que uma minoria governista verificasse os poderes. Receava-se que os liberais fossem prejudicados nesse processo. Após a adoção da moção, foi eleita uma Comissão de Verificação de Poderes que, devido à especificidade da nova lei, dividiu-se em sete subcomissões. Cada uma delas era formada por três membros. Os eleitos foram divididos por sorteio em sete subcomissões:

Quadro 28 – Membros Eleitos para as comissões de verificação de poderes, 1857

Comissão	Membros	Círculos
1ª	Libânio Augusto Cunha Mattos (GO); Francisco Serra Carneiro (AM); João Lustosa Cunha Paranaguá (PI)	PA (todos); MA (todos); PI (1º e 2º); CE (1º ao 6º)
2ª	Viriato Bandeira Duarte (MA); **Bernardo Belizário Soares Sousa (MG)**; Joaquim José Pacheco (SP)	AM (distrito único); PI (3º); CE (7º e 8º); RN (todos); PB (todos); PE (1º ao 6º)
3ª	Sebastião Gonçalves Silva (CE); **Hermógenes Casimiro Brunswick (MG)**; Antônio Cândido Cruz Machado (MG)	PE (7º ao 13º); AL (todos); SE (todos)

---

[484] RIO: 16 de Abril. *O Correio da Tarde*. Rio de Janeiro: Correio da Tarde, n. 87, p. 3, 16 abr. 1857. Grifo do original.

Comissão	Membros	Círculos
4ª	Luiz Carlos da Fonseca (MG); Francisco de Assis Athayde (MG); José Antônio Saraiva (BA)	BA (1º ao 11º, 13º e 14º); ES (distrito único); RJ (1º, 2º e 3º)
5ª	Jesuíno Marcondes Oliveira e Sá (PR); Antônio José Machado (CE); Amaro Carneiro Bezerra Cavalcanti (RN)	BA (12º); RJ (4º ao 12º); MG (1º ao 7º)
6ª	Antônio Pereira Pinto (ES); José Pedro Dias Vieira (MA); Francisco Salles Torres Homem (RJ)	MG (8º ao 20º); GO; MT
7ª	Jerônimo José Teixeira Júnior (RJ); Luiz Antônio Barbosa (MG); José Joaquim Landulpho da Rocha Medrado (BA)	SP (todos); PR (distrito único); SC (distrito único); SPS* (todos)

Fonte: *ACD*, Sessões de 1857; *CORREIO OFFICIAL DE MINAS*. Ouro Preto, MG: Provincial, n. 30, 23 abr. 1857; *CORREIO OFFICIAL DE MINAS*. Ouro Preto, MG: Provincial, n. 31, 27 abr. 1857

*São Pedro do Sul: atual Rio Grande do Sul (RS)

Cada comissão foi responsável por círculos de províncias diversas. Os membros das comissões deveriam julgar círculos de províncias diferentes daquelas em que foram eleitos. Dos 21 eleitos para as comissões, quatro eram mineiros, sendo todos conservadores reeleitos. Mas havia liberais e conservadores nas comissões. Duas comissões julgaram os diplomas de Minas.

Eleições "por duplicatas" foram registradas no Ceará, Sergipe, Bahia, Maranhão, Paraíba, Pernambuco e São Paulo. A decisão sobre o tema foi relativamente equilibrada, beneficiando ora conservadores, ora estreantes e/ou liberais. Não houve registros de "duplicatas" em Minas Gerais. Em relatório provincial de 1857, o presidente Herculano Ferreira Penna descreveu as eleições gerais de 1856 do seguinte modo:

> [...] as eleições de Vereadores, Juízes de Paz e Eleitores, que em outros tempos poderia ser justamente considerada como origem de cenas deploráveis, teve lugar em quase todas as Freguesias por maneira verdadeiramente digna de um povo civilizado, generoso e amante do Sistema Representativo.

> Nenhuma das parcialidades políticas mostrou-se indiferente ao resultado do escrutínio, nem isso era de esperar, tratando-se de questões que tão imediatamente interessam a toda a Sociedade; cada uma delas esforçou-se quanto pôde por obter o triunfo, mas nesse conflito de opiniões não interveio a força material, nem se cometeram excessos de natureza daqueles que de ordinário só servem para desacreditar, e comprometer as causas mais belas e justas[485].

Vale notar que é natural esse tom elogioso dos presidentes, uma vez que as críticas de irregularidades recairiam sobre a gestão deles. Os relatórios possuem um caráter oficial e formal. Por sua vez, nos anais parlamentares e na imprensa, algumas irregularidades foram denunciadas, documentadas e debatidas, apresentando um processo eleitoral não tão harmônico como aquele descrito no relatório presidencial. Os mineiros lançaram-se às eleições com chapas saquaremas, liberais e chapas que se declaravam conciliadoras. A disputa foi tão acirrada que, em alguns círculos, liberais concorreram entre si.

Em Minas Gerais, os círculos mineiros de Barbacena, Itabira e Ubá registraram queixas de irregularidades. Itabira era situada na comarca de Piracicaba. Já Barbacena e Ubá pertenciam à do Paraibuna. O liberal Manuel de Melo Franco — derrotado no distrito de Barbacena — ofereceu uma representação com documentos que dizia comprovar a existência de vícios nos pleitos das freguesias de Chapéu d'Uvas e Paraibuna. Melo Franco foi um dos maiores defensores do voto distrital em 1855 e foi derrotado por um colega liberal[486]. O parecer foi favorável ao magistrado liberal Pedro Cerqueira Leite. No debate que precedeu a votação, o liberal paraense Tito de Almeida pediu informações à comissão:

> A primeira, se é certo que na freguesia de Chapéu d'Uvas se fez a eleição à hora indevida, à noite, e se houve intervenção indébita do delegado de polícia no processo eleitoral; a segunda, se houve ou não qualificação na freguesia do Paraibuna, e se houve número exagerado de eleitores contra a portaria da presidência, e qual foi o número dos eleitores[487].

Para Pereira Pinto, aquele pleito foi regular e os incidentes de Chapéu d'Uvas e Paraibuna não comprometeram o resultado. Observou que não houve equívoco no horário da votação de Chapéu d'Uvas e disse

---

[485] MINAS GERAIS. *Relatorio que à Assemblea Legislativa Provincial...* Ouro Preto, MG: Provincial, 28 abr. 1857a. p. 4.
[486] ACD, 28 abr. 1857, p. 89.
[487] ACD, 2 maio 1857, p. 163-165.

que mesmo o excesso de eleitores em Paraibuna não invalidava a vitória de Cerqueira Leite, pois os "votos foram tomados em separado, e ainda sem eles o mesmo senhor tem maioria absoluta"[488]. Logo após sua fala, a Casa legitimou o diploma de Cerqueira Leite e do suplente, o liberal Lima Duarte.

Por sua vez, o deputado provincial conservador Jerônimo Máximo Nogueira Penido representou contra a validade das eleições do círculo de Itabira, após ser derrotado pelo liberal José Felicíssimo do Nascimento. A esse respeito, a comissão reconheceu que ali houve ato irregular: o colégio possuía 93 eleitores, sendo a maioria absoluta de 47 votos. Após primeiro escrutínio, os votos foram assim distribuídos: José Felicíssimo do Nascimento (46); Jerônimo Máximo Nogueira Penido (45); Pedro Joaquim José de Sena (1); Manoel de Barros Araújo Silveira (1). Segundo o parecer, o colégio decidiu não realizar o segundo escrutínio, pois os dois primeiros votados eram eleitores e declararam ter dado seus sufrágios aos dois cidadãos que tiveram um voto cada um, interpretando erroneamente que a maioria absoluta era de 46. Mas o correto era 47 votos. Nogueira Penido considerou que houve uma inobservância dessa disposição legal, que definia o escrutínio secreto. Logo, as declarações dos eleitores candidatos foram ilegais. O parecer considerou que o segundo escrutínio deveria ter sido realizado e propôs a realização de novas eleições em Itabira[489]. O parecer foi apoiado pelos conservadores Luiz Carlos da Fonseca e Cruz Machado e pelos liberais Silveira Lobo e Martinho Campos. Como se vê, liberais *estreantes* e conservadores *reeleitos* de Minas concordaram entre si. Mas posto a votos, o parecer foi rejeitado e o liberal Felicíssimo foi declarado deputado[490].

A representação de maior polêmica a respeito das eleições mineiras se referiu às ocorrências no círculo de Ubá. O conservador Paula Cândido denunciou irregularidades nos pleitos da freguesia dos Arrepiados[491]. Em circular aos eleitores de Ubá, Paula Cândido afirmou ter decidido se candidatar por esse círculo, por nele se achar:

> [...] o lugar em que nasci, onde já nasceram meus pais e meus amigos, onde vivi os verdes anos. [...] Assim habilitado posso hoje avaliar os melhoramentos de que tanto necessitamos. [...]

---

[488] *Ibidem*, p. 164.
[489] ACD, 5 maio 1857, p. 187-189.
[490] ACD, 8 jul. 1857, p. 203.
[491] ACD, 16 abr. 1857, p. 9.

> Os remotos e estranhos países para onde me levou a exigência dos estudos, as ocupações públicas de que me tem encarregado o governo imperial, todas as alternativas da vida, nunca riscaram de minha lembrança o modesto lugar de meu nascimento[492].

Paula Cândido possuía o apoio governista, sua candidatura era tida como "a oficial" pela imprensa e Parlamento. Todavia, quem saiu vitorioso foi o coronel Francisco de Assis Athayde, com 49 votos, contra 42 de Paula Cândido. O conselheiro Joaquim Antão e Rodrigues Silva retiraram suas candidaturas. O saquarema Athayde era deputado provincial e ocupou diversos cargos a nível local. Por nunca ter sido eleito deputado geral, Athayde foi diversas vezes chamado de "notabilidade de aldeia" nas sessões preparatórias de 1857, tendo sua vitória sido refutada por liberais e conservadores[493]. O liberal mineiro Martinho Campos questionou o parecer e apoiou Paula Cândido, alegando ser impossível "fazer patentes as nulidades, os vícios insanáveis desta eleição" com mais concisão do que o fez o conservador Torres-Homem[494]. Até o presidente da província remeteu um ofício ao Ministro do Império, expondo as violências cometidas em Arrepiados, como apontou Martinho Campos. Para esse parlamentar, nenhuma formalidade legal foi respeitada ali: "Os vícios insanáveis desta eleição referem-se como já disse, principalmente à eleição primária da freguesia dos Aflitos e Arrepiados; e na verdade bem aflitos e arrepiados que foram estes cidadãos!!". O "juiz da parcialidade de Athayde" foi acusado de protelar o processo, alegando tumulto, com o fim de prejudicar o pleito[495].

O liberal mineiro Silveira Lobo defendeu a anulação das eleições em Arrepiados, afirmando que nunca houve eleição tão fraudulenta quanto essa e, ao mesmo tempo, disse que "um espírito algum tanto vivaz em ardis tenha procurado revesti-la de todas as vestes e aparências de legalidade". Silveira Lobo alegou que a comissão cometeu grave erro. A comissão que elaborou o parecer era formada por Pereira Pinto (ES) e pelos conservadores Dias Vieira (MA) e Torres Homem (RJ). Apenas este último foi favorável à anulação da eleição, elaborando voto em separado. Os outros dois — estreantes na Casa — foram favoráveis a

---

[492] COMUNICADO. Ilms. Srs. Eleitores... *O Correio da Tarde*. Rio de Janeiro: Correio da Tarde, n. 235, p. 2, 10 out. 1856.
[493] ACD, 24 abr. 1857, p. 60; PROVINCIAL. *Correio Official de Minas*. Ouro Preto, MG: Provincial, n. 26, p. 1, 6 abr. 1857.
[494] BRANCO, 1999, p. 267.
[495] ACD, 7 maio 1857, p. 199.

Athayde. Silveira Lobo afirmou que chegou a cogitar se candidatar por aquele distrito que conhecia tão bem, tendo em vista as relações com a região, pois residia em Mariana. E destacou que a moralidade estava em jogo, pois os três nomes que pleitearam aquela eleição eram do "mesmo credo político"[496]. Além de Athayde e Paula Cândido, Rodrigues Silva desistiu da candidatura, ao antever a certeza da derrota[497]. Silveira Lobo afirmou não ter se candidatado, por acreditar ser "impossível, ao que me parece, ser eleito um candidato liberal, ou progressista", tendo em vista a força do partido conservador nesse círculo. Para Silveira Lobo, Athayde apresentou-se como vítima da perseguição do governo e como "candidato natural daquele círculo", mas a sua candidatura é que era "oficial":

> [...] todas as autoridades locais, todas, com exceção, somente do subdelegado da Glória de Muriaé, que já não pertence ao seu credo, e excetuado também o subdelegado do Sapê ou dos Bagres, todos os outros, do Presídio, de Ubá, de Santa Rita do Turvo, de Tombos de Carangola, de S. José de Xopotó, da Piranga, da Espera, de Dores do Turvo e de Arrepiados, todos pertencem à parcialidade do governo de então, todos são criaturas do Sr. Athayde[498].

Silveira Lobo afirmou que Athayde era o canal pelo qual o governo provincial selecionava autoridades locais e não se esqueceu de "fazer-se tenente-coronel da guarda nacional, promotor público, diretor da instrução pública e presidente da câmara municipal"[499]. Logo, Athayde era apoiado por todos que empregou e, agindo assim, parecia representar as influências que a nova lei permitiu emergir, estreando na política nacional como representante dos interesses de Ubá. Mas ainda que tenha, de fato, usado de sua influência local para angariar votos, a polêmica em torno de sua vitória foi motivada pelo apoio do governo provincial e de muitos deputados mineiros a Paula Cândido. Até a folha liberal *O Correio da Tarde* considerou que Athayde não seria o mais legítimo representante[500] e comentou que ele fora derrotado nas freguesias de Arrepiados, Presídio, Sapé, Santa Rita, Tombos de Carangola e até na Glória, onde residia. Segundo o periódico, seu interesse não era partidário, mas localista:

---

[496] *ACD*, 8 maio 1857, p. 208-209.
[497] Silveira Lobo refere-se a Firmino Silva como nome derrotado em Ubá, mas Firmino e Antão retiraram suas candidaturas antes do pleito.
[498] *ACD*, 7 maio 1857, p. 211.
[499] *Ibidem*, p. 209.
[500] RIO: 25 de Abril. *O Correio da Tarde*. Rio de Janeiro: Correio da Tarde, n. 95, p. 1, 25 abr. 1857.

> A nossa assembleia provincial acaba de elevar a cidade, a vila de Ubá. Não era possível que tanta dedicação pela causa de um guerreiro, que mostrou sempre até onde pode chegar o instinto da conservação, deixasse de ser recompensada. A primeira promessa está satisfeita; as outras sê-lo-ão depois.[501]

Para o conservador maranhense Dias Vieira — relator da comissão que elaborou o parecer sobre o círculo de Ubá —, o tumulto no processo eleitoral dos Arrepiados justificou o adiamento do pleito. Além disso, diante da diferença de 110 votos entre o eleitor menos votado e o suplente mais votado, a comissão julgou que os 86 votos reclamantes não alterariam o resultado. Por sua vez, o mineiro Francisco Campos considerou que a controvérsia tomou "as feições de um tamanduá" e que os vícios dessa eleição deveriam ser punidos. Para ele, a impunidade afastaria os "homens de ordem, de merecimento real", que jamais pleiteariam "com as armas do escândalo"[502].

Ali, todos os candidatos eram conservadores, mas possuíam perfis diversos: Paula Cândido era ligado ao Gabinete da Conciliação, ao passo que Rodrigues Silva era um regressista. Certamente, o domínio regional de Athayde contribuiu à sua vitória, a despeito de ter enfrentado conservadores influentes na política provincial e na Corte. Além disso, alguns deputados relataram que o tema do fim do tráfico de escravos foi decisivo na escolha desse eleitorado fortemente ligado à cafeicultura e defensor da manutenção da escravidão.

Firmino Rodrigues Silva — contrário à *Lei dos Círculos* em 1855 — foi juiz de direito em Ouro Preto e em diversas comarcas mineiras, chefe de polícia provincial e desembargador da Relação da Corte. De 1850 a 1856, foi deputado geral e em 1856, era magistrado em São João del-Rei[503]. Firmino era natural de Niterói e radicado em Minas. Pouco antes das eleições secundárias, Firmino desistiu da candidatura em Ubá, continuando candidato no círculo de Pouso Alegre, onde foi derrotado[504]. Já Francisco de Paula Cândido era natural de Piranga, vila pertencente ao círculo de Ubá. Era professor da Faculdade de Medicina do Rio de Janeiro, fundador da Junta de Higiene Pública e médico pessoal do imperador[505]. Deputado geral em quatro legislaturas, ironicamente acabou sendo derrotado pelo sistema eleitoral que ajudou a reformar.

---

[501] PUBLICAÇÕES a pedido. *O Correio da Tarde*. Rio de Janeiro: Correio da Tarde, n. 157, p. 2, 11 jul. 1857.
[502] ACD, 9 maio 1857, p. 220.
[503] PROVINCIAL. *Correio Official de Minas*. Ouro Preto, MG: Provincial, n. 2, p. 1, 12 jan. 1857.
[504] VEIGA, 1897, p. 77-79; JAVARI, 1979, p. 324.
[505] *Ibidem*, p. 295-318; VEIGA, 1897, p. 19-21; *REVISTA DO APM*, 1896, p. 32; *ALMANACK LAEMMERT*, 1853, p. 42, p. 66; *ALMANACK LAEMMERT*, 1855, p. 72; BLAKE, 1970, p. 71; TRINDADE, 1943, s/p.

Assim, a eleição de Ubá foi marcada pela disputa entre conservadores: um com forte influência regional e outro de envergadura nacional. Um era deputado provincial e possuía muita influência nos cargos públicos locais e o outro vivia na Corte e pleiteava a reeleição com apoio do governo. Levando em conta as inimizades que Athayde colheu em anos de atuação na Assembleia Provincial desde sua atuação na repressão ao *Movimento Liberal de 1842*, é compreensível a reação de alguns liberais, que chegaram a defender o presidente Herculano das acusações de Athayde de que sofrera perseguição. Mesmo assim, o diploma de Athayde foi reconhecido por 50 votos contra 11[506]. É possível que os estreantes tenham se identificado com a sua condição de estreante supostamente perseguido, por disputar vaga com um governista. Outra questão a se destacar é que o debate sobre a legitimidade da eleição de Ubá revela um resultado marcante da nova lei eleitoral. A bancada mineira podia continuar sendo a maior da Câmara, mas não era mais uma bancada coesa e os mineiros que questionaram a vitória de Athayde teriam que conviver com ele na Casa.

***

Em síntese, houve uma renovação significativa no perfil da bancada mineira na 10ª legislatura (1857-1860). O impacto da nova legislação foi tão grande que, na 10ª legislatura, apresentou-se e debateu-se um projeto de alargamento dos distritos, em que cada círculo passaria a eleger três deputados, e não mais um só. O levantamento do perfil dos eleitos de 1856 em Minas Gerais reforçou a tese do profundo impacto do novo sistema sobre o perfil dos parlamentares mineiros: houve também grande renovação partidária e, além disso, grande parte dos novos representantes sequer atuou no legislativo provincial, encaixando-se perfeitamente no perfil apelidado pela oposição à nova lei de *"notabilidade de aldeia"*. Muitos deles só atuaram na legislatura eleita pelo voto distrital de um deputado, tendo sido eleitos apenas por sua influência local. A respeito da verificação de poderes realizada em 1857, nenhum distrito mineiro teve a eleição anulada, mas as denúncias de irregularidades — mormente as "duplicatas" — seriam usadas em 1860, para justificar nova reforma. A defesa da *Lei de 1855* alegava que o problema residia na aplicação da lei, e não na lei em si.

---

[506] *ACD*, 11 maio 1857, p. 223.

CONSIDERAÇÕES FINAIS

Parte significativa da historiografia sobre a política imperial brasileira encarou o período do Gabinete da Conciliação como uma fase caracterizada pelo *"apogeu do Império"* e o *"arrefecimento das paixões políticas"*, diante da crescente centralidade do poder do imperador. Não obstante suas distintas abordagens, estes estudos supervalorizaram o papel do poder moderador e do presidente do Conselho na definição da política imperial, desconsiderando o papel do Parlamento enquanto instância igualmente decisiva na elaboração de propostas essenciais ao funcionamento do Estado. Diante da defesa da tese da fragilidade do regime representativo do Brasil oitocentista, esses historiadores pecaram por limitar o campo de visão da dinâmica política imperial, cerrando os olhos para o jogo político que ocorria no interior da Câmara dos Deputados.

Este livro pretendeu contribuir para realçar a importância do poder político do Parlamento e do Executivo, ao buscar visualizar a complexidade da relação entre as duas instâncias políticas. Nesse sentido, sustento que o estudo dos debates parlamentares pode lançar luz sobre a política imperial em si e enfatizo a importância da força de decisão do Parlamento e do contexto político em que tais decisões aconteciam. Os resultados desta pesquisa revelam que o período foi marcado por conflitos, divisões políticas e constantes reformulações do perfil da representação provincial no Parlamento brasileiro.

Os debates parlamentares sobre a reforma eleitoral de 1855 refletem os conflitos políticos do período, com a emergência de demandas por uma renovação no perfil representativo na Câmara. A elite política estaria preocupada com a qualidade da representação nacional, no sentido de torná-la eficaz e definir seu conteúdo quanto ao grau de representatividade. Para Miriam Dolhnikoff, o mesmo tipo de argumentação prevalecente nos debates sobre reformas eleitorais na França e nos Estados Unidos no século XIX, dominou a discussão sobre a reforma eleitoral de 1855 no Brasil. Assim, do ponto de vista teórico, os parlamentares brasileiros retomaram os debates dos federalistas norte-americanos e dos liberais franceses, que consideravam que os distritos pequenos favoreciam a eleição das notabilidades de aldeia, o que comprometia a qualidade da representação, enquanto seus antagonistas os defendiam em nome da representação da diversidade[507].

---

[507] DOLHNIKOFF, 2012, p. 13.

Em minha pesquisa, tais conclusões se confirmaram: nos debates parlamentares de 1855 no Brasil, a defesa do voto provincial considerava que o sistema vigente favorecia a escolha de representantes mais bem qualificados para definir o interesse nacional, por não se confundirem com os poderes locais. Já a defesa do voto distrital considerava ser uma forma eficiente de garantir a eleição de minorias, uma vez que bastaria ter poder local para ser eleito, enquanto uma circunscrição ampla como a província favoreceria o candidato melhor articulado politicamente e tornaria quase impossível a eleição de candidatos de grupos minoritários. Era defendida a ideia de que o resultado da reunião das vontades individuais proporcionaria uma melhor representação na eleição por distrito pequeno. A representação das minorias garantiria a entrada de lideranças locais no parlamento e a diversidade partidária.

Nesse sentido, a pesquisa interessou-se pelo aprofundamento do conhecimento de aspectos referentes à política imperial em sua relação com os poderes regionais, mais detidamente, o poder provincial mineiro. O desequilíbrio de poder entre as províncias, com o enorme peso político das grandes bancadas como as da Bahia, Pernambuco, Rio de Janeiro, São Paulo e Minas Gerais, tornou-se um problema a ser discutido e solucionado. Assim é que a reforma eleitoral de 1855 emergiu com a promessa de liquidar a coesão dessas grandes bancadas, ao abolir o voto provincial e estabelecer a eleição por círculos de um deputado, além da adoção das incompatibilidades eleitorais. Da mesma forma que procurava garantir a representação da minoria, segundo seus defensores, buscava impedir a influência do governo, inibir a fraude e propiciar ao eleitor condições de uma escolha mais qualificada, ao ter diante de si candidatos que conhecia, ao invés das chapas que marcavam a eleição pelo voto provincial.

O projeto de reforma foi defendido pelos liberais, em aliança com parte dos conservadores liderados por Paraná. A oposição da reforma de 1855 ficou a cargo de outra ala conservadora, apelidada pela imprensa liberal de saquaremas ou emperrados. Esse grupo alegava que o voto distrital eliminaria a mediação das influências provinciais e o governo entraria em contato direto com as *"notabilidades de aldeia"*, que passariam a representar-se sem mediação. Para esses opositores, o voto provincial permitia a eleição de representantes que compunham a liderança nacional, com melhor formação para exercer a direção do país, enquanto o voto distrital elegeria poderosos locais comprometidos apenas com interesses paroquiais. Já a defesa justificava que a influência das províncias não deixaria de existir com o voto distrital, pois apenas o perfil dos membros dessas bancadas é que seria modificado, e não o número de representantes das bancadas. Minas Gerais, por exemplo, continuaria a deter o maior número de representantes, entre as províncias brasileiras. Entretanto esses representantes passariam a ser eleitos dentre os 20 distritos em que se dividiria a província. A ideia era que a nova lei modificaria o perfil desses parlamentares, com o incentivo à *representação das minorias*.

Como se comportou a bancada mineira, diante de um tema que colocava em jogo, justamente, o fim das grandes bancadas provinciais? A pesquisa revelou que a maior parte dos representantes mineiros foi favorável à adoção do voto distrital e das incompatibilidades eleitorais. Quase todos os deputados mineiros que foram favoráveis à reforma, eram conservadores que apoiavam o Gabinete Paraná, além dos dois suplentes liberais, que passaram a apoiar o Ministério, por defenderem a proposta como uma bandeira do seu partido. Assim, o cenário para a bancada mineira não foi diferente do cenário de toda a Câmara: os conservadores dividiram-se e os liberais apoiaram a medida, por considerá-la essencial ao retorno dos liberais e da diversidade de representação na Casa. No debate de 1855, a bancada mineira comportou-se de acordo com a cisão partidária que marcou o comportamento dos demais deputados.

Mas a renovação parlamentar, de fato, ocorreu? A análise da composição da bancada mineira eleita em 1856 denotou uma renovação expressiva: em primeiro lugar, poucos conservadores da bancada mineira da nona legislatura conseguiram a reeleição; em segundo lugar, oito representantes mineiros eleitos eram liberais (quase metade da bancada), portanto houve uma grande renovação partidária; em terceiro lugar, a análise da trajetória política dos deputados mineiros eleitos revelou grande número de estreantes na Casa, ou seja, políticos sem nenhuma experiência nem mesmo na Assembleia Provincial mineira, com influência política, apenas, em suas localidades. Muitos deles só atuaram na legislatura eleita em 1856. Dos 20 deputados mineiros, catorze não pertenciam à bancada anterior e, dentre estes, onze nunca haviam sido eleitos. Ou seja, mais da metade dos deputados mineiros era estreante no cenário político nacional. Assim, a *Lei dos Círculos* permitiu a entrada de políticos mais conhecidos da localidade. Como bem notou Sérgio Eduardo Ferraz, a incorporação das minorias ao processo político alterou de tal maneira o funcionamento da Câmara dos Deputados, que acabou por intensificar os conflitos entre os poderes, favorecendo constantes quedas dos gabinetes ministeriais[508].

A bancada mineira diversificou-se a ponto de intensificar o surgimento de demandas de conteúdo mais localista. A eleição por distritos resultou em uma bancada dividida não apenas do ponto de vista partidário, mas em relação aos interesses provinciais. A legislatura eleita pela *Lei dos Círculos* assistiu à ampliação dos debates em torno das propostas separatistas de Minas Gerais, com a presença de deputados mineiros que defendiam os interesses do círculo eleitoral em que foram eleitos. Entretanto a aprovação da criação de uma nova província dependia da capacidade de fazer maiorias, através de alianças políticas e/ou de conferir a um projeto localista o caráter de interesse nacional. Este era o argumento utilizado por Paraná para justificar a criação das províncias do Amazonas e do Paraná e para opor-se à divisão de Minas Gerais. Por outro lado, ao mesmo tempo que a *Lei dos Círculos* favorecia a eleição de deputados com interesses marcadamente localistas, as bancadas provinciais tornaram-se profundamente heterogêneas, o que dificultava as alianças necessárias à aprovação de propostas localistas como as que emergiram em Minas Gerais. Mas o debate sobre a criação de outra província em território mineiro não esteve somente atrelado aos conflitos entre Minas e as províncias vizinhas, mas também entre as demais províncias do Império que se sentiam pouco influentes diante do poderoso colosso mineiro.

Antes mesmo do fim da primeira e única legislatura eleita pelo voto distrital uninominal, a oposição à *Lei Eleitoral de 1855* propôs novo debate em torno de mais uma reforma eleitoral. E embora o Parlamento estivesse mais heterogêneo, com a entrada de liberais e representantes das localidades, a maioria da Casa ainda era conservadora e conseguiu aprovar a proposta de adoção de círculos plurinominais.

---

[508] FERRAZ, S. E., 2012.

REFERÊNCIAS

1) Documentos Oficiais

BRASIL. Congresso Nacional. Câmara dos Deputados. *Anais da Câmara dos Deputados.* Rio de Janeiro: Imprensa Nacional, 1831-1857. Disponível em: https://bd.camara.legl.br/bd/handle/bdcamara/28839. Acesso em: 23 set. 2020.

BRASIL. Congresso Nacional. Senado do Império. *Anais do Império.* Rio de Janeiro: Imprensa Nacional, 1855 e 1860. Disponível em: https://www25.senado.leg.br/web/atividade/anais/-do-imperio. Acesso em: 23 set. 2020.

BRASIL. Decreto de 24 de fevereiro de 1823. *In: Collecção das Leis do Imperio do Brasil.* Rio de Janeiro: Imprensa Nacional, 1887. v. 1, pt. 2. p. 40. Disponível em: https://bd.camara.leg.br/bd/handle/bdcamara/18336. Acesso em: 19 fev. 2024.

BRASIL. Constituição Política do Império do Brasil (1824). *In: Collecção das Leis do Imperio do Brasil.* Rio de Janeiro: Imprensa Nacional, 1886a. pt. 1. 381 p. Disponível em: https://bd.camara.leg.br/bd/handle/bdcamara/18340. Acesso em: 19 fev. 2024.

BRASIL. Decreto de 26 de março de 1824. *In: Collecção das Leis do Império do Brasil.* Rio de Janeiro: Imprensa Nacional, 1886b. v. 1, pt. 2. p. 18-28. Disponível em: https://bd.camara.leg.br/bd/handle/bdcamara/18336. Acesso em: 19 fev. 2024.

BRASIL. Decreto de 13 de outubro de 1831. *In: Collecção das Leis do Imperio do Brasil.* Rio de Janeiro: Imprensa Nacional, 1873. pt. 1. p. 134. Disponível em: https://bd.camara.leg.br/bd/handle/bdcamara/18460. Acesso em: 19 fev. 2024.

BRASIL. Resolução de 30 de junho de 1833. *In: O Universal.* Ouro Preto: Universal, 12 jul. 1833.

BRASIL. Lei nº 16, de 14 de agosto de 1834. *In: Collecção das Leis do Imperio do Brasil.* Rio de Janeiro: Nacional, 1866. pt. 1. p. 23. Disponível em: https://bd.camara.leg.br/bd/handle/bdcamara/18462. Acesso em: 19 fev. 2024.

BRASIL. Decreto nº 157, de 4 de maio de 1842. *In: Collecção das Leis do Imperio do Brasil.* Rio de Janeiro: Nacional, 1843. v. 1, pt. 2. p. 255-261. Disponível em: https://www2.camara.leg.br/legin/fed/decret/1824-1899/decreto-157-4-maio-1842-560938-publicacaooriginal-84213-pe.html. Acesso em: 19 fev. 2024.

BRASIL. Lei nº 287, de 19 de agosto de 1846. *In: Collecção das Leis do Imperio do Brasil*. Rio de Janeiro: Nacional, 1847. t. VIII, pt. 1. p. 13-39. Disponível em: https://bd.camara.leg.br/bd/handle/bdcamara/18345. Acesso em: 19 fev. 2024.

BRASIL. Decreto nº 842, de 19 de setembro de 1855. *In: Collecção das Leis do Imperio do Brasil*. Rio de Janeiro: Nacional, 1856. t. XVI, pt. 1. p. 49-52. Disponível em: https://bd.camara.leg.br/bd/handle/bdcamara/18443. Acesso em: 19 fev. 2024.

BRASIL. Decreto nº 1.081, de 7 de agosto de 1856. *In: Collecção das Leis do Imperio do Brasil*. Rio de Janeiro: Nacional, 1857. t. XIX, pt. 2. p. 379. Disponível em: https://www2.camara.leg.br/atividade-legislativa/legislacao/colecao-anual-de-leis/copy_of_colecao5.html. Acesso em: 19 fev. 2024.

BRASIL. Decreto nº 1.082, de 18 de agosto de 1860. *In: Collecção das Leis do Imperio do Brasil*. Rio de Janeiro: Nacional, 1860. t. XXI, pt. 1. p. 26. Disponível em: https://bd.camara.leg.br/bd/handle/bdcamara/18474. Acesso em: 19 fev. 2024.

BRASIL. Decreto nº 2.636, de 5 de setembro de 1860. *In: Collecção das Leis do Imperio do Brasil*. Rio de Janeiro: Nacional, 1860. t. XXIII, pt. 2. p. 397. Disponível em: https://bd.camara.leg.br/bd/handle/bdcamara/18474. Acesso em: 19 fev. 2024.

BRASIL. *Relatorio do ano de 1857 apresentado à Assemblea Geral Legislativa na 2ª Sessão da décima legislatura pelo Ministro e Secretario d'Estado dos Negocios do Império, Marquez de Olinda*. Rio de Janeiro: Laemmert, 1858. Disponível em: https://bndigital.bn.br/acervo-digital/brasil-ministerio-imperio/720968. Acesso em: 8 mar. 2024.

CARTA RÉGIA DE 23 DE ABRIL DE 1745. Arquivo Público Mineiro - Fundo Câmara Municipal de Mariana. Microfilme SC Rolo-01.

MINAS GERAIS. *Falla dirigida à Assemblea Legislativa Provincial de Minas Geraes na sessão ordinária de 1840, pelo presidente da província Bernardo Jacintho da Veiga*. Ouro Preto, MG: Correio de Minas, 1840. Disponível em: http://www.crl.edu/brazil/provincial/minasgerais. Acesso em: 28 jan. 2022.

MINAS GERAIS. *Falla dirigida à Assemblea Legislativa Provincial de Minas Geraes, na abertura da sessão ordinária do ano de 1842, pelo vice-presidente da província Herculano Ferreira Penna*. Ouro Preto, MG: Correio de Minas, 1842. Disponível em: http://www.crl.edu/brazil/provincial/minasgerais. Acesso em: 28 jan. 2022.

MINAS GERAIS. *Falla dirigida à Assemblea Legislativa Provincial de Minas Geraes na abertura da sessão ordinária do ano de 1843, pelo presidente da província Francisco José de Souza Soares d'Andréa*. Ouro Preto, MG: Correio de Minas, 1843. Disponível em: http://www.crl.edu/brazil/provincial/minasgerais. Acesso em: 28 jan. 2022.

MINAS GERAIS. *Falla dirigida à Assemblea Legislativa Provincial de Minas Geraes, na sessão ordinária do ano de 1848, pelo presidente da província Bernardino José de Queiroga.* Ouro Preto, MG: Social, 1848. Disponível em: http://www.crl.edu/brazil/provincial/minasgerais. Acesso em: 28 jan. 2022.

MINAS GERAIS. *Falla dirigida à Assemblea Legislativa Provincial de Minas Geraes, na sessão ordinária do ano de 1849, pelo presidente da província José Ildefonso de Sousa Ramos.* Ouro Preto, MG: Imp. B. X. P. Souza, 1849. Disponível em: http://www.crl.edu/brazil/provincial/minasgerais. Acesso em: 28 jan. 2022.

MINAS GERAIS. *Relatorio que à Assemblea Legislativa Provincial de Minas Geraes, apresentou na sessão ordinária de 1851, o doutor José Ricardo de Sá Rego, presidente da mesma província.* Ouro Preto, MG: Social, 1851. Disponível em: http://www.crl.edu/brazil/provincial/minasgerais. Acesso em: 28 jan. 2022.

MINAS GERAIS. *Relatorio que à Assemblea Provincial da Província de Minas Geraes apresentou na Sessão ordinária de 1853 o doutor Luiz Antonio Barbosa, presidente da mesma província.* Ouro Preto, MG: Bom Senso, 1853a. Disponível em: http://www.crl.edu/brazil/provincial/minasgerais. Acesso em: 28 jan. 2022.

MINAS GERAIS. *Relatorio que ao Illm. e Exm. Sr. Doutor Francisco Diogo Pereira de Vasconcellos, muito digno presidente desta província, apresentou no ato de passar-lhe a administração o 1º vice-presidente doutor José Lopes da Silva Vianna.* Ouro Preto, MG: Soares, 1853b. Disponível em: http://www.crl.edu/brazil/provincial/minasgerais. Acesso em: 28 jan. 2022.

MINAS GERAIS. *Relatorio que à Assemblea Legislativa Provincial de Minas Gerais apresentou na Sessão ordinária de 1854, o presidente da província Francisco Diogo Pereira de Vasconcellos.* Ouro Preto, MG: Bom Senso, 1854a. Disponível em: http://www.crl.edu/brazil/provincial/minasgerais. Acesso em: 28 jan. 2022.

MINAS GERAIS. *Relatorio que ao Illm. e Exm. Sr. Desembargador José Lopes da Silva Vianna, muito digno 1º vice-presidente da província de Minas Gerais apresentou, ao passar-lhe a administração, o presidente Francisco Diogo Pereira de Vasconcellos.* Ouro Preto, MG: Bom Senso, 1854b. Disponível em: http://www.crl.edu/brazil/provincial/minasgerais. Acesso em: 28 jan. 2022.

MINAS GERAIS. *Relatorio que ao Illm. e Exm. Sr. Doutor Francisco Diogo Pereira de Vasconcellos, muito digno presidente desta Província, apresentou, ao passar-lhe a administração o 1º vice-presidente desembargador José Lopes da Silva Vianna.* Ouro Preto, MG: Bom Senso, 1854c. Disponível em: http://www.crl.edu/brazil/provincial/minasgerais. Acesso em: 28 jan. 2022.

MINAS GERAIS. *Relatorio que à Assemblea Legislativa Provincial de Minas Geraes apresentou na 2ª Sessão ordinária da 10ª legislatura de 1855 o presidente da província Francisco Diogo Pereira de Vasconcellos*. Ouro Preto, MG: Bom Senso, 1855. Disponível em: http://www.crl.edu/brazil/provincial/minasgerais. Acesso em: 28 jan. 2022.

MINAS GERAIS. *Relatorio que à Assembléa Legislativa Provincial de Minas Gerais apresentou na abertura da sessão ordinária de 1856 o conselheiro Herculano Ferreira Penna, presidente da mesma província*. Ouro Preto, MG: Bom Senso, 1856. Disponível em: http://www.crl.edu/brazil/provincial/minasgerais. Acesso em: 28 jan. 2022.

MINAS GERAIS. *Relatorio que à Assemblea Provincial da Província de Minas Geraes apresentou na abertura da Sessão ordinária de 1857 o doutor Herculano Ferreira Penna, presidente da mesma província*. Ouro Preto, MG: Provincial, 1857a. Disponível em: http://www.crl.edu/brazil/provincial/minasgerais. Acesso em: 28 jan. 2022.

MINAS GERAIS. *Relatorio que ao Ilmo. e Exmo. Sr. Conselheiro Carlos Carneiro de Campos apresentou no ato de passar-lhe a Administração da Província de Minas Gerais o vice presidente Joaquim Delfino Ribeiro da Luz*. Ouro Preto, MG: Provincial, 1857b. Disponível em: http://www.crl.edu/brazil/provincial/minasgerais. Acesso em: 28 jan. 2022.

MINAS GERAIS. *Relatorio que à Assemblea Provincial da Província de Minas Geraes apresentou na abertura da Sessão ordinária de 1858 o conselheiro Carlos Carneiro de Campos, presidente da mesma província*. Ouro Preto, MG: Provincial, 1858. Disponível em: http://www.crl.edu/brazil/provincial/minasgerais. Acesso em: 28 jan. 2022.

MINAS GERAIS. *Anais da Assembleia Legislativa Provincial de Minas Gerais*. Ouro Preto, MG: Echo de Minas; Correio de Minas, 1835-1857. Disponível em: http://www.siaapm.cultura.mg.gob.br/modules/assembleia/search.php?query=annaes&ordenar=10&asc_desc=10&action=result&andor+AND&start=0r. Acesso em: 10 jun. 2021.

MINAS GERAIS. Lei nº 28, de 22 de fevereiro de 1836. *In: Livro da Lei Mineira*. Ouro Preto, MG: Universal, t. II, pt. 1ª, fl. 1, 1836. p. 2. Disponível em: http://bndigital.bn.br/acervo-digital/livro-lei-mineira/253634. Acesso em: 2 jun. 2021.

MINAS GERAIS. Lei nº 93, de 6 de março de 1838. *In: Livro da Lei Mineira*. Ouro Preto, MG: Correio de Minas, t. IV, pt. I, fl. 3, 1838. p. 17. Disponível em: http://bndigital.bn.br/acervo-digital/livro-lei-mineira/253634. Acesso em: 16 jun. 2021.

MINAS GERAIS. Lei nº 134, de 16 de março de 1839. *In: Livro da Lei Mineira*. Ouro Preto, MG: Correio de Minas, n. V, pt. 1ª, fl. 6, 1839. s/p. Disponível em: http://bndigital.bn.br/acervo-digital/livro-lei-mineira/253634. Acesso em: 2 jun. 2021.

MINAS GERAIS. Lei nº 163, de 6 de março de 1840. *In: Livro da Lei Mineira*. Ouro Preto, MG: Correio de Minas, t. VI, pt. 1ª, fl. 2, 1840a. p. 15. Disponível em: http://bndigital.bn.br/acervo-digital/livro-lei-mineira/253634. Acesso em: 16 jun. 2021.

MINAS GERAIS. Lei nº 171, de 23 de março de 1840. *In: Livro da Lei Mineira*. Ouro Preto, MG: Correio de Minas, t. VI, pt. 1ª, fl. 4, 1840b. p. 29. Disponível em: http://bndigital.bn.br/acervo-digital/livro-lei-mineira/253634. Acesso em: 2 jun. 2021.

MINAS GERAIS. Lei nº 202, de 1 de abril de 1841. *In: Livro da Lei Mineira*. Ouro Preto, MG: Universal, t. VII, pt. 1ª, fl. 3, 1841. p. 26. Disponível em: http://bndigital.bn.br/acervo-digital/livro-lei-mineira/253634. Acesso em: 2 jun. 2021.

MINAS GERAIS. Lei nº 274, de 9 de outubro de 1848 e Lei nº 433, de 19 de outubro de 1848. *In: Livro da Lei Mineira*. Ouro Preto, MG: Social, t. XIV, pt. 1ª, 1849. p. 73 e p. 205. Disponível em: http://bndigital.bn.br/acervo-digital/livro-lei-mineira/253634. Acesso em: 16 jun. 2021.

MINAS GERAIS. Lei nº 452, de 20 de outubro de 1849. *In: Livro da Lei Mineira*. Ouro Preto, MG: Universal, 1849. Disponível em: https://www.almg.gov.br/legislacao-mineira/texto/LEI/452/1849/. Acesso em: 27 fev. 2024.

MINAS GERAIS. Lei nº 464, de 22 de abril de 1850. *In: Livro da Lei Mineira*. Mariana, MG: Episcopal, t. XVI, pt. 1, 1855. p. 7. Disponível em: http://bndigital.bn.br/acervo-digital/livro-lei-mineira/253634. Acesso em: 16 jun. 2021.

MINAS GERAIS. Lei nº 472, de 31 de maio de 1850. *In: Livro da Lei Mineira*. Mariana, MG: Episcopal, t. XVI, pt. 1, 1855. p. 41. Disponível em: http://bndigital.bn.br/acervo-digital/livro-lei-mineira/253634. Acesso em: 16 jun. 2021.

MINAS GERAIS. Lei nº 553, de 10 de outubro de 1851. *In: Livro da Lei Mineira*. Ouro Preto, MG: Social, t. XVII, pt. 1ª, 1852. p. 96. Disponível em: http://bndigital.bn.br/acervo-digital/livro-lei-mineira/253634. Acesso em: 16 jun. 2021.

MINAS GERAIS. Lei nº 524, de 23 de setembro de 1851. *In: Livro da Lei Mineira*. Mariana, MG: Social, t. VXII, pt. 1ª, 1852. p. 24. Disponível em: http://bndigital.bn.br/acervo-digital/livro-lei-mineira/253634. Acesso em: 16 jun. 2021.

MINAS GERAIS. Lei nº 719, de 15 de maio de 1855. *In: Livro da Lei Mineira*. Ouro Preto, MG: Bom Senso, t. 21, pt. 1, 1855. p. 28. Disponível em: http://bndigital.bn.br/acervo-digital/livro-lei-mineira/253634. Acesso em: 16 jun. 2021.

MINAS GERAIS. Lei nº 731, de 16 de maio de 1855. *In: Livro da Lei Mineira*. Ouro Preto, MG: Bom Senso, t. XXI, pt. 1ª, 1855. p. 50. Disponível em: http://bndigital.bn.br/acervo-digital/livro-lei-mineira/253634. Acesso em: 16 jun. 2021.

MINAS GERAIS. Lei nº 759, de 2 de maio de 1856. *In*: *Livro da Lei Mineira*. Ouro Preto, MG: Provincial de Minas, t. XXII, pt. 1ª, 1856. p. 6. Disponível em: http://bndigital.bn.br/acervo-digital/livro-lei-mineira/253634. Acesso em: 16 jun. 2021.

SÃO PAULO. *Anais da Assembleia Provincial Paulista*. São Paulo: Imprensa Oficial, 1852-1853. Disponível em: https://app.al.sp.gov.br/acervohistorico/base-de-dados/imperio/deputados/nona-legislatura-1852-1853/. Acesso em: 4 fev. 2021.

2. Jornais e Revistas de Minas Gerais

ALMANAK ADMINISTRATIVO, CIVIL E INDUSTRIAL DA PROVINCIA DE MINAS GERAIS. Organização e redação: Antônio de Assis Martins e J. Marques de Oliveira. Ouro Preto, MG: Minas Gerais, 1864. Disponível em: https://memoria.bn.br/DocReader/docreader.aspx?bib=393428&pesq=&pagfis=1. Acesso em: 23 set. 2020.

ALMANAK ADMINISTRATIVO, CIVIL E INDUSTRIAL DA PROVINCIA DE MINAS GERAIS. Organização e redação: Antônio de Assis Martins. Rio de Janeiro: Diario do Rio de Janeiro, 1870. Disponível em: https://memoria.bn.br/DocReader/docreader.aspx?bib=393428&pesq=&pagfis=1. Acesso em: 23 set. 2020.

ALMANAK ADMINISTRATIVO, CIVIL E INDUSTRIAL DA PROVINCIA DE MINAS GERAIS. Organização e redação: Antônio de Assis Martins. Ouro Preto, MG: Echo de Minas, 1873. Disponível em: https://memoria.bn.br/DocReader/docreader.aspx?bib=393428&pesq=&pagfis=1. Acesso em: 23 set. 2020.

ALMANAK ADMINISTRATIVO, CIVIL E INDUSTRIAL DA PROVINCIA DE MINAS GERAIS. Organização e redação de Antônio de Assis Martins. Ouro Preto, MG: J. F. de Paula Castro, 1874. Disponível em: https://memoria.bn.br/DocReader/docreader.aspx?bib=393428&pesq=&pagfis=1. Acesso em: 23 set. 2020.

ALMANACH SUL-MINEIRO. Organização, redação e edição: Bernardo Saturnino da Veiga. Campanha, MG: Monitor Sul-Mineiro, 1874. Disponível em: https://bndigital.bn.br/acervo-digital/almanach-sul-mineiro/213462. Acesso em: 19 fev. 2024.

O UNIVERSAL. Ouro Preto, MG: Universal, 1833-1841. Disponível em: https://memoria.bn.br/DocReader/docreader.aspx?bib=706930&pasta=ano%20183&pesq=&pagfis=5024. Acesso em: 19 fev. 2024.

O BOM SENSO. Editor Francisco de Assis Costa. Ouro Preto, MG: Bom Senso, 1855. Disponível em: https://memoria.bn.br/DocReader/docreader.aspx?bib=715107&pasta=ano%20185&pesq=&pagfis=393. Acesso em: 19 fev. 2024.

REVISTA DO ARQUIVO PÚBLICO MINEIRO. Ouro Preto, MG: Imprensa Oficial de Minas Gerais, 1895-1914. Disponível em: www.siaapm.cultura.mg.gov.br/modules/rapm/php. Acesso em: 16 jun. 2020.

CORREIO OFFICIAL DE MINAS. Editor Bartholomeu Paulo Alvares da Costa. Ouro Preto, MG: Provincial, 1857. Disponível em: http://www.siaapm.cultura.mg.gov.br/modules/brtbusca/index.php?query=correio+official+minas&mid=16&action=showall&andor=AND&start=160. Acesso em: 19 fev. 2024.

3. Jornais e Revistas da Corte

ALMANACK ADMINISTRATIVO, MERCANTIL E INDUSTRIAL DO RIO DE JANEIRO. Editor Eduardo e Henrique von Laemmert. Rio de Janeiro: Laemmert, 1843-1885. Disponível em: https://memoria.bn.br/docreader/DocReader.aspx?bib=313394x&pagfis=31352. Acesso em: 20 fev. 2024.

A ATUALIDADE. Editor Flávio Farnése, Lafayette Rodrigues Pereira e Bernardo Joaquim da Silva Guimarães. Rio de Janeiro: Americana de J. S. de Pinho, 1860. Disponível em: https://memoria.bn.br/docreader/DocReader.aspx?bib=235296&pagfis=262. Acesso em: 20 fev. 2024.

O CORREIO DA TARDE. Editor Domingos Luiz dos Santos. Rio de Janeiro: Fluminense; Correio da Tarde, 1855-1856. Disponível em: https://bndigital.bn.gov/acervo-digital/correio-da-tarde/090000. Acesso em: 2 jul. 2023.

O CORREIO DA TARDE. Redactor-gerente José Cristino da Costa Cabral. Rio de Janeiro: Correio da Tarde, 1857. Disponível em: https://bndigital.bn.gov/acervo-digital/correio-da-tarde/090000. Acesso em: 27 fev. 2024.

O CONSTITUCIONAL. Redator J. A. de Azevedo Castro. Rio de Janeiro: Constitucional, n. 109, 24 set. 1864. Disponível em: http://memoria.bn.br/docreader/DocReader.aspx?bib=235709&pagfis=1265. Acesso em: 5 mar. 2024.

O GRITO NACIONAL. Rio de Janeiro: Imparcial de M. J. P da Silva Junior, 1855-1858. Disponível em: https://memoria.bn.br/docreader/DocReader.aspx?bib=341185&pagfis=2929. Acesso em: 20 fev. 2024.

O REPUBLICO. Editor Maurício Doellinger Junior. Rio de Janeiro: Guanabarense de Menezes, 1855. Disponível em: https://memoria.bn.br/docreader/DocReader.aspx?bib=341185&pagfis=2929. Acesso em: 20 fev. 2024.

4. Panfletos, Obras de Referência e Biografias

BARATA, Carlos Eduardo de Almeida; BUENO, Antônio Henrique da Cunha. *Dicionário das Famílias Brasileiras*. v. I, Brasília: MEC/Ibero América, 2000.

BRANCO, Barão do Rio. *Efemérides Brasileiras*. Brasília: Senado Federal, 1999.

BROTERO, Frederico de Barros. *A família Monteiro de Barros*. São Paulo: [s. n.], 1951.

CARVALHO, André (org.). *Dicionário do Poder Público Municipal de Curvelo*. Belo Horizonte: Armazém de Ideias, 1996.

FERREIRA, Valdivino Pereira. *Genealogia norte mineira*: resumo genealógico das grandes famílias norte mineiras e do sudoeste baiano (1660-1950). Turmalina: Colégio Brasileiro de Genealogia, 2003.

JAVARI, Barão de. *Organizações e programas ministeriais*: regime parlamentar no Império. 3. ed. Brasília: Imprensa Nacional, 1979. (1. ed. 1889).

MARINHO, José Antônio. *História do movimento político de 1842*. Belo Horizonte: Itatiaia, 1977. (1. ed. 1844).

MELLO FRANCO, Afonso Arinos de. *Um estadista da República*. Rio de Janeiro: José Olympio, 1955.

NABUCO, Joaquim. *Um Estadista do Império*: Nabuco de Araújo. Rio de Janeiro, Garnier, 1897.

ROCHA, Justiniano José da. *Ação; Reação; Transação*. Duas palavras acerca da atualidade política do Brasil. São Paulo: Edusp, 2016.

BLAKE, Augusto Vitorino Sacramento. *Diccionário Bibliographico Brasileiro*, 1827-1903. Rio de Janeiro: Conselho Federal de Cultura, 1970. 7 v.

SISSON, Sébastien Auguste. *Galeria dos Brasileiros Ilustres*. Brasília: Senado Federal, 1999. 2 v.

SILVA, Arthur Vieira de Rezende e. *Genealogia Mineira*. Belo Horizonte: Imprensa Oficial de Minas Gerais, 1937. 5 v.

SILVA, M. F. D. *Diccionario biográfico de brasileiros celebres nas letras, artes, política*. Rio de Janeiro: Laemmert, 1871.

TRINDADE, Cônego Raymundo Octávio da. *Velhos Troncos Ouro-pretanos*. São Paulo: Revista dos Tribunais Ltda., 1951.

TRINDADE, Cônego Raymundo Octávio da. *Genealogias da Zona do Carmo*. Ponte Nova: "Gutenberg" Irmãos Penna & C., 1943.

VEIGA, José Pedro Xavier da. *Efemérides Mineiras (1664-1897)*. 1. ed. Ouro Preto: Imprensa Oficial de Minas Gerais, 1897.

BIBLIOGRAFIA

1) Artigos em Revistas Científicas e Anais de Eventos

BARATA, Alexandre Mansur. A revolta do Ano da Fumaça. *Revista do APM*, v. 50, p. 78-91, 2014.

BARATA, Alexandre Mansur. Política provincial e a construção do Estado nacional brasileiro: Minas Gerais (1834-1844). *In*: XXVI SIMPÓSIO NACIONAL DE HISTÓRIA, 2011, São Paulo. Anais [...]. São Paulo: [s. n.], 2011.

BARMAN, Roderick. Justiniano José da Rocha e a época da Conciliação. Como se escreveu *Ação, reação e transação*. *Revista do IHGB*, Rio de Janeiro, v. 301, p. 3-32, out.-dez. 1973.

BENTIVOGLIO, Julio César. Cultura política e consciência histórica no Brasil: uma contribuição ao debate historiográfico sobre a formação dos partidos políticos no Império. *Diálogos*, Maringá, v. 14, n. 3, p. 535-556, 2010.

BIEBER, Judy. O sertão mineiro como espaço político (1831-1850). *Mosaico*, v. 1, n. 1, p. 74-86, jan./jun. 2008.

CAMPOS, Milton Soares. O papel de Minas no Brasil. *In*: II SEMINÁRIO DE ESTUDOS MINEIROS, 1956, Belo Horizonte, Universidade de Minas Gerais. *Anais* [...]. Belo Horizonte: [s. n.], 1956. p. 227-239.

CHAVES, Edneila Rodrigues. Criação de vilas em Minas Gerais no início do regime monárquico: a região norte. *Vária História*, Belo Horizonte, v. 29, n. 51, set./dez. 2013.

DANTAS, Mônica Duarte. O código do processo criminal e a reforma de 1841. Dois modelos de organização dos poderes. *História do Direito*: RDH, Curitiba, v. 1, n. 1, jul./dez. 2020.

DOLHNIKOFF, Miriam. Império e governo representativo: uma releitura. *Caderno CRH*, Salvador, v. 21, n. 52, p. 13-23, jan./abr. 2008.

DOLHNIKOFF, Miriam. Representação política no Império. *In*: XXVI SIMPÓSIO NACIONAL DE HISTÓRIA, São Paulo. *Anais* [...]. São Paulo: [s. n.], jul. 2011.

DOLHNIKOFF, Miriam. A monarquia constitucional brasileira e o modelo de governo representativo do oitocentos. *In*: XXIX SEMANA DE HISTÓRIA DA UFJF, Juiz de Fora, Universidade Federal de Juiz de Fora. *Anais* [...]. Juiz de Fora: [s. n.], 2012.

DOLHNIKOFF, Miriam. Governo representativo e eleições no século XIX. *Revista do IHGB*, Rio de Janeiro, v. 474, n. 178, p. 13-23, maio/ago. 2017.

FONSECA, Cláudia Damasceno. Funções, hierarquias e privilégios urbanos: a concessão dos títulos de vila e cidade na Capitania de Minas Gerais. *Varia História*, n. 29, v. 19, p. 39-51, jan. 2003.

FREITAS, Ana Paula Ribeiro. Na ordem do dia, a representação das minorias: a bancada mineira e o debate sobre eleições em tempos de Conciliação. *Revista Brasileira de História*, v. 43, n. 92, p. 71-92, jan.-abr. 2023

FREITAS, Ana Paula Ribeiro. Territorialidades em (trans) formação: vilas e cidades nos primeiros tempos da Assembleia Legislativa Mineira (1835-1843). *Topoi*, Rio de Janeiro, v. 25, n. 54, p. 1-24, jan.-abr. 2024.

FREITAS, Ana Paula Ribeiro. Eleições em dois tempos: o impacto da Lei dos Círculos na representação mineira da Câmara dos Deputados (1852 e 1856). *Estudos Históricos*, Rio de Janeiro, v. 37, n. 81, p. 1-27, 2024.

FURTADO, João Pinto. Uma república entre dois mundos: Inconfidência mineira, historiografia e temporalidade. *Revista Brasileira de História*, São Paulo, v. 21, n. 42, p. 343-363, 2000.

HÖRNER, Eric. A luta já não é hoje a mesma: as articulações políticas no cenário provincial paulista, 1838-1842. *Almanack Braziliense*, n. 5, maio 2007.

HORTA, Cid Rebello. Famílias Governamentais de Minas Gerais. *In*: II SEMINÁRIO DE ESTUDOS MINEIROS, 1956, Belo Horizonte, Universidade Federal de Minas Gerais. *Anais* [...]. Belo Horizonte: [s. n.], 1956.

IGLESIAS, Francisco. Política Unitária do Segundo Reinado. *Revista de Ciências Econômicas da Universidade de Minas Gerais*, ano 4, n. 8, jul./dez. 1955.

JANOTTI, Maria de Lourdes Mônaco. A falsa dialética: Justiniano José da Rocha. *Revista Brasileira de História*, São Paulo, p. 3-17, mar. 1982.

LUSTOSA, Isabel. Uma relação muito delicada. A correspondência da família imperial com a Condessa de Belmonte, suas filhas e neta. *Insight Inteligencia*, Rio de Janeiro, v. 27, n. 27, p. 38-54, 2004.

MACIEL, Adhemar Ferreira. Observações sobre o constitucionalismo brasileiro antes do advento da república. *Revista de Informação Legislativa*, Brasília, n. 156, out./dez. 2002.

NEEDELL, Jeffrey. Formação dos partidos políticos no Brasil da Regência à Conciliação 1831-1857. *Almanack Braziliense*, São Paulo, n. 10, nov. 2009.

PASCOAL, Isaías. José Bento Leite Ferreira de Melo, padre e político. O liberalismo moderado no extremo sul de Minas Gerais. *Varia História*, Belo Horizonte, v. 23, n. 37, p. 208-222, jan./jun. 2007.

RESENDE, Irene Nogueira. Um estudo de caso: a história do Barão de Pontal. Mineiros da Zona da Mata na construção do Estado Nacional (1821-1841). *Lócus*, Juiz de Fora, v. 15, n. 2, p. 85-98, 2009.

RODARTE, Claus. Os liberais de Minas e o 'regresso'. *Revista do APM*, Belo Horizonte, Dossiê, 2014.

ROSAS, Suzana Cavani. A dança dos círculos: guabirus e liberais e a disputa pelos distritos eleitorais em 1856. In: XXVI SIMPÓSIO NACIONAL DE HISTÓRIA, 2011, São Paulo. Anais [...]. São Paulo: [s. n.], jul. 2011. p. 1-12.

SANTOS, Arthur Germano dos. As eleições no Brasil Império: notas historiográficas a partir de uma província do Norte. *Clio*: Revista de Pesquisa Histórica, v. 41, p. 103-145, jan.-jun. 2023.

VARGAS, Elaine Leonara Sodré de. O antigo e o novo caminham juntos: a (re)organização judiciária na província de Minas Gerais entre 1833 e 1860. *Locus*, Juiz de Fora, v. 23, n. 2, p. 253-276, 2017.

2) Teses e Dissertações

ALMEIDA, Maurício Luiz de. *O preço de um fracasso*: a Companhia União e Indústria e a política e a economia no Império (1852-1872). Dissertação (Mestrado em História) – Universidade de São Paulo, São Paulo, 2002.

AMARAL, Alex Lombelo. *Entre armas e impressos*: a revolta de 1842 em Minas Gerais. 2019. Tese (Doutorado em História) – Universidade Federal de Juiz de Fora, Juiz de Fora, MG, 2019.

BARMAN, Roderick. *Citizen Emperor*: Pedro II and the making of Brazil, 1825-1891. Thesis (PhD in History) – Stanford University Press, Stanford, EUA, 1999.

BATISTA, Dimas José. *A administração da justiça e o controle da criminalidade no Médio Sertão do São Francisco, 1830-1880*. Tese (Doutorado em História) – Universidade de São Paulo, São Paulo, 2006.

CLAUDINO, Guilherme Pereira. *"Uma verdadeira torre de babel"*: entre a corte e a Província – a Liga Progressista em Minas Gerais (1862-1868). Dissertação (Mestrado em História) – Universidade Federal de São João del-Rei, São João del-Rei, MG, 2011.

DOMINGOS, Marcus Caetano. *Hermógenes e a eleição para as Cortes de Lisboa na Comarca de Paracatu e na província de Minas Gerais*: 1821-1822. Dissertação (Mestrado em História) – Universidade de São Paulo, São Paulo, 2007.

CUNHA, Alexandre Mendes. *Minas Gerais, da capitania à província*: elites políticas e a administração da fazenda em um espaço em transformação. 2007. Tese (Doutorado em História) – Universidade Federal Fluminense, Rio de Janeiro, 2007.

ESTEFANES, Bruno Fabris. *Conciliar o Império*: Honório Hermeto Carneiro Leão, os partidos e a política de Conciliação no Brasil Monárquico (1842-1856). Dissertação (Mestrado em História) – Universidade de São Paulo, São Paulo, 2010.

FERNANDES, Renata Silva. *As províncias do Império e o "governo por conselhos"*: o conselho de governo e o conselho geral de Minas Gerais (1825-1834). Tese (Doutorado em História) – Programa de Pós-Graduação em História, Universidade Federal de Juiz de Fora, Juiz de Fora, MG, 2018.

FERRAZ, Sérgio Eduardo. *O Império Revisitado*: instabilidade Ministerial, Câmara dos Deputados e Poder Moderador (1840-1889). Tese (Doutorado em História) – Universidade de São Paulo, São Paulo, 2012.

FERRAZ, Paula Ribeiro. *O Gabinete da Conciliação*: atores, ideias e discursos (1848-1857). Dissertação (Mestrado em História) – Universidade Federal de Juiz de Fora, Juiz de Fora, MG, 2013.

FLORINDO, Glauber Miranda. *Roupas velhas ou novas*: as Câmaras Municipais no processo de construção do Estado imperial brasileiro (Mariana, 1838-1834). Tese (Doutorado em História) – Universidade Federal Fluminense, Rio de Janeiro, 2018.

FREITAS, Ana Paula Ribeiro. *Diversidade Econômica e Interesses Regionais*: as políticas públicas do governo provincial mineiro. Dissertação (Mestrado em História) – Universidade de São Paulo, São Paulo, 2009.

FREITAS, Ana Paula Ribeiro. *Minas e a Política Imperial*: reformas eleitorais e representação política no Parlamento brasileiro (1853-1863). Tese (Doutorado em História Social) – Universidade de São Paulo, São Paulo, 2015.

GENOVEZ, Patrícia Falco. *O espelho da monarquia*: Minas Gerais e a Coroa no Segundo Reinado. Tese (Doutorado em História) – Universidade Federal Fluminense, Niterói, RJ, 2003.

HÖRNER, Erik. *Em defesa da Constituição*: a guerra entre rebeldes e governistas (1838-1844). 2010. Tese (Doutorado em História) – Universidade de São Paulo, São Paulo, 2010.

HOT, Amanda Dutra. *Cartas à Viscondessa*. Dissertação (Mestrado em História) – Universidade Federal de Ouro Preto, Ouro Preto, MG, 2010.

LUZ, Estevão de Melo Marcondes. *Um legislador nas Gerais*: vida e obra do cônego Hermógenes Casimiro de Araújo Brunswik (1783-1861). Dissertação (Mestrado em História) – Universidade Estadual Paulista, Franca, SP, 2008.

MARSON, Izabel. *O Império da Conciliação*: política e método em Joaquim Nabuco – a tessitura da revolução e da escravidão. Tese (Doutorado em História) – Universidade Estadual de Campinas, Campinas, SP, 1999.

NEEDELL, Jeffrey D. *The party of order*: the conservaties, the state and slavery in the Brazilian monarchy, 1831-1871. Tese (PhD in History) – Stanford University Press, Stanford, EUA, 2006.

NEVES, Edson Alvisi. *Magistrados e Negociantes na Corte do Império do Brasil*: o Tribunal do Comércio (1850-1875). Tese (Doutorado em História) – Universidade Federal Fluminense, Niterói, RJ, 2007.

NEVES, Victor Hugo Baptista. *O divisor de águas da política imperial*: D. Pedro II, a conciliação e o marquês de Paraná (1853-1856). Dissertação (Mestrado em História) – Universidade do Estado do Rio de Janeiro, Rio de Janeiro, 2010.

OLIVEIRA, Carlos Eduardo França de. *Construtores do Império, defensores da província*: São Paulo e Minas Gerais na formação do Estado nacional e dos poderes locais, 1823-1834. Dissertação (Mestrado em História) – Universidade de São Paulo, São Paulo, 2014.

OLIVEIRA, Gabriel Abílio de Lima. *Cronistas e Atlantes*: Justiniano José da Rocha, Firmino Rodrigues Silva e o Regresso Conservador (1836-1839). Dissertação (Mestrado em História) – Universidade Federal de São João del-Rei, São João del-Rei, MG, 2013.

OLIVEIRA, Kelly Eleutério Machado. *A Assembleia Provincial de Minas Gerais e a formação do Estado Nacional brasileiro,* 1835-1845. Tese (Doutorado em História) – Universidade Federal de Ouro Preto, Ouro Preto, MG, 2018.

PARRON, Tâmis Peixoto. *A política da escravidão no Império do Brasil, 1826-1865.* Dissertação (Mestrado em História) – Universidade de São Paulo, São Paulo, 2009.

PAULA, Alexandre Marciano de. *O regresso em Minas Gerais*: "Déspotas e republicanos" na imprensa mineira (1837-1840). Dissertação (Mestrado em História) – Universidade Federal de São João del-Rei, São João del-Rei, MG, 2013.

PORTO, César Henrique de Queiroz. *Paternalismo, poder privado e violência*: o campo político norte-mineiro durante a Primeira República. Dissertação (Mestrado em História) – Universidade Federal de Minas Gerais, Belo Horizonte, 2002.

RESENDE, Irene Nogueira de. *Negócios e participação política*: fazendeiros da Zona da Mata de Minas Gerais: 1821-1841. Tese (Doutorado em História) – Universidade de São Paulo, São Paulo, 2008.

RESENDE, Edna Maria. *Entre a solidariedade e a violência*: valores, comportamentos e a lei em São João del Rei, 1840-1860. Dissertação (Mestrado em História) – Universidade Federal de Minas Gerais, Belo Horizonte, 1999.

RESENDE, Edna Maria. *Ecos do Liberalismo*: ideários e vivências das elites regionais no processo de construção do Estado imperial, Barbacena (1831-1840). Tese (Doutorado em História) – Universidade Federal de Minas Gerais, Belo Horizonte, 2008.

RODARTE, Claus. *Partidos políticos, poderes constitucionais e representação regional na 1ª Legislatura da Assembleia Geral do Império do Brasil*: Minas Gerais (1826-1829). Tese (Doutorado em História) – Universidade de São Paulo, São Paulo, 2011.

RODRIGUES, Lorn dos Anjos. *Do estigma da revolução ao fazer "o que estava em nós"*: os liberais mineiros em seu Quinquênio (1844-1848). Dissertação (Mestrado em História) – Universidade Federal de São João del-Rei, São João del-Rei, MG, 2015.

ROSAS, Suzana Cavani. *Os emperrados e os ligeiros*: a história da Conciliação em Pernambuco (1849-1857). Tese (Doutorado em História) – Universidade Federal de Pernambuco, Recife, 1999.

SALDANHA, Michel Diogo. *A ordem na barriga do progresso*: o Partido Conservador e as relações de poder em Minas Gerais (1860-1868). Dissertação (Mestrado em História) – Universidade Federal de São João del-Rei, São João del-Rei, MG, 2020.

SANTA CRUZ, Fábio Santiago. *Em busca da conciliação*: ideias políticas no parlamento do império no Brasil (1831-1855). Tese (Doutorado em História) – Universidade de Brasília, Brasília, DF, 2008.

SANTOS, Arthur Germano. *Entre o nacional e o local*: eleições, organização e atuação das elites políticas na província do Maranhão (1842-1875). Tese (Doutorado em História) – Universidade Federal Rural do Rio de Janeiro, Seropédica, RJ, 2021.

SARAIVA, Luiz Fernando. *O Império das Minas Gerais*: Café e Poder na Zona da Mata mineira, 1853-1893. Tese (Doutorado em História) – Universidade Federal Fluminense, Niterói, RJ, 2008.

SILVA, Wlamir. *"Liberais e povo"*: a construção da hegemonia liberal-moderada na Província de Minas Gerais (1830-1834). Tese (Doutorado em História) – Universidade Federal do Rio de Janeiro, Rio de Janeiro, RJ, 2002.

TEIXEIRA, Paula Chaves. *Negócios entre mineiros e cariocas*: família, estratégias e redes mercantis no caso Gervásio Pereira Alvim (1850-1880). Dissertação (Mestrado em História) – Universidade Federal Fluminense, Niterói, RJ, 2009.

3) Livros

AMADO, Gilberto. *As instituições políticas e o meio social*. Brasília: Senado Federal, 2002. (1. ed. 1924).

ARRUDA, Maria Arminda Nascimento. *Mitologia da Mineiridade*. O imaginário mineiro na vida política e cultural. São Paulo: Brasiliense, 1990.

BARBOSA, Waldemar de Almeida. *A verdade sobre Tiradentes*. Belo Horizonte: Instituto de História, Letras e Artes, s/d.

BARBOSA, Waldemar de Almeida. *Dicionário Histórico Geográfico de Minas Gerais*. Belo Horizonte: Itatiaia, 1995.

BIEBER, Judy. *Power, Patronage, and Political Violence*: State Building on a Brazilian Frontier, 1822-1889. Lincoln: University of Nebraska Press, 1999. 253 p.

CALMON, Pedro. *História da Civilização Brasileira*. São Paulo: Editora Nacional, 1947. v. 4.

CARVALHO, José Murilo de. *A construção da ordem*: a elite política imperial; *Teatro de Sombras*: a política imperial. 5. ed. Rio de Janeiro: Civilização Brasileira, 2010.

CASTRO, Pérola Maria Goldfeder Borges de. *Minas do Sul*. Espaço e política no século XIX. 1. ed. Jundiaí: Paco, 2016.

DOLHNIKOFF, Miriam. *O pacto imperial*: origens do federalismo no Brasil. São Paulo: Globo, 2005.

GONÇALVES, Andréa Lisly. *Estratificação social e mobilizações políticas no processo de formação do Estado nacional brasileiro*: Minas Gerais, 1833-1835. 1. ed. São Paulo: Hucitec, 2008.

GOUVÊA, Maria de Fátima Silva. *O Império das Províncias*. Rio de Janeiro, 1822-1889. Rio de Janeiro: Civilização Brasileira/Faperj, 2008. (Tese defendida em 1989).

GOUVEIA, Maurílio de. *Marquês de Paraná*: um varão do Império. 2. ed. Rio de Janeiro: Biblioteca do Exército, 1962.

HOLANDA, Sérgio Buarque de. *Capítulos de História do Império*. São Paulo: Cia. das Letras, 2010.

IGLESIAS, Francisco. *Política Econômica do Governo Provincial Mineiro (1835-1889)*. Rio de Janeiro: Instituto Nacional do Livro, 1958.

LAGO, Laurênio Mattoso. *Supremo Tribunal de Justiça e Supremo Tribunal Federal*: dados biográficos 1828-2001. 3. ed. Brasília: Supremo Tribunal Federal, 2001. 621 p.

LATIF, Miriam de Barros. *As Minas Gerais*. 3. ed. Belo Horizonte: Itatiaia, 1991.

LENHARO, Alcir. *As Tropas da Moderação*. O abastecimento da corte na formação política do Brasil: 1808-1842. 2. ed. Rio de Janeiro: Biblioteca Carioca, 1993. (1. ed. 1979).

LIMA, Manuel de Oliveira. *O movimento da Independência*: o Império brasileiro (1821-1889). 4. ed. São Paulo: Melhoramentos, 1962. (1. ed. 1923).

LUZ, Estevão de Melo Marcondes Luz. *Desemboque*: uma freguesia mineira nas primeiras décadas do século XIX. Franca: Editora do Autor, 2004. 51 p.

MAGALHÃES JR., Raimundo. *Três Panfletários do Segundo Reinado*. São Paulo: Cia. Editora Nacional, 1956.

MASCARENHAS, Nelson Lage. *Um jornalista do império*: Firmino Rodrigues Silva. São Paulo: Companhia Editora Nacional, 1961.

MATTOS, Ilmar Rohloff de. *O Tempo Saquarema*. São Paulo: Hucitec, 2004.

MUNARI, Rodrigo Marzano. *Deputados e delegados do poder monárquico*: eleições e dinâmica política na província de São Paulo (1840-1850). São Paulo: Intermeios, 2019.

NICOLAU, Jairo. *Eleições no Brasil*. Do Império aos dias atuais. Rio de Janeiro: Zahar, 2012.

NICOLAU, Jairo. *Sistemas Eleitorais*. 5. ed. Rio de Janeiro: FGV, 2014.

RAMALHO, Juliana Pereira. *Um projeto de província dos sertões*. Terra, povoamento e política na freguesia de São Pedro do Fanado de Minas Novas - Minas Gerais (1834-1857). 1. ed. Jundiaí: Paco, 2019.

REZENDE, Francisco de Paula Ferreira de. *Minhas Recordações*. Belo Horizonte: Itatiaia, 1988.

RODRIGUES, José Honório. *Conciliação e Reforma no Brasil*. 1. ed. Rio de Janeiro: Civilização Brasileira, 1965.

SILVA, Pedro Gomes da. *Capítulos de História da Paraíba do Sul*. Rio de Janeiro: Irmandade Nossa Senhora da Piedade, 1991.

SODRÉ, Nelson Werneck. *Panorama do Segundo Império*. 2. ed. Rio de Janeiro: Grafia, 1998. (1. ed. 1939).

TORRES, João Camilo de Oliveira. *Os construtores do Império*: ideias e lutas do partido conservador brasileiro. São Paulo: Editora Nacional, 1968. (1. ed. 1957).

TORRES, João Camilo de Oliveira. *A Democracia Coroada*: teoria política do Império do Brasil. Rio de Janeiro: José Olímpio, 1957.

TORRES, João Camilo de Oliveira. *História de Minas Gerais*. Rio de Janeiro: Record, 1963.

VIANNA, Hélio. *História do Brasil*. São Paulo: Melhoramentos, 1994. (1. ed. 1945).

VIANNA, Oliveira. *O ocaso do Império*. 3. ed. Rio de Janeiro: José Olímpio, 1959. (1. ed. 1925).

4) Capítulos de Livros

ABREU, Capistrano de. Fases do Segundo Império. *In*: *Ensaios e Estudos*. 3ª série. Rio de Janeiro: Sociedade Capistrano de Abreu, 1938. p. 107-130.

CASTRO, Paulo Pereira de. A Experiência Republicana, 1831-1840. *In*: HOLANDA, Sérgio Buarque de (org.). *História Geral da Civilização Brasileira*. t. II. O Brasil Monárquico. v. 2. Rio de Janeiro: Difel, 1985. p. 9-67.

FREITAS, Ana Paula Ribeiro. Eleições, Raça e Cidadania: uma proposta de educação para as relações étnico-raciais no ensino de história em Minas Gerais. *In*: MOTA, Thiago Henrique (org.). *Ensino antirracista na Educação Básica*: da formação de professores às práticas escolares. Porto Alegre: Fi, 2021. p. 217-243.

FREYRE, Gilberto. Ordem, Liberdade, Mineiridade. *In*: *Conferência em busca de um leitor*. Rio de Janeiro: Livraria José Olympio Editor, 1964. 28 p.

HOLANDA, Sérgio Buarque de. O pássaro e a sombra. *In*: HOLANDA, Sérgio Buarque de (org.). *História Geral da Civilização Brasileira*, t. II, v. 4: Declínio e Queda do Império. São Paulo: Difel, 1971. p. 59-104.

IGLESIAS, Francisco. Minas Gerais. *In*: HOLANDA, Sérgio Buarque de (org.). *História Geral da Civilização Brasileira*, t. II, v. 2: Dispersão e Unidade. São Paulo: Difel, 1964. p. 364-412.

IGLESIAS, Francisco. Vida Política, 1848/1868. *In*: HOLANDA, Sérgio Buarque de (org.). *História Geral da Civilização Brasileira*, t. II, v. 3: Reações e Transações. São Paulo: Difel, 1967. p. 9-112.

IGLESIAS, Francisco. Introdução. *In*: MARINHO, José Antônio. *História do Movimento Político de 1842*. Belo Horizonte: Itaitiaia, 1977. (1. ed. 1844). 312 p.

MARSON, Izabel Andrade. O império da revolução: matrizes interpretativas dos conflitos da sociedade monárquica. *In*: FREITAS, Marcos Cezar de (org.). *Historiografia Brasileira em Perspectiva*. São Paulo: Contexto, 1998. p. 73-102.

MARTINS, Marcos Lobato. Um arauto da modernização republicana nas Minas Gerais: o pensamento político de Joaquim Felício dos Santos. *In*: LOPES, Marco

Antônio (org.). *Grandes nomes da história intelectual*. São Paulo: Contexto, 2003. p. 465-480.

MORAES, Fernanda Borges de. De arraiais, vilas e caminhos: a rede urbana das Minas coloniais. *In*: RESENDE, Maria Efigênia Lage de; VILLALTA, Luiz Carlos (org.). *História de Minas Gerais*: As Minas Setecentistas. Belo Horizonte: Autêntica; Companhia do Tempo, 2007. v. 1. p. 55-86.

OLIVEIRA, Cecília Helena de Salles. Introdução. *In*: OLIVEIRA, Cecília Helena de Sales (org.). *Zacarias de Góis e Vasconcelos*. São Paulo: Editora 34, 2002. p. 9-58.

PAIVA, Clotilde Andrade; RODARTE, Mário Marcos Sampaio. Dinâmica demográfica e econômica (1830-1870). *In*: RESENDE, Maria Efigênia Lage de; VILLALTA, Luiz Carlos (org.). *História de Minas Gerais*. A província de Minas. Belo Horizonte: Autêntica; Companhia do Tempo, 2013. v. 1. p. 271-293.

PARRON, Tâmis Peixoto. O império num panfleto? Justiniano e a formação do Estado no Brasil do século XIX. *In*: ROCHA, Justiniano José da. *Ação; reação; transação e seus textos*. São Paulo: Edusp, 2016. p. 15-65.

GUIMARÃES, Lucia Maria Pascoal. Ação, reação e transação: a pena de aluguel e a historiografia. *In*: CARVALHO, José Murilo de (org.). *Nação e Cidadania no Império*: novos horizontes. Rio de Janeiro: Civilização Brasileira, 2007. p. 71-92.

RIBEIRO, Gladys Sabina. Pena de aluguel? Justiniano José da Rocha e o poder judiciário. *In*: CARVALHO, José Murilo de; NEVES, Lúcia Maria Bastos Pereira das (org.). *Dimensões e Fronteiras do Estado brasileiro no Oitocentos*. Rio de Janeiro: Eduerj, 2014. p. 63-91.

SANTOS, Marileide Lopes dos. Educação, assistência e sociabilidade. O governo dos pobres em Sabará/MG (1832-1860). *In*: VAGO, Tarcísio Mauro; OLIVEIRA, Bernardo Jefferson (org.). *Histórias de práticas educativas*. 1. ed. Belo Horizonte: Editora UFMG, 2008. p. 142-165.

SILVA, Ana Rosa Cloclet da. Identidades Políticas e a Emergência do novo Estado Nacional: o caso mineiro. *In*: JANCSÓ, Istvan (org.). *Independência*: história e historiografia. São Paulo: Hucitec/Fapesp, 2005. p. 515-553.

TASINAFO, Célio Ricardo. Introdução: política como ciência experimental. *In*: SILVA, João Manuel Pereira da. *Memórias do Meu Tempo*. Brasília: Senado Federal, 2003. p. 11-56.